Transformation of
Global Banking
in Times of FinTech

金融科技浪潮下的
全球银行业变革

罗 煜 等 / 编著

责任编辑：贾　真
责任校对：张志文
责任印制：丁淮宾

图书在版编目（CIP）数据

金融科技浪潮下的全球银行业变革/罗煜等著．—北京：中国金融出版社，2019.10
ISBN 978-7-5220-0293-4

Ⅰ.①金… Ⅱ.①罗… Ⅲ.①银行改革—研究—世界 Ⅳ.①F831.1

中国版本图书馆CIP数据核字（2019）第210123号

金融科技浪潮下的全球银行业变革
Jinrong Keji Langchao Xia de Quanqiu Yinhangye Biange

出版
发行　中国金融出版社
社址　北京市丰台区益泽路2号
市场开发部　（010）63266347，63805472，63439533（传真）
网上书店　http://www.chinafph.com
　　　　　（010）63286832，63365686（传真）
读者服务部　（010）66070833，62568380
邮编　100071
经销　新华书店
印刷　北京市松源印刷有限公司
尺寸　169毫米×239毫米
印张　23.25
字数　332千
版次　2019年10月第1版
印次　2019年10月第1次印刷
定价　69.00元
ISBN 978-7-5220-0293-4
如出现印装错误本社负责调换　联系电话（010）63263947

目 录

总论 金融科技的兴起与金融发展的双轮驱动 ········· 1

理论篇 ········· 19

第一章 金融科技对银行支付业务的影响 ········· 21
第二章 金融科技对银行负债业务的影响 ········· 45
第三章 金融科技对银行信贷业务的影响 ········· 71
第四章 金融科技对银行财富管理业务的影响 ········· 88

实践篇 ········· 105

第五章 摩根大通集团的金融科技发展现状与规划 ········· 107
第六章 高盛集团的金融科技发展现状与规划 ········· 124
第七章 美国银行的金融科技发展现状与规划 ········· 152
第八章 富国银行的金融科技发展现状与规划 ········· 169
第九章 花旗银行的金融科技发展现状与规划 ········· 191
第十章 汇丰银行的金融科技发展现状与规划 ········· 209
第十一章 巴克莱银行的金融科技发展现状与规划 ········· 230
第十二章 德意志银行的金融科技发展现状与规划 ········· 248
第十三章 荷兰国际集团的金融科技发展现状与规划 ········· 270
第十四章 法国巴黎银行的金融科技发展现状与规划 ········· 304
第十五章 中国银行业的金融科技发展现状与规划 ········· 321

参考文献 ········· 347

后记 ········· 365

CONTENTS

Overview	The Rising of FinTech and Two Major Drivers for Financial Development ··	1
Chapter 1	The Influence of FinTech on Payment Business of Commercial Banks ··	22
Chapter 2	The Influence of FinTech on Liability Business of Commercial Banks ···	46
Chapter 3	The Influence of FinTech on Credit Business of Commercial Banks ···	72
Chapter 4	The Influence of FinTech on Wealth Management Business of Commercial Banks ··	89
Chapter 5	The Present Situation and Prospect of FinTech Development of JP Morgan Chase ··	108
Chapter 6	The Present Situation and Prospect of FinTech Development of Goldman Sachs Group ··	125
Chapter 7	The Present Situation and Prospect of FinTech Development of Bank of America ··	153
Chapter 8	The Present Situation and Prospect of FinTech Development of Wells Fargo ··	170
Chapter 9	The Present Situation and Prospect of FinTech Development of Citibank ··	192
Chapter 10	The Present Situation and Prospect of FinTech Development of HSBC ··	210
Chapter 11	The Present Situation and Prospect of FinTech Development of Barclays Bank ··	231
Chapter 12	The Present Situation and Prospect of FinTech Development of Deutsche Bank ··	249
Chapter 13	The Present Situation and Prospect of FinTech Development of ING ···	271
Chapter 14	The Present Situation and Prospect of FinTech Development of BNP Paribas ··	305
Chapter 15	The Present Situation and Prospect of FinTech Development of China's Banking Industry ··	323
References	··	347
Afterword	··	365

总论　金融科技的兴起与金融发展的双轮驱动

一、金融科技概述

根据金融稳定理事会（FSB）的定义，金融科技（FinTech）指的是"技术推动的金融创新，能够创造全新的商业模式、应用、流程或者产品，从而对金融市场、金融机构或金融服务的提供方式产生重大影响。"[①] 目前，金融科技最为典型的技术类型有移动互联网、区块链、大数据和云计算、人工智能等。全球金融科技的业务领域可大体分为八大主题，即支付、借贷、财富管理、众筹、交易/投资、区块链、保险及征信。近年来，金融科技在全球范围内蓬勃兴起。2018年，全球金融科技投资额达1118亿美元，已远超2017年全年总和的508亿美元。[②] 2019年8月初，毕马威发布的《2019年上半年全球金融科技投资报告》显示，在经历了2018年的高点后，2019年上半年全球金融科技交易数量和金额下降。造成这一现象的主要原因是大型融资项目数量下滑。但整体而言，全球大部分地区的金融科技市场仍然相对强劲，并且增长良好。

在我国，互联网金融是几年前金融科技的实际代名词。互联网金融这一术语是中国化的概念，在国外文献中并没有准确对应的表述。2014年，人民银行在《2014中国金融稳定报告》中对互联网金融进行了官方界定："互联网金融是互联网和金融业的相互融合所产生的，通过互联网技术以及移

---

① 金融稳定理事会（FSB）发布的《金融科技的全景描述和分析框架报告》。
② KMPG. The Pulse of FinTech 2018 H2, Biannual global analysis of investment in FinTech.

动通信等成为包含资金流通、金融中介功能独有的金融模式。"互联网技术可以直接为资金供需双方构建资金融通的桥梁，并淡化传统金融中介机构（如银行和证券公司）的线下功能，专注于为金融市场参与者创造可适应不同场景的产品和服务，是一种商业模式的创新。在互联网金融模式下，交易成本下降，信息不对称程度减弱，信息共享便捷，资本配置效率大幅提升，金融体系功能得到更为充分的实现。

互联网金融与金融科技有区别，但主体内涵基本一致。金融科技的内涵更侧重技术，借助大数据、云计算、机器学习、人工智能、区块链等技术，辅助市场营销、风险防控、投资决策和中介业务等，是一种产品层面的创新。金融科技一般不依托特定的场景，可涵盖技术对金融行业进行的一系列改造和创新，相较于互联网金融，其影响更为广泛、彻底、深远。随着技术的不断发展以及金融业务形态特点的不断演变，金融科技的内涵也在不断丰富。一般而言，金融科技至少包括两个方面内容：一是金融行业应用科学技术对现有的产品、服务及业务流程进行改造；二是互联网公司、初创企业等新的市场参与者提供新的产品和服务，进而冲击金融市场现有的主体经营和竞争模式。在现有的市场及技术背景下，金融科技通常被理解为基于前沿技术对传统的金融业务模式、流程进行改进，从而降低成本，提升效率，或者基于技术进行金融变革，创造出全新的模式，从根本上改变现有金融业务的形态。

近几年，金融科技一词的使用频率较高。由于各项新技术在金融领域的应用，互联网金融已不能完全代表金融科技的全部内涵，因此本书使用国际通用的金融科技来概括现代技术对金融的改造。

二、金融科技兴起的背景

科学技术在金融行业中的应用已经有悠久的历史。从手工簿记到计算机系统，从柜面服务到自动取款机（ATM）、电子银行等自助服务，从股票经纪人的人工口令到电子下单，无一不是科学技术在金融行业中应用的

总论　金融科技的兴起与金融发展的双轮驱动

案例。回顾金融史我们可以发现，金融业在发展过程中一直比较积极地吸收前沿的科技成果。金融行业的发展往往需要科技的推动，金融与科技相互融合，互助成长。金融需要信息来支撑其作为资源配置中介的功能，科技的发展为金融提供了更易得、更全面的信息，通过金融与科技的融合，金融服务的质量和效率都发生了很大的进步，促使金融行业朝着更加技术化、高效化的方向迈进。科技通过金融行业对其的应用，实现了自身的商业化，从而能更好地发展。

从全球范围来看，金融科技这一概念的兴起可以追溯到 20 世纪 80 年代的美国。当时美国的信息技术正处于较快的发展阶段，金融机构依靠信息技术人员建立自身的计算机应用系统，从而实现办公和部分业务的电子化、自动化操作。然而直到近几年，"金融科技"的概念才声名鹊起，与传统金融形成分立之势。这就引出了一个问题：为什么过去金融与科技的融合没有引起广泛重视，今天却变得如此火爆？有人说金融科技催生了许多新的金融业态，过去则没有。其实不然，在金融科技概念火爆之前，早就有了"金融工程"的概念，这个学科把工程学上的数量方法大量地引入金融活动中。量化投资就是一个在金融科技概念兴起之前出现的典型新兴金融业务，它利用计算机和通信技术从事交易，信息处理量极为庞大，交易频率可以达到纳米级。金融科技在今天广受关注的一个重要原因恐怕还是现代金融科技的普及，尤其是它进入了普罗大众都熟悉和日常依赖的支付、借贷和财富管理等领域，而不再仅仅停留在少数复杂的、只有高深专家才涉足的金融领地，在这样的群众基础上，有更多的非金融机构参与其中，推动它向前所未有的广泛的金融领域延伸，对传统金融构成了实质性的冲击。

金融科技在中国的兴起不过是近五六年的事情，但目前它在中国的火爆程度绝对不亚于发达国家。中国在金融科技的许多领域已经走在世界前列。为什么金融科技会在中国蓬勃发展？这背后有几个重要的原因。首先，这得益于中国有较好的信息通信、互联网基础设施。中国政府长期以来非常重视交通和通信的基础设施建设，为互联网的普及和基于互联网的技术及商业模式创新提供了基本条件。由于中国拥有庞大的网民基数和消费市场，电子商务及其衍生的金融服务便具有了巨大的发展可能性。其次，中国长期以来拥有一个受到压抑的金融体系，金融结构与经济结构严重不对称，传统金融机构只盯住经济结构的金字塔顶端去提供服务，而处于金字塔底端的大量"中小微弱"企业和低收入人群得不到充分的、多样化的、价格可承受的金融服务。金融科技的兴起瞄准了所谓的"长尾客户"，在一定程度上填补了金字塔底端金融服务的空缺，也为自身赢得了广阔的发展空间。最后，由于近年来中国经济进入转型期，传统行业发展相对低迷，产业升级亟须金融支持，金融科技承载着"弯道超车"的寄托，在供给侧结构性改革的背景下，得到了政府的大力支持，再加上相对宽容的监管环境，因此，金融科技迎来了一个非常好的发展机遇期。

三、金融科技的发展历程

科技与金融的融合经历了三个阶段。第一阶段是金融电子化，金融业务如票据等以电子形式聚集，计算机的使用极大地提升了中后台处理效率；第二阶段是金融网络化、移动化，互联网技术与场景的结合极大地改变了用户的交互方式，使金融在覆盖面上得以扩展；第三阶段是金融智能化，金融业务依托的底层技术产生重大创新，智能化垂直深入金融行业。在这三个阶段中，科技对金融机构和金融业务的影响逐渐深入，从单纯的电子化、数字化，到线上线下联动，再到业务重塑创新。

（一）第一阶段：信息技术推动金融电子化

从 20 世纪 80 年代开始，伴随着全球信息技术的快速发展，办公电子化成为一种趋势。金融机构由于其业务特点需要记录、处理、核算大量的数据，对电子系统的需求远大于其他行业。因此，这一时期，金融机构开始依靠信息技术人员搭建最初的计算机系统，逐渐推行电子化办公。电子化、自动化的处理使金融机构记录核算数据的速度大大加快，错误率也显著下降，整个金融机构的办公效率因为计算机系统的建立而得到了很大的提升。

在这一发展阶段，技术推动金融业务电子化，电子清算系统、网络转账、POS 机、ATM 等纷纷被采用。例如，ATM 的成功推广使银行部分人力从极低技术含量的存取款转账等业务中解放出来，从整体上节约了银行的成本。

总体来看，金融科技发展的第一阶段主要影响是促进金融业务电子化，积极作用是提高了金融机构的办公效率，降低了成本，但是主要的金融业务在这一阶段并没有发生很明显的改变。

（二）第二阶段：互联网时代丰富金融应用

互联网的快速普及为金融业的发展提供了全新的思路。互联网可以突破时空和地域的束缚，具有很强的渗透性，因此金融业务开始从线下向线上迁移。网上银行的发展不仅进一步降低了银行的运营成本，扩大了银行的覆盖人群，而且由于互联网对信息的快速传递，还使整个金融体系内信息传递的效率大大提高。网上银行迅速成为各大银行着力发展的领域，甚至还出现了纯粹基于互联网运营的银行。1995 年，美国安全第一网络银行（Security First Network Bank）成立，这是全球第一家以网络银行命名的金融机构。

网上银行可以看作传统金融业务渠道上的迁移与拓展，而互联网在金融业的进一步创新性使用则带来了更为丰富的金融应用，如移动支付、网络借贷、财富管理等。1998 年，PayPal 在美国成立，旨在帮助买卖双方解决各种交易过程中的支付难题，尤其是外贸交易，这是全球第三方支付的最初尝试。2004 年，支付宝在中国投入使用，迅速成为依托电商平台而广为使用的第三方支付工具。英国 2005 年出现了全球第一家 P2P 网贷公司 Zopa，使借款人和贷款人能够直接连接到网络平台。第三方支付、P2P 等业务不是简单的渠道拓展迁移，而是金融基于互联网特点进行的业务创新，这些创新使金融在日常生活中得到了更为丰富的、场景化的应用。

（三）第三阶段：前沿科技促进金融变革

第二阶段可以看作互联网金融时代，侧重于利用互联网技术实现更为丰富的金融应用，提供更多基于场景的服务。而第三阶段也就是当前所处的阶段,相比第二阶段,技术被置于一个更为重要的位置。技术的内涵不仅仅局限于互联网,还包括一系列最为前沿的科技,如大数据、区块链、云计算、人工智能、生物识别等。人们利用前沿技术主动地推动金融业务形态的变革:有些科技已经成功应用到具体的金融业务过程中,如云计算和大数据已经在征信、信用评级、智能投顾环节发挥重要作用;有些技术的应用还处于初级阶段,要成为较为成熟的金融业务模式还需要很多技术上的完善及相关法律和监管的跟进,如区块链去中心化的记账或其信息存储方式。

四、金融科技兴起的社会经济影响

金融科技的大范围兴起为社会发展带来了积极效应。金融科技公司具备技术优势,注重客户体验,提供的产品和服务使用起来更加便利。例如,互联网第三方支付深深地嵌入到百姓日常生活的各个方面,实现了充分的场景化,客户体验大大提升,在某些时候显示出银行都不能比拟的优势。这得益于大数据技术和互联网的规模经济效应,金融科技降低了金融服务的成本,将传统金融服务延伸到了长尾市场。过去金融机构对"中小微弱"借款人征信上存在困难,审查审批环节单位贷款成本较高,很多银行几乎放弃了这个市场,但大数据技术帮助一些非金融机构做成了这件事,这些机构完全可以依赖自己的商业生态系统收集借款人信用数据,自建评级模型,通过计算机程序审贷,提供低成本、高效率的小额贷款服务。随着互联网在全球范围内的普及,数字化已成为一种生活方式。相对于传统渠道,互联网将投资理财降至低门槛或者零门槛,通过数据化、线上化的运作模式降低成本、提升收益,促成了金融交易的发生。因此,金融科技的兴起客观上有利于实现普惠金融,这也是杭州G20峰会提出通过数字技术推动普惠金融发展的原因。

金融科技的兴起带来的都是正面的影响吗?答案是否定的。事实上,技术本身是中性的,是服务于人的;金融是人与人之间的活动,讲求人本主义精神。技术与金融结合,利用得好,则能造福人类,利用得不好,则会适得其反。比如大数据征信，一方面对传统征信业务的不足进行了很好的弥补，大大拓展了征信的数据渠道和处理手段，有利于实现普惠金融，但另一方面大数据的采集、使用、保管或删除，以及凭借大数据对客户画像本身又涉及个人权利，如果不合理加以规制，可能会在实现经济效率的同时，侵犯了公民权利。又如区块链技术，就开发者角度而言，可能仅仅是一种技术，并没有明确的市场应用价值，经过金融或非金融企业的产品设计，才能将它打造成符合社会需求的金融产品。如果利用该科技做成好的产品，数字货币或票据可以提高支付的安全性；如果没有将它用到好处，就会像现在的比特币一样成为黑市中流通的虚拟货币，更毋庸说那些打着互联网金融或金融科技旗号进行违规经营甚至非法集资的P2P网贷平台了。

五、金融科技兴起给银行业带来的挑战

金融科技兴起后，更加方便快捷的互联网效应冲击了传统金融业运营模式，导致国际银行业主营业务收入下降明显，银行业改革势在必行。阿里巴巴董事局前主席马云曾在2008年的一次演讲中说："如果银行不改变，我们就改变银行。"这句看似玩笑的豪言在几年之后竟然应验。自2013年以来，以第三方支付、互联网P2P融资等新兴金融业态为代表的金融科技强势崛起，搅动了中国金融业的一池静水。中国投资有限责任公司前副总经理谢平认为，互联网金融是对传统金融的颠覆，[1]IMF前副总裁朱民把金融科技冲击下的银行比作功能被完全蚕食、只剩下银行骨架的"毕加索的鱼"。[2]在中国过去几十年的金融发展中，以银行为代表的传统金融中介在融资方面一直发挥主导作用，然而在P2P网贷繁荣初期，不少人认为，P2P网贷代表着金融发展潮流，在相当程度上可替代商业银行信贷。面对P2P网贷的繁荣

---

[1] 财新网.谢平：互联网精神对传统金融有颠覆性[DB/OL]. 2013. http://finance.caixin.com/2013-12-24/100621266.html.
[2] 和讯网.朱民：传统银行正变成"毕加索的鱼"，垂直产品都将被蚕食[DB/OL]. http://bank.hexun.com/2017-12-09/191924193.html.

发展，银行也感到压力，于是一些银行成立了P2P网贷平台公司。与此同时，利用互联网大数据开发的信贷业务方兴未艾，以蚂蚁微贷、腾讯微贷等为代表的互联网信贷产品发展迅速。它们在大数据收集、处理和使用上，比传统银行信贷的线下模式更有成效，并逐渐实现了人工智能化的授信审批流程，这让传统商业银行真正感到生存的危机。

面对当前金融科技的发展势头，无论实践界还是学界都很关心一个问题：金融科技究竟会如何影响传统银行业，它会成为传统银行业的颠覆者吗？的确，全球科技发展驱动金融创新发展的新浪潮，同时也给传统金融机构带来严峻的竞争压力，因此金融科技的蓬勃发展必然倒逼传统商业银行业的转型升级。

（一）国际银行业整体营业收入减少，费用率高

近年来，国际银行业的整体营业收入呈现急剧下降趋势，其中包括大型国际商业银行均出现了一定程度上营业收入的减少，这与银行同质化严重分不开。世界上各种类型各种模式的银行纷繁复杂，虽然在名称和形式上略有差别，但银行的本质使命并没有改变，同质化严重导致银行业竞争加剧，营业收入下降已成为银行业普遍存在的现象。

传统银行业的获客成本不断增加。由于银行的主要获客渠道是各家银行办理业务的网点，网点的密集程度在一定程度上决定了银行能够获得的客户数量，但银行网点密集度的提升会增加营业支出，并且线下模式的获客成本在逐步增加，进一步增大了银行营业成本上升的压力。

（二）客户金融交易需求的升级迫使银行进行技术创新

随着世界经济合作的不断推进，在世界上每秒钟都进行着很大数额的金融交易，银行的每个客户都有对银行交易的不同需求。随着金融科技的不断发展，互联网金融公司开始出现，这种很好地利用了互联网便捷性的金融公司进一步挤占了原本属于银行的业务市场份额，银行在客户需求升级的背景下不得不通过新的互联网科技手段创新自己的业务运营模式。

目前，全世界各个国家的信息化发展进入了全面渗透、跨界整合的新阶段，在技术创新周期大大缩短的环境下，云计算、大数据、人工智能、移动互联网和物联网等数字技术不断取得新的突破，推动经济和社会领域，包括金融业，在更高的阶段加速数字化、网络和智能的发展。在这个过程中，谁能掌握和使用金融技术，意味着谁就能更早、更好、更安全、更有效地解决当前金融服务中存在的问题和不足，谁就能在竞争中赢得主动权并获得更多的数字红利。

六、金融科技兴起给银行业带来的机遇

银行作为传统金融机构确实受到了金融科技潮流的冲击和影响，但二者并非不可兼容，金融科技的最新成果为银行等传统金融机构的服务转型升级提供了一定的技术手段和参考方向。

首先，拥抱金融科技有利于降低经营成本，创新服务模式。过去的几十年，传统商业银行由于其所具有的垄断牌照优势，享受高枕无忧的高速发展，其运行模式所具有的业务单一、效率低下、成本高昂、动力不足等缺陷，在互联网时代被放大揭示。相比传统商业银行经营模式，金融科技的发展促使经营成本显著下降，主要体现在减少对物理网点的依赖，特别是新设的互联网银行模式。云计算和分布式架构等技术发展使商业银行得以降低前期成本和后续基础设施成本。金融科技可以大大提高金融服务提供商的工作效率和客户的管理效率。利用金融科技可以改善传统的低效率组织结构，改进复杂和耗时的预审批、中期管理和后期监督和控制。银行可以利用先进的识别技术准确判断优质客户，及时提供线上服务和实行线上管理，减少筛选的时间成本和资金成本，服务流程实现优化，运营效率得到提升，客户可以快速接触到优质服务。此外，互联网金融业务也为传统商业银行过去所面临的痛点提供了创新的解决方式，开辟了广阔的想象空间。

其次，拥抱金融科技有利于商业银行巩固现有市场。新技术和应用场景的结合正在产生无尽的商业价值，无数的互联网金融公司瞄准这一发展

机会而迅速发展壮大，它们以提高客户体验为中心理念，坐拥庞大用户群和流量入口，汇集并沉淀了大量数据，通过数据和计算的力量，将业务扩展到理财、智能投顾、众筹、消费贷款等领域，将流量最终转化为资金或资产。传统金融机构已经感受到其现有商业市场版图被新进入者迅速分割，且借助便捷的支付方式吸引分散了原本属于传统商业银行的大量客户。金融技术通过互联网优化了服务方案，增强了金融服务的客户体验，提高了客户满意度和忠诚度。并且，金融科技所提供的平台可使客户通过多渠道接触金融科技。金融科技有利于银行多渠道获得客源，利用强大的网络丰富和优化服务场景，增加客户对银行的信任度和认可度。此外，传统商业银行过去所面临的许多痛点，如构成其高行业门槛的风险识别与管理能力，受到擅长大数据和人工智能手段的金融科技企业直接冲击。这一危机倒逼传统商业银行与新兴互联网公司开展合作。现阶段许多商业银行缺乏线上数据积累，便选择将科技企业纳入自己旗下，迅速发展线上金融业务，在增长金融业务和增量收入的同时，开辟全新的业务模式，用科技帮助金融机构实现客户价值最大化。

最后，拥抱金融科技有利于商业银行开拓全新的市场版图。金融科技的一大优势在于能够实现更广泛的信用评估，进一步服务于没有被传统信贷体系覆盖的人群，尤其是传统商业银行所无暇顾及也难以评估的长尾客户，能够助力商业银行开辟全新的市场版图，也有助于实现真正的普惠金融。金融技术可以提高金融机构的信用风险管理能力。由于大数据的快速发展，越来越多的主流金融机构开始使用大数据对大量的客户数据信息进行收集和分析整理，从多渠道和多方面了解客户，培养客户使用电子渠道办理业务的习惯，使客户的各种信息数据和交易记录可以完整地保留在数据库中。在此基础上，利用金融科技可以识别出具有低违约风险的优质服务对象，银行可以有效地防止高违约风险的客户从事高风险的投资活动，更有针对性地快速提供优质服务，节约在不具有低违约风险的客户上的管理时间和成本。

本书具体分析了金融科技兴起对银行业主要业务带来的机遇和挑战，包括支付、负债、信贷和财富管理四个方面，表1中作了简要的汇总。

表 1　　　　　金融科技对银行主要业务带来的机遇和挑战

业务类型	机遇	挑战
支付	推动传统支付结算业务科技化进程，降低成本并减少信息不对称，提升客户满意度	支付结算、代收代付等业务份额被迅速抢占，新的系统性风险点出现
负债	金融科技可以帮助商业银行开发新型负债领域业务和产品	金融科技分流资金和客户
信贷	金融科技可以显著提升商业银行贷款效率，缓解信息不对称等问题	商业银行市场份额被抢占，可能出现很高的技术风险和操作风险，风控工作难度加大
财富管理	可以在大数据分析的帮助下实现精准营销，为客户提供更为优质的投资组合方案，提高理财收益率，同时降低财富管理的门槛，吸收更多的客群实现规模效应	传统商业银行的财富管理产品形态和产品体系将迎来较大转型

七、传统银行业的应对

金融科技的发展倒逼传统商业银行转型升级，传统商业银行出于其自身业务发展的考虑必然主动拥抱金融科技。国内外银行都越来越重视金融科技领域的研发和应用，传统银行业因为金融科技的引入，逐渐向数字化、智能化方向发展，国际上的顶尖银行更是纷纷加入金融科技转型大军。一些传统商业银行和科技企业正在通过合作实现优势互补，构建利益共同体，使科技企业为金融机构带来增长业务和增量收入，实现二者的价值共享。在我国，以四大银行为代表的各银行均与百度、阿里、腾讯、京东等互联网巨头达成战略合作协议，以期提升自身金融服务能力。

目前，国际银行业金融科技实践可以归纳为以下四种类型。

（一）主动发起进攻型

为了应对金融科技发展带来的冲击，一些国际性大型银行推出了自己的数字银行策略。例如，高盛集团推出了自己的数字信贷平台 Marcus。迄今为止，该平台累计存款超过 260 亿美元，客户贷款达 30 亿美元，收入超过 10 亿美元。近些年，Marcus 也在积极开拓国际市场，如在英国其正通过高利率来吸引储蓄客户。荷兰的 ING 银行推出了名为 Yolt 的财富管理应用程序，在该应用平台上客户可以实时查询到自己消费和储蓄的跟踪信息及个人的财务信息。目前，Yolt 在英国已经发展了 40 多万名用户，并且计划未来向欧洲其他国家开拓市场。

对于银行的数字化转型，人才和技术是成功的关键。例如，摩根大通集团的技术投资是行业平均水平的两倍，达到了总预算的 9%。为了改善客户体验，摩根大通集团十分重视门户网站设计和应用程序建设，在触屏登录、账户预览、无纸化注册等方面进行了持续的改善，从而为客户提供了个性化的体验。高盛集团也把技术提升到了公司的战略层面。在人才方面，高盛集团面向全社会招聘金融科技人才，充分发挥人才作用；在成本方面，技术投入逐年增加，这也说明了其对技术的重视程度。法国巴黎银行也将"在 2020 年建立数字银行，从便利性和安全性两个方面提升客户体验"作为优先发展的战略。

（二）积极投资科创企业型

银行发展金融科技有两种途径：一是自己在内部开发自己的数字平台或通过收购或投资初创企业来建立自己的数字平台。一般自己开发平台其维护的复杂性和系统成本较高，因此，银行大多数时候更倾向于收购或者投资初创企业，如法国巴黎银行采用的就是这一战略。二是积极投资科技企业或与科技公司合作，实现自身发展。增强自身的科技实力和研发实力无疑十分重要，除此之外，许多银行还喜欢在"体外培养"，也就是积极投资初创金融科技企业。如巴黎银行的金融科技加速器计划就是通过启动、加速、测试和调试"四步法"来孵化初创企业，通过在市场测试后，将其应用于银行业务。这也为"银行+金融科技公司"的合作提供了范例。美国银行、花旗银行、高盛集团等已投资于大数据和人工智能领域的创业公司，提供一系列服务，包括反洗钱识别、欺诈检测、客户购买意向预测和资本流动分析。这些机构不仅是金融技术公司的投资者，也是大数据分析和预测技术的用户。

（三）与金融科技类企业合作型

相对于金融科技类企业，传统银行拥有更专业的金融知识、更强的风险防范和控制能力等，但随着技术发展和进步，拥有高效率、高附加值和较低搜索成本的数字化企业越来越受到消费者的青睐，因为它们能够提供更佳的用户体验和更高性价比的服务。这类公司包括许多互联网科技巨头以及一些金融科技公司等，它们主要是通过使用互联网和各种算法等来提供个性化的服务。银行应通过并购、合作等方式来整合这些资源，为消费者提供具有更高技术含量的金融服务。

比如美国最大的银行——摩根大通集团和美国最大的电子商务公司——亚马逊公司之间就建立了合作伙伴关系。根据合作协议，摩根大通集团可以获得亚马逊网站上其 Prime 客户的部分用户数据，而随着合作的深入，摩根大通集团最终将可以访问亚马逊的支票账户并为其提供银行服务。在亚洲，支付宝和渣打银行推出了基于区块链技术的数字汇款服务，此项服务可以帮助消费者更加安全和方便地享受价格低廉的服务。二者还与菲律宾 GCash 钱包合作，以便人们在中国香港和菲律宾之间进行转账，据悉，这种服务将会被逐渐扩大至其他国家和地区。

（四）多样化竞争型

在传统的主营业务支付和贷款业务方面，传统的银行正在面临科技型企业的巨大竞争压力，但是一些银行正在利用新技术开拓新市场。例如，加拿大最大的银行——皇家银行试图将自身转变为提供多元化金融服务的平台，客户通过该银行平台可以注册公司，并进行房屋出租交易。例如，当客户有购买或者出租房屋的需求时，该银行可以提供近期的房地产市场或者附近地区的研究报告。其他银行如巴克莱银行、澳大利亚银行等也在积极拓展新业务，例如可提供一些重要文件的存储业务，如出生证明、身份证及护照，还可提供相关细分客户的消费情况的研究报告等。

本书挑选了全球顶尖的 10 家商业银行进行个案分析，研究它们如何在金融科技浪潮下进行自我革新，从实践的角度展示全球银行业如何应对金融科技兴起带来的挑战（见表 2）。美国银行业在金融科技方面发展处于领先地位，这 10 家银行中有 5 家是美国的银行。摩根大通集团长期以来是规模最大的商业银行，在金融科技方面也是美国银行业的翘楚；美国银行也是美国银行业有重要影响力的老牌银行；富国银行是美国银行业的后起之秀，曾一度成为美国市值最大的银行，在零售业务方面颇有优势；花旗银行是一家具有高度国际化水平的银行；高盛集团作为一家投行背景的银行集团，在金融科技领域走在前列。在欧洲，英国被公认为金融科技发展的先行者，我们选择了汇丰银行和巴克莱银行做案例研究。我们还研究了德国最大的全能银行德意志银行以及荷兰国际集团、法国巴黎银行的金融科技发展。从这些案例可以看出不同银行在金融科技发展方面的差异。同时，我们还对中国银行业的金融科技发展现状进行了整体研究。

表 2　　　　　　　国外十大代表性银行金融科技发展情况汇总

银行名称	所属国家	金融科技发展亮点
摩根大通集团	美国	• 与金融科技第三方公司以多种创新形式进行合作，包括投资并购、初创公司入驻孵化、建立金融解决方案实验室等 • 在大数据风控、智能投顾、移动金融等方面取得自主研发成果，如金融合同解析软件 COIN、移动银行 Finn、资管及投资软件 You Invest 等
高盛集团	美国	• 利用金融科技开发零售银行、线上借贷、智能投顾等新业务 • 积极投资金融科技企业，布局深远
美国银行	美国	• 拥有最多的区块链专利技术，但对区块链技术的应用持"谨慎推进"的态度 • 利用自身客户优势，提高"传统用户"到"金融科技下新型用户"的转换率 • 与金融科技公司合作，召开科技峰会，加大与第三方支付的合作 • 智能虚拟助手 Erica 助力，成为用户"可信任的金融咨询师"
富国银行	美国	• 通过 VR 技术与金融服务的融合以及与 Apple 进行线上合作提供 24 小时服务等方式，富国银行规划实现更加丰富多彩的零售交互渠道和模式 • 加强在智能数据、无缝支付以及身份管理等方面的布局与规划
花旗银行	美国	• 开发加密货币花旗币，使用区块链平台完成跨境支付，建立应收账款解决方案——Citi Smart Match • 成立风险投资公司对创业公司进行股权投资

续表

银行名称	所属国家	金融科技发展亮点
汇丰银行	英国	• 集团本部设置金融科技部门，同时投资集团外金融科技初创企业，双轮驱动
巴克莱银行	英国	• 发展重心为金融监管、区块链和人工智能，启用 RISE 加速器项目支持科创企业，利用人工智能服务客户，成为英国开设电子账户的银行，并利用大数据技术不断发展自身业务体系
德意志银行	德国	• 外部合作方面，借助与金融机构结成的联盟，收购或参股现有金融科技公司等外部合作拓展业务、完善自身 • 内部经营方面，提出"2020"战略和《金融科技 2.0 白皮书》，加大金融科技研究开发力度，在智能投顾、移动金融等多项具体业务中应用金融科技，并向公众开放内部数据端口，不断进行自我创新与突破
荷兰国际集团	荷兰	• 开展时间早，1997 开始直销银行业务，为后续金融科技发展提供经验和客户基础 • 涉及领域多，参与移动支付、贷款业务、区块链、智能投顾四大板块的多个领域的金融科技探索，重视小微金融
法国巴黎银行	法国	• 设立创新子公司 L'Atelier BNP Paribas，发起"金融科技加速器计划"，进行特殊的项目计划的发行、筛选与孵化 • 设立基金，进行人工智能、大数据、区块链、网络安全等方面的投资 • 与金融科技公司达成战略合作

通过案例研究我们发现，国外顶尖商业银行在发展金融科技方面具有一些共性，例如，它们非常重视金融科技业务，高度重视金融科技人才，不断加大科技研发投入，每一个业务板块都有大量的科技人员，金融科技已经内嵌到银行经营的各个方面。除了银行内部大力发展金融科技，国外顶尖商业银行还开始对金融科技公司展开大规模的并购以抢占竞争高地。我国商业银行近年来也在战略层面高度重视金融科技发展，特别是大型商业银行的科技实力本身就不俗，在中国金融科技整体快速发展的背景下，其赶超步伐明显加快。

八、未来金融业的格局

近年来，在政策、资本等的推动下，新技术应用在金融领域如雨后春笋般出现。科技与金融的融合逐步加深，从大型金融机构占据绝对优势，发展到各类机构在整个生态中百花齐放。未来，传统银行业"吃独食"的局面将改变，一些工作岗位将被淘汰，这是社会进步的体现。然而，传统银行业依然有自身不可替代的作用。要想理解这个问题，需要分辨二者的能力边界。金融科技公司能做什么，不能做什么？目前来看，金融科技公司能处理的是小规模的、标准化程度较高的业务，而对那些复杂的、无法标准化的业务，金融科技公司暂时还缺乏较好的处理能力，依然需要依靠人工来完成。例如，我们常说计算机审贷可以代替信贷员，特别是在消费信贷、小企业信贷领域，但是大企业贷款、项目贷款、并购贷款等似乎很难，或许未来有一天可能做到，但是目前还看不出端倪。任何机构都应该明白自身的优势所在和能力所及，找准自己的定位，这样才能在蓬勃发展的金融市场、层出不穷的技术和产品创新的浪潮中立于不败之地。

　　正如前文所言，银行业从来不是科技的排斥者，把金融科技和银行业对立起来非明智之举。传统银行业是既定规则的遵循者、在位者，而新兴的金融科技公司是规则之外的搅局者、挑战者。传统银行业在经济社会中已经占据了明显优势地位，它们自我变革的动力不足，而金融科技公司瞅准了这样一个空当，瞄准普罗大众的朴素的金融需求，推出了一系列场景化的、改善体验的金融产品和服务，因此迅速赢得了大众的认可，掀起了一场无声的革命。但是金融科技的真正落脚点在金融，而非科技。无论金融服务的呈现方式如何改变，金融的本质都没有变，金融活动的基本原则也没有变。无论什么样的金融科技，最终都必须和传统金融一样接受标准一致的监管。而现在我们看到，大量金融科技公司实际上并未把自己当成金融企业，它们的注意力几乎全部放在如何通过技术创新吸引客户、开拓市场方面，从事金融活动过于注重效益，而把控制风险放在第二位。显然，正规的金融机构是不允许这么做的，风险控制对金融机构来说是立足之本。褪下科技的外衣，实际上很多金融科技公司的做法还是传统金融的那一套。

　　这也就可以解释为什么部分金融科技公司在发展初期一般势头比较好，而一旦规模壮大问题就来了。原因在于我们的监管环境相对宽松，对金融科技创新总体上持鼓励的态度。一开始，没有人把金融科技公司当作金融机构，它可以游离于游戏规则之外，无拘无束地发展。试想一下，在跑步比赛中，传统金融机构被资本充足率、准备金率、流动性比率等监管指标捆绑，而金融科技公司则轻装上阵，谁会赢得比赛？然而，一旦金融科技公司发展到一定程度，进入监管的视野，情况就不一样了。例如，互联网第三方支付平台要不要设计类似银行的存款准备金制度？如果这些平台没有系统性影响，似乎可以不用这么谨慎，但是支付宝、微信支付等已经体量巨大，存在系统性风险是肯定的，当监管部门开始比照银行监管第三方支付平台时，它们原有的优势便会缩小。

我们要看到，金融科技对商业银行业务转型升级具有积极的推动作用，它们会通过不同的方式显著提升银行的效率，但与此同时，也可能给银行带来潜在的风险。商业银行作为金融体系的支柱，对储户的存款安全具有神圣的责任，这些特殊的使命意味着商业银行必须做好风险防控工作，保证自身的稳定经营和储户的基本利益。因此，商业银行将新的金融科技投入运用时，应该做好全面的风控工作，逐步试验，稳步推进新技术用于信贷实践，不应操之过急、推进过快，以防造成各种未能预期的风险。

金融科技并不是独立于传统金融的新业态，也不会是永恒的业态，它终将被正规的金融体系所吸收，纳入金融永续发展的洪流中。传统金融机构在这一过程中，自身也在实现转型。21世纪初，人们普遍认为传统商业银行已经没落，会被如日中天的投资银行替代，结果到了2008年次贷危机，商业银行总体稳健，而以高盛、摩根士丹利为代表的华尔街投资银行反而全部从法律意义上转型为商业银行。而今天我们所看到的商业银行，也不再仅仅是从事存贷款业务的传统银行，它们已经成为综合化经营的"金融百货公司"。未来的银行会是什么样？可能它看起来更像是一个科技公司，一个通过技术手段提供各种金融服务接口的智慧化平台。

总而言之，金融科技的兴起，对社会发展来说是一件好事，而且是具有里程碑意义的事情。它让我们明白，过去千百年来我们意识中一直以为金融是人与人之间的事情、是银行家的事情，现在变成了技术与人共同主宰的事情，它不仅是银行家的事情，还是工程师的事情。金融科技的兴起让金融变得更民主，让更多的人参与到这个进程中，这部分地回答了诺贝尔经济学奖得主罗伯特·席勒在《金融与好的社会》一书中的问题："我们如何才能使金融民主化，从而使金融能更好地为所有人服务？"今天，金融发展由金融创新的单轮驱动，变成了金融创新和科技创新的双轮驱动，而一旦踏上了科学技术的轨道，就注定开始了永不停息的前行，未来的金融发展一定会更加精彩。

理论篇

理论篇

第一章 金融科技对银行支付业务的影响

摘　要

　　支付业务作为金融行业的基础业务，其发展始终伴随着技术创新。随着 4G 和 5G、大数据、云计算、人工智能等金融科技的发展，金融科技在银行支付业务中的应用，在网上银行、第三方支付及区块链支付等方面得到体现。第三方支付与银行支付在支付流程、客户群体、场景运用中均存在差异，而盈利模式趋于统一。在未来，第三方支付和区块链支付都会对商业银行产生重大影响。在金融科技浪潮下，商业银行支付业务的发展更应该注重降低交易成本，保持信息优势，适应网络金融模式下产品更替快的特点进行经营管理方式的改变。

Chapter 1　The Influence of FinTech on Payment Business of Commercial Banks

Abstract

As the basic business of the financial industry, the development of payment business has always been accompanied by technological innovation. With the development of financial technology such as 4G & 5G, big data, cloud computing and artificial intelligence, the application of FinTech in bank payment business is reflected in online banking, third-party payment and blockchain payment. Third-party payment and bank payment are different in payment process, customer group and scenario application, while the profit model tends to be unified. In the future, both third-party payment and blockchain payment will have a significant impact on commercial banks. Under the wave of FinTech, the development of commercial banks' payment business should pay more attention to reducing transaction costs, maintaining information advantages, and changing the operation and management mode to adapt to the rapid products' replacement under the internet finance mode.

一、金融科技概览

支付业务作为金融行业的基础业务，其发展始终伴随着技术创新。2017年8月，高盛（Goldman Sachs）发布的《金融的未来：中国金融科技崛起》指出，支付是金融科技生态系统之门，是创新者们构建闭环生态系统、寻找其他商业模式的重要关口。其中，第三方支付业务是当前最富前景的领域。

支付业务的金融科技

1. 4G 和 5G 技术

4G 和 5G 是第四代、第五代移动通信技术的简称，可以快速地传输数据、高质量视频、音频等，它具有通信速度快、灵活性强、网络频谱宽、智能化程度高、与多种设备兼容、频率效率高、成本低廉等优点，而 5G 是 4G 的延伸。2013 年 12 月 4 日，工信部给中国三大通信设备运营商中国移动、中国电信、中国联通正式发放了 4G 牌照，这标志着我国的通信业正式迈入了 4G 时代。2019 年 6 月 6 日，工信部正式给中国移动、中国电信、中国联通和中国广播电视网络有限公司颁发 5G 牌照，意味着中国已正式进入 5G 商用元年。

4G 和 5G 技术用于支付具有以下显著优势：

（1）刺激第三方支付发展。4G 网络模式为电商提供可靠安全的交易平台开发电子商务，而电子商务的开发为消费者的网上消费提供了必要的服务保障，从而促进了移动支付的进一步发展。在构建电子商务平台的同时，第三方支付把 4G 移动端支持的游戏、互联网服务放进重点发展对象里，通过 4G 网为客户带来全新的支付体验。4G 网络的出现和应用，使信息高速传输成为可能，复杂的控制命令可以通过 4G 网络传播，为物联网提供强大的支持，解决了物联网受制于技术措施和关键技术而系统无法完整运营的问题。

（2）促进消费多样化。以 4G 技术为基础，移动支付可以通过 PC 端或者 APP 进行网上购物，类似于在淘宝搜索、挑选、付款，在 PC 端或者

APP 背后同时又有其他金融科技的支持，也可以通过二维码作为离线载体，对二维码增加管理便可以提高用户的体验，还可以是移动终端的社交模式，这种消费将社交和消费融入移动平台，利用社交软件实现买卖双方的直接沟通而完成消费。

（3）4G 技术更加高效灵活。4G 网络传输速度更快、更方便，在移动终端的支持下，可以将电子商务的业务处理效率提升到更高的水平。随着 4G 网络的发展，第三方支付的硬件和软件措施越来越先进，目前除了网上购物外，Apple Pay 和微信、支付宝等也可以提供公交地铁、自动贩卖机支付功能，这些新型支付方式不知不觉逐渐地被渗透到各类生活场景中，这些都离不开 4G 技术的高速传输。

（4）5G 技术即将出现，改变现有支付方式。4G 网络从 2013 年正式进入人们的生活。随着智能手机的普及，高速无线网络逐渐满足人们对互联网的实时性需求，移动支付爆炸性增长，但是 4G 网络仍存在覆盖不全面的问题。在即将到来的 5G 网络时代，网速和覆盖面已经不再是制约支付发展的主要因素。以后支付可能会结合生物特性，刷脸支付、虹膜支付等各样支付方式兴起，同时，随着人工智能、大数据等相关技术的发展，支付风险控制领域发展空间巨大，移动支付安全系数将进一步提高。

2. 大数据

大数据（Big Data）是指很难运用日常的软件工具在可接受的时间范围内进行收集、储存和处理的数据集合。大数据技术是从各种类型的数据中快速获取可用信息的技术。2011 年，麦肯锡发布的研究报告中提出，大数据在世界经济的各个领域以多种方式创造价值，人类社会已经进入"Big Data"时代。第三方支付企业自身拥有庞大的用户基础和终端交易数据优势，可基于大数据技术进行网络营销、征信等增值服务，寻找盈利突破口。

大数据技术在第三方支付领域主要应用于以下几个环节：（1）消费环节。通过分析不同年龄、性别、地区消费者的消费金额和消费类型，判断他们在消费习惯和支付方式方面的偏好，进而优化营销手段。（2）定价环节。通过支付数据区分支付能力不同的消费者群体，有针对性地生产不同功能和价格的产品，满足不同层级消费者的需求。（3）征信环节。各互联网支付平台通过收集分析个人历史信用数据，授予用户一定程度的信用支付额度，从而建立大数据征信体系，这一体系反过来又服务于支付。

3. 云计算

云计算是借助互联网将一系列独立的电脑与服务器连接形成"云"，然后在各分布式计算机上分配计算。不同用户可随时通过电脑或其他智能终端接入网络以获取所需资源。"云"实质是一个庞大的资源池，具有前所未有的计算能力，实行虚拟化运行，用户可以在任何区域通过终端享受服务。"云"具备自动化集中式管理能力，成本低廉，同时可动态伸缩、按需购买，支撑多种应用同时运行，满足用户和应用的多维度需求。

电子支付的资金在转移过程中（包括账户信息的存储、修改、传输等），对大数据处理和信息安全要求较高，云支付是云计算与 e 支付融和的产物，具备部署速度快、可扩展性强、连续性好、成本低等优势，可应对支付交易的波动性、安全性等问题。第三方支付机构接入云支付开放平台的综合账户体系，利用"云"的信息即时分析和信息共享资源，实现服务增值。

4. 人工智能

人工智能（Artificial Intelligence，AI）支付属于新型支付服务，即利用 AI 领域的技术成果为支付赋能，目前尚处于初级发展时期，阶段性成果包括语音支付和刷脸支付等。语音支付是将 AI 特殊的语音识别技术与支付系统进行整合，用户进行一次信息绑定和语音录入后即可在 ATM、STM 等终端及相关银行和第三方 APP 上通过语音指令实现支付。刷脸支付与语音支付类似，均需借助 AI 的生物识别技术实现支付。二者的区别在于将支付过程的密码由用户语音换成了面部图像或视频，通过精准提取面部特征、活体检测等方式提升识别的准确性和支付的安全性。同时，AI 中的机器学习技术可基于对支付历史数据的分析不断完善算法、自动改进流程，进一步优化智能支付体验。

5. 区块链

区块链实质是一种优化的数据结构和计算方式。其技术要点是在不同的区块中存储数据，将各区块以链式结构组合并借助密码学相关原理进行加密，同时利用分布式节点算法来生成数据，利用智能合约操作数据，具有去中心化、透明度高、隐私保护和交易安全等特点。

（1）去中心化。在区块链技术下，整个网络中没有集中式的硬件或第三方管理机构，数据是分布式记录和存储的，每一个节点自主、独立地共同维护一个数据系统。

（2）透明性。区块链形成的数据系统中所有的信息数据都是公开透明且无法篡改的，数据交换不基于信任基础，而是基于各个节点之间的相互独立和不可篡改。

（3）隐私性。由于节点之间相互独立、不可欺骗所以无须互相公开身份，这能够大量节省时间和成本。

（4）安全性。系统中的单个节点无法对数据库进行修改，也无法影响其他节点的数据信息，所以，系统中节点越多，系统中的数据就越安全。

二、金融科技在银行支付业务的应用

商业银行支付结算业务主要分为商业银行为个人客户和企事业单位办理资金的支付或清算业务，主要有票据、信用卡、汇款、托收等方式。随着网络技术和电子商务技术的逐渐成熟，金融科技在中国快速发展。金融科技在各个领域的应用可以为社会大众提供更便捷的服务，也提高了交易效率，降低了交易成本，对传统金融机构造成了一定的冲击。伴随着金融科技，网上银行和移动支付逐渐出现在大众视野中。

（一）网上银行和移动支付

网上银行是银行在互联网中设立的一个虚拟柜台。与传统银行相比，网上银行具有虚拟性、风险性、服务性和传播性等特点。在我国，中国银行于1997年首次推出依托互联网办理传统银行业务的网上银行，工商银行、农业银行、建设银行、民生银行、招商银行等也随后开展网上银行业务。

我国网上银行虽然起步晚，但发展速度极快，二十多年来，交易规模增长显著，而且业务种类丰富多样，品牌也逐渐建立起来。2017年，我国网上银行交易量达1171.72亿笔，比2016年同期增长了37.86%；网上银行交易额高达1725.38万亿元，比2016年增长32.77%；网上银行个人客户达到14.31亿户，比2016年同期增长17.32%。① 但我国网上银行也面临挖掘客户需求能力弱、产品与服务缺乏创新、组织结构冗杂、缺乏专业性人才、安全性有待提高、法律法规欠缺、监管不完善等问题。

移动支付是指交易双方通过移动终端（通常为移动电话）完成商品或者服务的交易。移动性、快捷性和实时性是移动支付的主要特点。我国最早的移动支付是在2000年，中国移动与中国银行、工商银行、招商银行推出了以SKT进行支付的手机银行服务。随着互联网的不断完善，我国移动支付近年来一直处于井喷式发展阶段，人民银行公布的2018年支付体系运行整体情况表明，2018年我国移动支付业务605.31亿笔，金额277.39万亿元，分别同比增长61.19%和36.69%。②

我国移动支付近年来得到迅速发展，但是从整个产业发展来看，我国移动支付还处于起步阶段，仍面临标准规范缺失、产业链运营风险、缺乏完善的监控、消费者信任风险及智能终端的安全风险等方面的问题，需要各相关单位重视风险防范，共同促进移动支付的发展。

（二）第三方支付

1. 概念和背景

第三方支付是指由具有一定资产实力和信誉保障的第三方机构与各大银行签约，通过网络支付清算平台（中国为网联）对接，为网购提供交易支撑的一种网络支付方式。

第三方支付诞生于商品交易过程。社会经济活动中，贸易的核心是建

---

① 中国银行业协会. 2017年中国银行业服务报告 [M]. 北京：中国金融出版社，2018.
② 中国人民银行发布的《2018年支付体系运行整体情况》。

立在货物流与资金流统一基础上的交换，包括同步交换和异步交换。同步交换是交货与付款的适配即实现理想等价交换的基础，然而实际上，由于商品或服务的流通周转需要时间，常会出现交货与付款的异步现象，产生道德风险，需辅之以信用保障或法律强制要求，而这一点在虚拟市场很难实现。传统支付方式如现金、票据结算或者电汇等方式，均是即时、一步性支付，无法解决买卖双方从付款、发货到验收这一过程中的相互博弈，因此，第三方支付应运而生，增加独立中介托管环节，使货物流与资金流实现"分步中的同步"。

2．业务流程

第三方支付主要有下述几步交易处理流程：

（1）客户浏览线上购物网站。

（2）客户进入某个商户界面挑选商品，将意愿商品加入购物车。

（3）客户进入支付页面，跳转第三方支付的链接，确认付款。

（4）客户输入支付密码，第三方支付平台将该客户前期登记的银行卡卡号和密码传送到相应的绑定银行，要求进行付款。

（5）银行接收来自第三方支付平台的支付信息，并检查是否符合付款条件，再传回付款成功与否的结果。银行向付款成功的第三方支付平台在银行开立的准备金账户打入客户账户资金。

（6）付款结果由第三方支付平台通知商家及客户。

（7）商家通过物流系统将货物交付客户。

（8）客户确认到货且无误后，第三方支付平台将货款由其准备金账户划转到商户的账户上。

3．行业特点

第一，第三方支付平台将多家银行的银行卡或其他支付方式整合在一个界面上，交易双方支付过程得到极大简化。另外，将商户与消费者集中在同一个平台上，可以降低商家的营运成本和消费者的网购成本，还可避免多账户多银行卡的资源浪费，同时节省银行网络技术的研究开发费用。

第二，较之SET、SSL等网络安全支付协议，第三方支付平台支付操作更加简单，更易于被客户接受。SET协议全称为安全电子交易协议，是基于信用卡在线交易支付系统设立的一个开放的规范系统，保证交易过程安全性。它的对象广泛，各方的身份都需要通过CA进行认证，交易烦琐，速度慢，且实现成本高。SSL安全协议的全称是安全加密套接层协议（Secure Sockets Layer），只需进行商家身份认证，体现商家对客户信息保密的承诺，应用比较广泛。第三方支付平台将以上两种支付协议的特点结合起来，简化商家和客户之间的交易过程。

第三，第三方支付平台大多以门户网站信用为主要的信用依托方式展开与银行的合作，可靠的信用体系推动电子商务的快速发展。

4．发展现状

国外第三方支付行业整体起步较早，美国市场起源于20世纪80年代美国的独立销售组织（Independent Sales Organization）。20世纪90年代末，互联网技术和电子商务快速发展，B2B、B2C、C2C等网上交易模式的积极开展使由中间商账户处理交易、收费较低的第三方支付系统走进大众视野。1998年12月，全球第一家第三方支付公司PayPal在美国诞生。到21世纪，产生了eBay、Amazon、谷歌等全球知名的电子商务交易商，也促进了第三方支付机构的发展。欧洲地区总体发展较好，但地区之间存在严重不平衡。在亚洲地区，日本第三方支付发展曾经领先于其他国家。

20世纪，我国第三方支付与西方国家相比较为滞后，但发展很快。第三方支付主要分为三个发展阶段。1999年，我国诞生了第一家第三方支付公司——首信易支付，后又成立了上海环迅，由于电子商务发展缓慢，其并未取得较大成功，这一时期第三方支付处于早期萌芽阶段。2005年，在阿里巴巴支付宝的带领下，国内陆续出现微信支付、网银在线等产品，交易规模达到了196亿元，进入高速发展阶段。与此同时，片面发展和安全问题也逐渐浮现，2014年，人民银行开始加强监管和市场控制，进行"风险与利益并存"的审慎发展时期。

经过十多年的发展，第三方支付在支付市场领域的重要性日益凸显。根据2018年易观发布的《中国第三方支付行业专题研究2018》，我国第三方支付移动支付行业的整体规模连续4年增速超过100%，从2013年的1.3万亿元增长到2018年的170万亿元（见图1-1）。与此同时，第三方支付互联网支付交易行业规模持续增长，但近年来行业增速放缓，2018年增速仅为8.07%（见图1-2）。

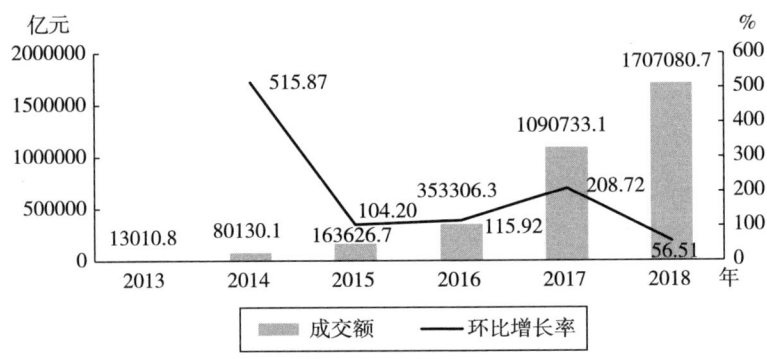

资料来源：易观国际。

图1-1　2013—2018年中国第三方支付移动支付交易规模

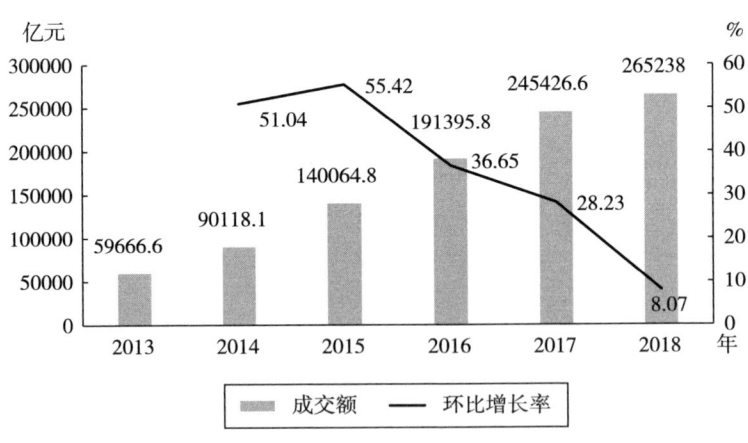

资料来源：易观国际。

图1-2　2013—2018年中国第三方支付互联网支付交易规模

5．典型产品

目前，全球范围内典型的第三方移动支付机构主要是具备"支付账户＋

多维场景",并通过移动技术实现资金在交易双方银行账户间转移的第三方公司,国际上最具代表性的是美国的PayPal,中国则是支付宝及财付通。

(1)国际移动支付：PayPal。

PayPal是第一家创立第三方支付产品的机构,最早从邮件支付起家,后通过短信业务进入移动支付领域,可以说开创了互联网支付的先河。其率先抓住传统支付市场移动性差、难以满足个人小额支付需求这一普遍痛点,推出的支付产品颠覆了传统支付流程,极富创造性,具有深远影响。

PayPal在过去很长一段时间里是eBay的子公司,借助eBay强大的电商平台发展成为国际线上支付巨头。完成去eBay化后的PayPal作为一种国际支付工具,被广泛地运用于各类跨国交易中,为国际结算提供便利。PayPal集结了银行卡和电子支票等支付方式,支持全球多种主要通货结算,业务面涉及B端跨国贸易和C端海淘付款等,覆盖200多个国家,主打无国界跨境支付。根据公司最新财报数据,2018年PayPal活跃账户数突破2.5亿个,支付规模达到5784亿美元(见图1-3)。

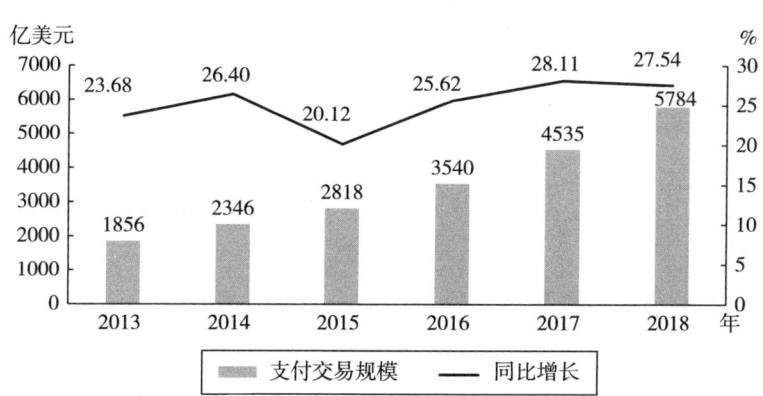

资料来源：PayPal公司年报。

图1-3　PayPal支付交易规模

(2)国内移动支付：支付宝、财付通。

在国内,由于长期以来存在的金融压抑和银行卡体系的低渗透率,以及近年来4G、5G的迅速发展带来的技术红利等多方面原因,支付业务从

PC端过渡到移动支付比发达国家要快得多。从2014年开始,第三方移动支付呈现出几何级数的增长,并日益形成双寡头的市场格局。据中信证券统计,2017年两大机构有效账户数分别为8.7亿个和10亿个,交易规模则达到了59万亿元和42万亿元。根据易观的统计数据,支付宝与财付通的合计市场份额在2018年底已经高达92.71%,占据绝对主导地位(见图1-4)。

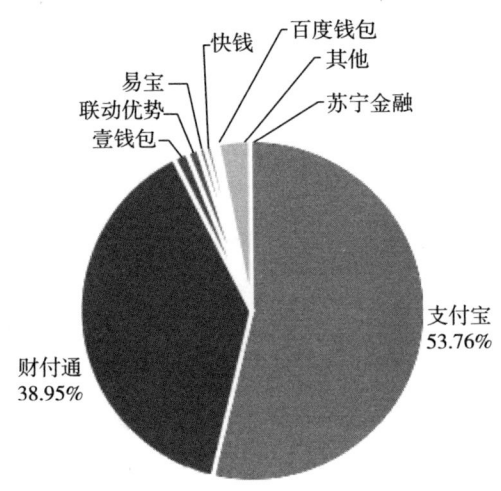

资料来源:易观国际。

图1-4 2018年底中国第三方移动支付市场交易份额

业务范畴方面,在发展初期,支付宝依托电商平台,主要功能是服务于淘宝交易;2004年支付宝从淘宝分拆出来,向独立的支付平台转型;2008年支付宝开启移动电商战略,推出手机等智能终端支付。除了用于线上电商交易及线下转账支付外,支付宝业务还涵盖投资理财、生活缴费、海外汇款、教育公益、健康保险等领域,成为多元化的综合型支付平台。

财付通最早植根于微信社交APP,发端于个人用户间相互转账的社交需求,与支付宝相比具有更强的社交属性。在生活类增值服务上,微信支付的业务版图与支付宝大致相同,也包括出行、娱乐、信贷等模块,金融类业务则相对少一些。其中客户使用最多、黏性最大的业务是个人与商户间的线下小额收付款及微信好友的红包转账。与支付宝相比,财付通更加侧重生活维度，被广泛使用于各类社交场景。

（三）区块链支付

1. 概况

2001年9月，区块链技术随着比特币进入人们的视野并引起了广泛关注，其在各个领域也逐步试点运作。其中，其在支付领域有较为广阔的运用前景。2015年9月，以高盛集团和摩根大通集团为代表的九家全球性金融巨头就区块链的筹划签订了具有行业统一标准的合作协议，为区块链支付的广泛应用创造了条件。2016年，区块链技术被纳入中国"十三五"国家信息化规划，意味着中国也开始积极开发和研究区块链技术。

2. 优势

虽然目前区块链技术仍处于起步阶段，但从长期发展趋势来看，区块链技术会对支付体系的进一步完善发挥不可忽视的作用。首先，区块链支付有成本优势。最初传统的支付体系主要依赖"三票一卡"，交易成本高，维护客户数据系统的费用也高，后来随着电子支付的兴起，支付成本有所下降，去中心化系统的建设成为成本的主要构成，而区块链技术恰好能解决这一问题，分布式记账可以减少中转费用，集体性数据维护可以实现去中心化，降低数据集中处理成本。其次，区块链技术有利于提高支付效率。通过点对点支付的方式避开中介机构，这种技术使原本需要花费较长时间的跨行支付、异地支付、跨境支付和大额支付变得更加迅捷，能够做到24小时实时到账，方便快捷。最后，区块链技术可以增强支付安全。在区块链技术下，各种记录真实而不可修改，有利于支付业务的安全监督，实现支付的安全透明。

3. 现存的问题

从理论上来看，区块链支付表现出多种不可替代的优势，但在现实世界里仍然存在若干问题。首先，全球针对区块链技术的应用缺乏完善的规章制度，建立监管的相关制度和全球统一的运作标准是其广泛应用的基础。其次，基础设施投入成本高，区块链技术前期需投入大量资金购置设备及进行科研，而预期收益不确定，这就增加了资本投入的机会成本。再次，政府及大众没有广泛认可，导致其传播与应用受限。最后，技术问题突出，在区块链发展前期暴露出的结构瑕疵、系统漏洞、容量不足等问题还没有得到完全解决，也是制约其发展的主要问题。

未来，随着大众认可度的提升、监管制度的明确以及技术的不断进步，相信区块链技术会在我国支付业务中有更广泛的应用。

4. 应用

2016 年 9 月，美国 Ripple 公司与全球支付指导集团共同创立了世界多个银行间区块链集团，应用区块链技术建立的支付平台可以在短短几秒内实现货币跨境转账支付。

招商银行内部使用区块链技术改造跨境直联清算系统，用于解决总行与海外分行的内部清算问题，减少了报文传递时间，任意两个机构之间可以点对点结算，高效可靠，招商银行准备进一步推广和扩大其使用范围。

2018 年 8 月 30 日，IBM 推出了全球支付系统——IBM Block Chain World Wire。该系统是基于 Stella 协议，可以让全球范围内的金融机构在数秒内完成跨境支付。

三、第三方支付与传统商业银行支付比较分析

（一）第三方支付与传统商业银行支付的对比

将传统金融向科技型演变划分为三个进程。在金融电子化时代，银行个人支付业务主要是 ATM 转账和 POS 机消费，第三方支付则以银行卡收单和预付卡为主，科技对支付的渗透性较弱。从互联网金融时代开始，电子商务的蓬勃发展推动支付业务向网络化转型，互联网支付成为商业银行及第三方机构积极探索的业务板块。在当下的金融科技时代，随着智能手机等移动终端的普及，移动支付业务应运而生并实现井喷式的发展，得到越来越多客户的认可和青睐。

表1-1列举了中国建设银行的几种典型移动支付产品，基本涵盖了现阶段银行系移动支付的主流模式。从建设银行移动支付产品功能的演变可以看出，龙支付、云闪付等新型银行系移动支付产品越来越表现出与第三方支付同质化的特征，传统的手机银行支付业务则与第三方支付存在一定差异，以下就几种支付方式进行各维度的简单对比。

表1-1　　　　　中国建设银行主要移动支付产品服务

	开通方式	收费标准	产品功能	日支付限额	特色服务	安全性
手机银行支付	线上开通，仅支持查询及小额缴费业务，结算业务需至网点签约	免服务费及交易结算费	投资理财、转账汇款、缴费支付、跨行信用卡还款等各种非现金服务	单笔50万元，每日100万元	手机到手机转账、特约无卡取款、快贷	指纹认证、超时自动退出
龙支付	建设银行APP开通（本行或他行卡均可绑定）	电子钱包充值及提现免手续费	个人建设银行钱包、建设银行二维码、他行全卡付；商户条码收款、对账单生成	动态二维码支付5000元，静态条码支付500元	NFC支付、条码支付、人脸识别、AA收款	大数据风控、差异化限额
云闪付（与银联合作）	线上开通	转账、提现免手续费	二维码远程支付、NFC近场支付	借记卡1000元，信用卡500元	银联可穿戴产品、公交卡绑定	云计算、虚拟卡隔离

资料来源：中国建设银行官网、银联官网。

1. 支付流程存在差异

传统商业银行的实体卡支付及手机银行支付均建立在客户结算账户的基础上，同行支付由各机构在内部进行不同用户账户间余额的划转即可实现，跨行支付则需借助人民银行系统及银联、VISA等卡组织来完成资金清算。近年来，新型的支付方式如建设银行龙支付及与银联合作推出的云闪付则是在实体账户的基础上生成一个虚拟的电子钱包完成支付。

网络第三方支付按职能划分有两种典型方式。在网关模式下，第三方机构充当中介整合各家银行的网银入口，收到客户支付指令后跳转至相关银行网站完成支付。账户模式下机构进一步承担了资金保管和部分信用中介职能，付款方的款项要在第三方机构的虚拟账户中完成一次流转后才到收款方的银行账户，部分大平台以自身信用担保交易的顺利达成。

早期的账户支付模式下，第三方机构与银行直连，事实上充当了清算机构的角色，随着人民银行"断直连"监管规范的提出，第三方支付均需通过网联或银联平台进行资金清算，逐步回归代理业务本源。

2. 客户群体各有侧重

传统商业银行长期以物理网点为依托开展经营活动，具有运营成本高、资金实力强、与主要客户联系紧密等特点，在开展大型机构业务及私人银行业务等高附加值业务时具有压倒性的优势，服务中小客户的边际收益则相对较低。因此，这些银行往往将主要客户群体锁定在大中机构及少数高净值个人，忽视了大量长尾客户的金融需求。金融科技的发展持续推动着商业银行的智能化转型，技术红利不断促进运营成本的下降，使银行机构对长尾市场的关注度有所提升，但目前来看受规模及审批限制转型较慢，渠道下沉空间有限，普惠金融战略任重道远。

相比之下，互联网第三方平台一般没有实体网点，结构更加扁平化，服务于小客户的边际成本低，借助大数据等金融科技及自身渠道优势可大量获客，迅速占领传统机构未覆盖到的长尾市场。但是支付机构本身无法经营存贷业务，不能脱离银行而单独存在，监管对支付限额的规定也限制了其开展大额交易。因此，第三方机构通常更加侧重中小客户群体，支付更多地呈现出小额高频的特征。

3. 对场景的运用有所不同

传统商业银行支付囿于支付本身，目的在于达成交易，具有极强的工具属性和依附性。与传统支付的单一性不同，支付宝及财付通等第三方平台创造性地利用支付环节打造出一个生态闭环，借助支付的流量记录客户基本信息与行为特征，针对性地创造丰富的场景并着力将其变现，从支付出发不断挖掘潜在盈利点。

第三方平台成功突围的关键在于其对场景的持续开拓。支付宝从2013年6月推出余额宝开始就不断在支付的基础上添加金融性及生活性的增值服务，实现向各个领域的扩张。财付通则是在2016年春节期间利用微信红包的广泛传播成功突围，迎来发展高峰，这些都是将支付与场景紧密融合的体现。

金融科技浪潮助推各类银行转型，建设银行于2016年11月推出的龙支付就将支付与购物、娱乐、就医等生活服务相结合，力图打造金融生态系统。

4. 盈利模式趋于统一

传统商业银行支付业务的收益主要来自手续费，2014年以前对个人结算账户收取的年费与小额账户管理费也形成一笔可观收入。自2016年以来，随着相关政策的出台，个人客户各渠道跨行异地结算手续费率全面降低，手机银行转账全免费，单个结算账户管理费年费取消，收单业务方面盈利空间也在持续压缩，现阶段支付的有形收益主要依赖对公手续费的实现。

第三方平台发展初期通过零手续费加额外推广补贴的形式积累大量用户，迅速抢占市场份额，盈利更多的来自对支付过程中客户沉淀资金的运用。随着备付金集中存管的推进，沉淀资金收益不复存在，丰富的数据信息带来的无形收益成为第三方支付业务最重要的盈利点。

随着交易佣金及服务费等有形收益的下降，商业银行及第三方机构的盈利模式逐渐趋同，都在积极地从支付本身转向增值业务。预期未来将继续把支付业务作为起点和入口，借助大数据等金融科技，积极拓展信贷、财富管理等高附加值业务，通过对支付流量的持续变现实现整体的高收益回报。

（二）第三方支付的比较优势及现存问题

1. 第三方支付的优势

（1）更加快捷便利，提供优质的客户体验。银行传统支付通常被认为具有更高的安全性，但交易步骤相对烦琐，电子支付的大多数业务模块需要本人到网点才能开通，且单家银行的手机APP一般只能绑定同行卡，便利性大打折扣。第三方移动支付在线上即可申请开通，支持绑定多家银行的借记卡及信用卡，客户只需安装一个APP便可根据需要使用不同银行卡完成支付，便捷性和效率性大大提升。商业银行的新型支付业务也在不断地朝着聚合支付的方向转型，但起步相对较晚，推广性和市场渗透率较低。

（2）客户资源庞大稳定，场景更加丰富。根据中国支付清算协会的调研报告，我国移动支付用户的使用行为呈现出明显的小额、高频特征，且支付场景不断延伸至各个领域（见图1-5和图1-6）。支付宝依托电子商务发家，财付通具有强大的社交背景，两者在长期的发展过程中积累了大量的C端客户资源。其中，主力客户虽然规模比较小，但数量很庞大，与现阶段移动支付市场的小额高频特征相契合。同时，第三方支付在应用界面设计上更具个性化，率先在不同模块细分出多元的支付场景，覆盖生活的各个方面，进一步提升了客户黏性，为后续增值业务的拓展提供了强有力的支撑。

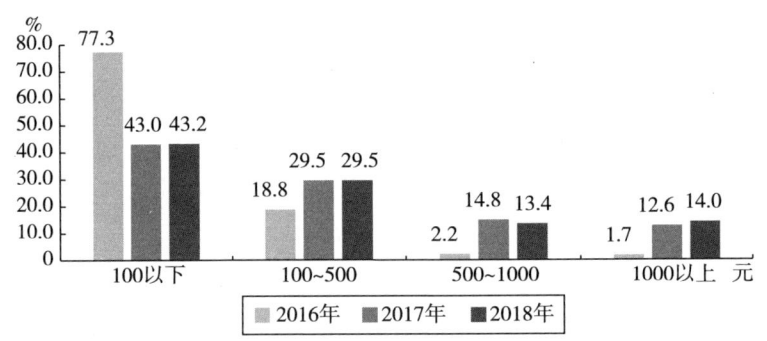

资料来源：中国支付清算协会：《2017—2018年移动支付用户调研报告》。

图1-5　单笔移动支付金额情况

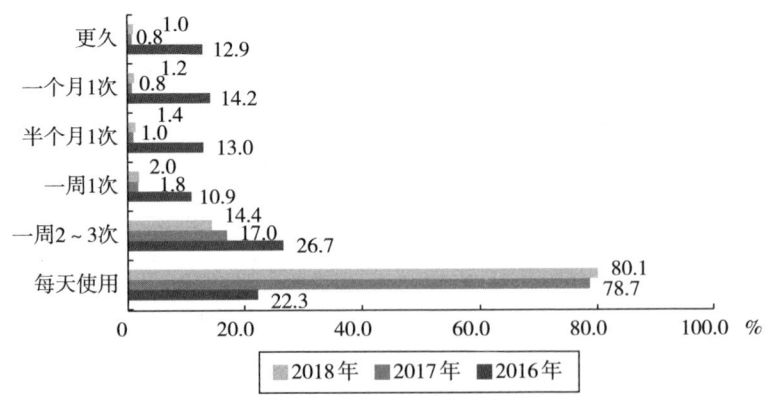

资料来源：中国支付清算协会：《2017—2018年移动支付用户调研报告》。

图1-6　移动支付使用频次情况

（3）转型灵活，更具创新性。支付宝和财付通背后都是大型的互联网公司，面对竞争与监管的压力时更善于运用新技术挖掘潜在新市场来实现战略优化转型。而商业银行尤其大型国有银行内部机构繁多，决策链条长，各类新产品的开发从提出构想、行政审批到市场推广往往需要一个比较长的周期，一定程度上限制了创新性。

2. 实现第三方支付良性发展需厘清的问题

（1）第三方支付的安全问题。单从支付安全看，支付宝等方式在交易过程中资损率实际很低，更突出的是信息安全问题。第三方机构通过开展业务掌握了海量客户资料，包括姓名、身份证号等重要信息，这些敏感信息一旦被不法分子利用将带来无穷的隐患。

（2）反洗钱监管及备付金问题。在接入"网联"平台前，整个支付过程相当于第三方机构分别与收付双方进行了两笔独立的交易，因此从银行流水上无法看出客户最终的交易对手方。这种账户"直连"模式在一定程度上造成了监管真空，容易引发洗钱等问题。

自2017年4月起，人民银行陆续出台严监管政策，第三方支付机构需在2019年前逐步将客户支付过程中沉淀的备付金上缴至专用账户存管（备付金规模见图1-7）。除此之外，过去直连银行模式被全面切断，所有机构统一接入网联清算并接受监管。

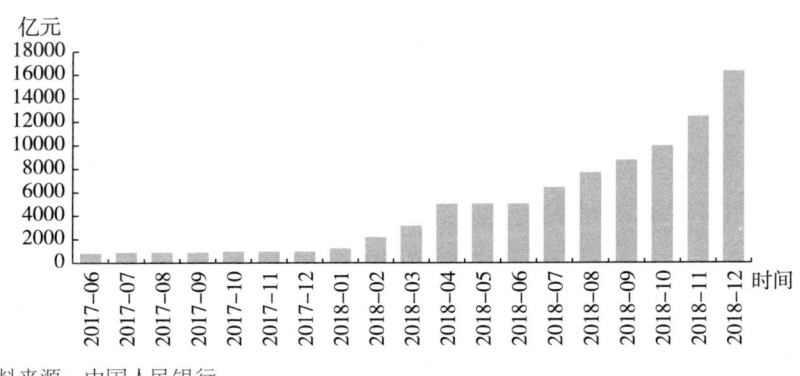

资料来源：中国人民银行。

图1-7 支付机构交存人民银行的备付金存款

"断直连"模式的持续推进从源头上消除了第三方支付清算的灰色地带，备付金集中存管使第三方机构无法再控制客户的沉淀资金，弱化了其对银行的议价能力并削减了隐性利息收益，短期内会压缩第三方平台盈利空间。但长期来看，对备付金的强监管有利于支付机构探索可持续的利润增长点，使整个行业回归理性。

四、金融科技为银行支付业务带来的机遇和挑战

（一）第三方支付影响银行业务的方面

1. 机遇

（1）双方互相借鉴，实现共赢。商业银行支付业务在互联网、人工智能和大数据的包围下的发展，以及第三方支付在逐渐增强的监管环境下的金融创新都还有很远的路要走，未来的方向应该是双方的持续竞争与密切合作并存，优势互补，共创双赢。

在跨境支付方面，随着电子商务和跨境消费旅游的兴起，跨境支付受到巨大的关注。在国家政策上，第三方支付机构跨境人民币支付并没有得到支持，因此第三方支付机构就需要利用银行在汇兑结算方面天然的优势和银行展开合作，因此银行可抓住这个机会，最终实现"1+1>2"的结果；在网络支付安全方面，银行拥有完善的风控体系，在第三方支付产生的一系列支付安全问题上，银行可以帮助第三方支付机构规避操作风险，实现信息共享，共同建立网络支付体系，营造更加健康的金融环境；在信息分享方面，第三方支付机构借助大数据、人工智能等金融科技掌握有海量的交易及征信记录，银行可以与第三方机构合作，对交易进行跟踪、监督和记录，有效地减少诈骗行为。

（2）商业银行加速金融科技的发展。随着大数据、云计算、人工智能、区块链的日益完善，银行科技化势在必行。银行在长期的业务开展过程中，积累了大量的用户数据，这也就是银行开展大数据战略的前提条件。利用

大数据、云计算及人工智能技术对用户进行画像，商业银行在客户满意度、个性化服务等方面应该会有巨大的进步。

2. 挑战

（1）飞速成长的第三方平台抢占业务份额。支付结算业务是最典型的中间产品，风险低且手续费可观，第三方支付的兴起和发展弱化了商业银行在这一市场的绝对话语权。买方向第三方账户充值、购物最后收货的过程本来就是一种结算业务，与此同时，大部分第三方支付已经可以在各大银行进行自由转账、邮政汇款及银行贷款还款。

2013年是互联网金融元年，在这之后，中国网民数量呈逐年增长趋势，第三方支付网络支付市场的交易规模呈现持续高速增长的态势。移动网购、公用事业及日常缴费等生活类服务是近年来第三方支付快速发展最重要的助推器。

同时，第三方支付因为收费较低且方便快捷，用手机就能实现大部分支付需求，因此，越来越受到经常有转账需求的客户或者普通老百姓的青睐，对银行业务形成一定的挑战。

（2）影响商业银行代收代付业务。银行网点广泛分布于社区及商圈周围，开展代理收付等业务时可增强与客户的其他交流，拉近距离以有效增强客户的忠诚度，创造协同效应。

但是随着第三方支付的发展，人们可以在网上完成代收代付业务的日常缴费，通过第三方支付平台操作，省时省力，更受到现代人的青睐。与此同时，第三方支付平台细分市场，针对不同人群的不同身份提供个性化的服务，比如，支付宝推出学生一卡通充值服务，或者医院的挂号服务。

总体来说，第三方支付的创新能力强劲，对比之下商业银行在代收代付业务方面就显得后劲不足，因此商业银行必须作出一定改变。

（3）客户流失。在第三方支付高速发展时期，线上交易的增多导致线下办卡的数量减少，从而影响了银行的发卡量，并且随着网上购物的快捷方便，线下实体店逐渐式微，人们对银行卡的需求越来越少，这正是第三方支付发展的良好契机。同时，第三方支付个性化且全面化的服务在庞大的客户群体中认可度不断提高,并产生一定黏性:24 小时在线客服随时提供服务,大数据和人工智能不断挖掘用户真正的需求等都给用户带来了便利。相比之下,用户体验改善问题是银行发展过程中的一个长期痛点,因此受客户分流影响较大。

(二)区块链支付影响商业银行业务方面

1.机遇

传统商业银行支付结算方式最主要的风险缘于支付双方的信息不对称,因此中央银行的支付结算中心肩负着监管和结算的职能。而区块链技术的日益发展与成熟简化了违约尽调和票据清算流程,有效降低了传统支付的成本。所有操作都在联盟链上完成,不用经过中心化组织,也不需要接入其他清算系统,票据信息可以实时广播,降低了交易风险,业务的自动化水平有所提升,结算效率和资金周转效率显著改善。

2.挑战

区块链的去中心化解决了传统商业银行支付结算过程中的信息不对称问题,中心系统中的各个节点之间充分实现信息共享,联盟区块链的分布式存储和智能合约等可以有效避免逆向选择和道德风险,但另一方面也有新的风险点出现。比如,在高频交易数据之下,区块链系统每增加一个节点就代表增加一份整个市场的存储数据成本,极易产生爆炸式存储风险;再如,数字货币的不确定性带来的新的支付结算体系风险及区块链技术落实到实处是否真的能够有效降低成本的系统应用风险。

五、商业银行支付业务的发展方向与策略分析

(一)商业银行未来的选择

移动支付的快捷性、交易的高频性和身份的可识别性等特点,以及区块链技术的保密性和不可复制性等都对传统商业银行的支付业务提出了挑战。基于以上移动支付和区块链发展,传统商业银行在未来应该如何发展

值得我们思考。比如，其支付业务能在市场上占有多大的比例，零售小额支付业务是否会取消只保留大额支付业务，在货币领域是继续以存贷汇业务为主还是转变成主做财富管理与服务的机构……回答这些问题需要关注以下几点：一是在交易成本方面，传统商业银行原本通过做大规模降低成本和风险，如今能否打破原有模式继续降低交易成本以适应科技金融的要求；二是在信息产生和传递日益便利的背景下，传统商业银行作为金融中介能否继续保持信息优势；三是能否适应网络金融模式下产品更替快的特点及经营管理方式的改变，包括但不限于库存现金向数字化现金的转变、电子货币的便利存取方式带来的流动性管理的改变等。

（二）商业银行的应对策略

1. 发展有技术含量和高附加值的中间业务

首先，商业银行可以设计和开发多银行支付产品，即集成支付门户，统一接受不同类型和渠道的多种支付请求，做好清算和对账处理服务，充分利用银行丰富的产品体系优势引导客户资金在其中沉淀，这将有利于商业银行在与第三方支付竞争的过程中积蓄力量。其次，商业银行可以建立"支付＋融资＋信息"一体化的支付融资体系，它具备完整的业务经营许可，对于打通支付、融资及信息一体化具有系统性优势，可借助大数据分析的方法进行信息甄别，针对不同客户推行专业化信贷或标准化信贷，也能提高风险防控的有效性。再次，商业银行可以做大做优对公支付规模，由于传统商业银行在对公结算账户数方面相比第三方支付有压倒性优势，所以可以进一步做大和优化电商平台并向政府采购市场渗透，以占据其绝对市场份额。最后，商业银行还可以建造全方位的"在线＋离线"支付服务平台，在现在境内外遍布线下网点的基础之上，实现线上全覆盖，及线上线下协同合作，并在此基础上进一步优化产品设计，为客户提供更加完善的金融服务。

2. 加强与第三方支付的合作

首先，我们必须承认传统商业银行与第三方支付之间不是简单的零和游戏。随着金融科技的迅猛发展，商业银行在积极应对第三方支付带来的竞争与挑战的同时，也应该主动寻求和加强与第三方支付的合作。商业银行有雄厚的资金实力和完善的法律监管，第三方支付有较强的创新能力和先进的信息技术，如果双方能够在发挥各自优势的基础上进行合作，就能实现互利共赢。二者合作主要有以下几个途径：一是打造"网联平台"，随着网上交易日益频繁，第三方支付的用户数量剧增，传统商业银行可借助其支付系统和网络技术的支持实现账户互转，达到互利共赢的效果；二是通过给予第三方支付平台一定的优惠政策以扩大自己的用户量和储蓄量，以此提升在商业银行间的竞争地位；三是可以为第三方在银行的存款制定弹性利率政策，以吸引第三方存款；四是作为战略投资者入股第三方支付机构，双方发挥各自优势，开展深层次的合作，降低成本，提高效率，共同打造出一个完善的电子支付市场。

3. 实施金融科技战略

首先，传统商业银行调整战略方向，培养金融科技能力，通过主动学习和创新进一步拓展移动支付产品市场；其次，深入建设移动化支付和虚拟银行、数字化银行，充分利用区块链的数字化和自动化创新业务模式，优化业务流程，丰富客户体验，完善支付平台，并在"区块链热"中稳步发展；最后，完善智慧化银行服务体系，基于人工智能技术这一重要支点投入智能设备以增强对智能银行的技术支持，有效部署投资领域以发挥智慧投资的作用，并且更加注重自主研发以适应金融科技浪潮所带来的改变。

第二章 金融科技对银行负债业务的影响

摘 要

本章主要探讨金融科技对银行负债业务的影响。在金融去杠杆、居民储蓄率降低、居民理财意愿增加的背景下，商业银行面临存款增长放缓的问题。同时，第三方支付、余额宝等金融科技产品，以其低风险、高收益、灵活性强、互联网引流等优势，从客户和资金两方面进一步对商业银行存款进行分流。面对负债业务遭遇的威胁，商业银行采取系列措施应对，国内银行主要是成立投顾平台及金融科技子公司、发行存款性投资工具切入线上流量、成立直销银行，国外银行则成立基金对金融科技公司投资、并购金融科技企业获取技术、开发网上平台。商业银行在与金融科技企业的竞争中，应发挥银行自身的差异化优势，积极发展中间业务，改善传统的以存贷利差为主的盈利模式。

Chapter 2　The Influence of FinTech on Liability Business of Commercial Banks

Abstract

This chapter mainly discusses the impact of FinTech on the debt business of commercial banks. Under the background of financial deleveraging, the decrease of household savings rate and the increase of residents' wealth management willingness, commercial banks are facing the problem of slowing deposit growth. At the same time, FinTech products such as third-party payment and Yuebao further divert deposits of commercial banks from both customers and funds, with their lower risk, higher income, more flexibility, Internet drainage and other advantages. Facing the threat of debt business, commercial banks take a series of actions to deal with it. Domestic banks primarily set up investment platform and financial subsidiary of FinTech, and issue deposit-oriented investment tools as well as set up direct banks. Meanwhile, foreign banks have set up funds to invest in FinTech companies, and M&A financial companies that have access to technology and develop online platform. The enlightenment from this chapter is that commercial banks should take advantage of their differentiated advantages in the competition with FinTech companies, actively develop intermediate businesses, and transform the traditional profit model based on deposit-loan spreads.

一、商业银行负债业务概况

商业银行的负债业务按业务品种分类可大致划分为储蓄存款、单位存款、同业存放、同业拆入、向人民银行借款、债券融资、应付款项及或有负债等。本章将从宏观层面、微观层面及银行负债端自身的结构变化介绍商业银行的负债情况变化。

全球商业银行的格局在2008年国际金融危机爆发后发生了巨大的变化，而银行业具体分化情况在不同经济体中的差别显著。发达经济体的银行业总资产增长率总体放慢，而欧洲的银行还出现了负增长。新兴经济体银行业，除巴西外，总体取得了显著的增长，特别是印度，在2018年有了反弹式的快速增长，增速为11.5%（见表2-1）。

表2-1　　　　　　　　主要经济体银行业总资产增长对比

国家（地区）		2017年		2018年	
		总资产（亿美元）	同比增速（%）	总资产（亿美元）	同比增速（%）
发达经济体	欧元区	316042	-1.5	341306	0.1
	美国	174154	3.8	179431	3.0
	日本	97750	2.3	64137	0.0
	澳大利亚	35371	-1.0	32794	2.6
新兴经济体	中国	186524	8.7	390838	6.4
	巴西	17350	-0.5	15058	1.6
	俄罗斯	14790	6.4	13533	10.4
	印度	47111	-14.3	50015	11.5

资料来源：各经济体中央银行、Wind。

自2017年以来，我国监管部门为了缩短融资链条、鼓励资金脱虚向实，同时加强了对理财和同业业务的监管，这样的政策导向大幅降低了部分商业银行的负债来源。与此同时，近年来互联网金融的快速发展和各类新型投资理财产品的涌现使居民储蓄存款向各种投资理财产品转化。很多货币属性较强的金融产品（如货币市场基金）分流了银行存款来源。在这样的背景下，商业银行的负债来源受到了很大的影响，近几年在规模和结构上都有了比较明显的变化。

（一）商业银行负债业务主要变化

1. 国际商业银行负债变化

截至 2017 年底，美国四大银行的各类存款规模都呈现回升态势，四大银行合计存款规模达 5.05 万亿美元，增长率为 3.6%。虽然整体存款规模均有增长，但是各个银行的增长驱动率不同。摩根大通银行存款增长率最高为 5%，其增长的主要原因是零售存款业务的增长，其增速为 7.4%。花旗银行和美国银行的情况则与之不同，其存款增长更多缘于公司存款的增长，总增长率为 3%。从整体来看，在全球市场回暖的大背景下，各大跨国银行的存款总额均有所回升。另外，美国四大银行的生息资产平均增长率低于付息存款余额，存款成本也显著低于其他计息负债。这使银行利息差朝着积极的方向发展，也为银行的资产扩张提供了充沛的资金来源。

截至 2017 年底，欧元区银行存款规模达到了 17.55 万亿欧元，同比增长了 3.17%，且 2018 年第一、第二季度仍然保持温和的增长，贷款余额分别为 18.41 万亿欧元和 18.16 万亿欧元。规模增长主要受益于欧洲中央银行维持的货币宽松政策，预期未来的规模仍然将稳步增长。其中英国由于脱欧谈判进程的影响，截至 2018 年第三季度，英国五大银行资产总规模约为 5.2 万亿英镑，较 2017 年底上涨 4%，基本保持五大银行 2016 年的资产总规模水平，而且由于英欧差异化监管，英国大幅度调整了资产结构，现在核心业务重组已经基本完成。

日本五大银行的资产负债规模在 2018 年同比增长大约 5.5 个百分点，资产规模达 550 万亿日元，主要是受益于日本中央银行维持的超宽松货币政策框架，由于未来日本中央银行的货币政策仍然保持不变，因此，有理由认为，在未来的几年内，日本银行业的总资产负债规模也将继续保持温和增长。

2. 国内商业银行负债变化

2018 年，由金融稳定理事会评选的全球 30 家系统重要性银行存款占负债的比例为 64.6%，较 2016 年增长 8.1 个百分点，中国市场在全球系统中扮演重要角色的银行存贷款占比略高于其他国家,变动幅度基本持平。但是从宏观长期的角度来看,我国未来的存款增长面临驱动力不足的问题。

首先,从宏观经济调整的角度看,党的十九大和第五次全国金融工作会议都引导货币政策和金融监管向金融服务实体经济的方向转变。与此同时,中国宏观经济整体增速放缓、金融脱媒政策、政府和市场部门的去杠杆战略都将使金融业的整体增速逐步放缓,金融机构存款增长驱动力减弱。如图2-1所示,金融机构存款余额同比增速下降显著,五年间均值水平下降明显。

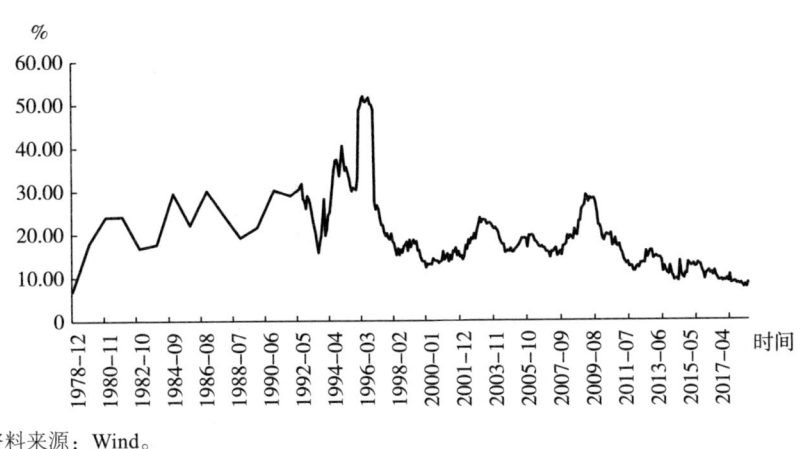

资料来源:Wind。

图2-1 金融机构各项存款余额同比增速

其次,我国国民储蓄率近年来逐渐降低,从2007年的52%一路下降到2018年的44.91%。据IMF预测,我国国民储蓄率在未来中长期仍将持续走低。自我国将经济增长从投资驱动转为消费驱动以来,消费升级的浪潮逐渐掀起,居民储蓄存款向消费转化的趋势逐渐形成,我国的储蓄率正在逐渐向发达国家靠拢,储蓄率的降低必将从整体上约束存款的增速。

最后,互联网金融的发展使得理财方式多样化,理财门槛逐渐降低使储蓄存款逐渐向理财产品转化,原有的银行理财产品已经不能满足现在的理财需求,互联网金融、第三方支付、货币基金等货币属性较强的金融产品逐渐将银行存款分流。

（二）金融科技在银行负债业务的应用概况

商业银行最核心的业务之一便是负债管理。负债业务是一切其他业务发展的基础。然而，由于近年来我国商业银行长期依赖资产端业务及中间业务的不断创新来谋求利润增长，负债端的创新难得一见。近几年，金融科技的发展与应用带来了一些转机，商业银行的负债业务有望迎来新的改变。

储蓄从产品导向转为客户导向。长期以来，商业银行由于缺乏对客户自身特性的理解，推出的各种负债端产品不仅辨识度不高而且客户体验一般。为了解决这种问题，金融科技作为一种新的处理方式被引入商业银行负债产品的设计之中，引导商业银行逐渐从产品导向转变为客户导向。金融科技可用于分析客户的收入情况，解析现金流构成，辨识存款动机，解读消费习惯，帮助商业银行掌握客户储蓄的目标函数，再结合存款市场的经济水平、人口分布、法律法规、社会文化等具体条件，在充分细分的基础上设计产品，采用大数据等技术对客户资金流进行分析，并开展链式营销，这样能为银行拓宽资金来源，促进客户资金闭环流动，实现存量资金的良性运转。

金融科技在银行负债业务中的具体应用表现为以下方面：在个人客户角度，很多商业银行推出了新型的教育储蓄产品、零花钱和压岁钱储蓄产品，国外很多商业银行也推出子女入学储蓄、结婚储蓄、生产基金储蓄等新型储蓄产品。在企业客户方面，由于企业之间的现金流结构差异巨大，对于储蓄产品的要求也不尽相同，在金融科技的赋能下商业银行得以对资金往来频繁的企业提供智能通知存款等增值信息服务及各类不同利率和期限的定制化储蓄产品来满足有各类不同资金需求的企业。

二、国内外商业银行存款业务发展比较

负债业务分为存款性资金来源和非存款性资金来源。大体而言，对于非存款性资金来源，如中央银行贴现借款、逆回购获得的流动性和国际金融市场融资等，这些融资方式发生在金融体系的顶层，准入限制显著，银

行在这些领域的自主控制能力也较强。而金融科技在社会经济金融中常常与普惠金融的概念相联系,服务于金融资源缺乏的人群,具有小额大量的特点。未来不排除金融科技渗透上层金融体系的可能性,然而,当下金融科技对银行非存款性资金来源的影响尚未显现。相比之下,商业银行存款负债的形成更为被动,商业银行没有自主决定的能力。金融科技产品对银行存款的负面影响已经非常明显。另外,从历史数据来看,中国的商业银行存款在负债中占比为 70% 以上,是最主要的负债来源。因此我们分析金融科技对负债业务的影响时,主要分析对商业银行存款业务的影响。

从规模来看,我国三类商业银行的规模持续增长。截至 2019 年 2 月,大型商业银行、股份制商业银行与城商行的总负债规模分别达到 95.9 万亿元、43.7 万亿元和 32.4 万亿元(见图 2-2),较 2011 年 12 月分别增长了 1.97 倍、2.53 倍和 3.48 倍。商业银行作为我国金融体系中最重要的金融机构,主导社会金融资源的配置,依旧是金融系统中最为显著的资金吸收方。

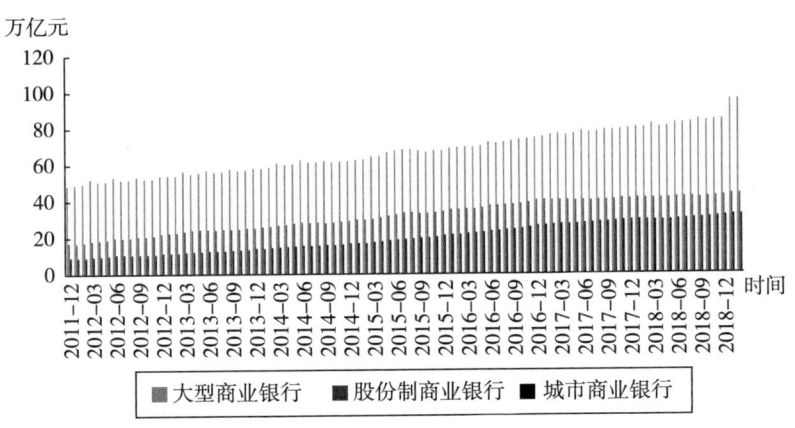

资料来源:Wind、中国银保监会。

图2-2 中国不同类型银行的债务余额

从规模增速来看,三类商业银行总负债增速均呈现下降趋势,尤其是股份制商业银行。这一趋势在 2013 年后尤为明显,股份制商业银行和城市商业银行增速下降程度显著高于大型商业银行(见图 2-3)。存款增速走低除了有金融去杠杆、经济增速放缓、金融脱媒等因素之外,金融科技产品分流银行存款也不容忽视。

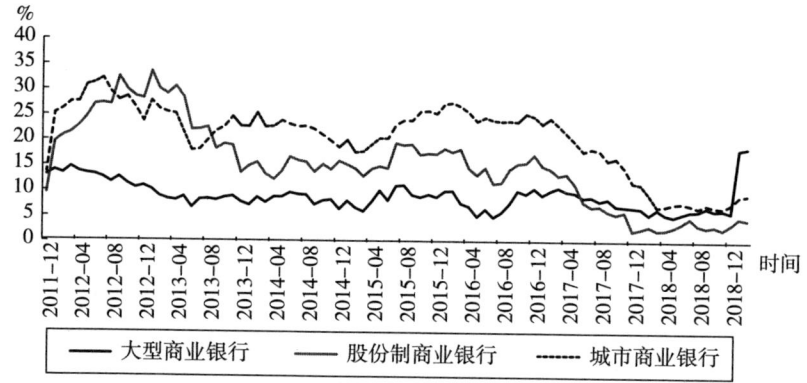

资料来源:Wind、中国银保监会。

图2-3 中国三类商业银行总负债增速变化

美国商业银行总负债自1974年以来呈现持续上升趋势。1974年至1989年,总负债年均增长率达8.9%,1990年至2007年的年均增长率稍有下降,维持在6.8%的水平。2008年之后,美国商业银行的总负债出现负增长。2010年以后,美国商业银行总负债年均增长率维持在更低的水平,8年平均增速为4.2%(见图2-4)。

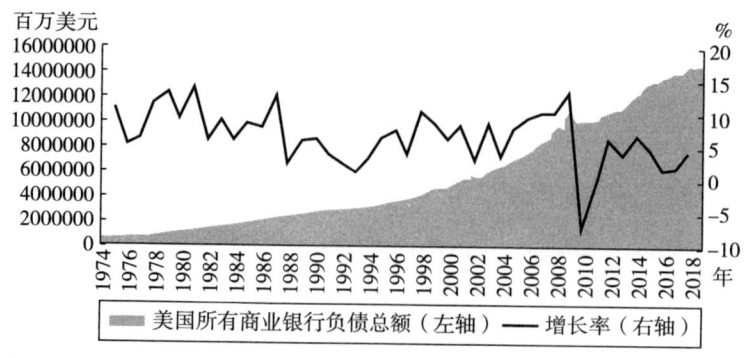

资料来源:Wind。

图2-4 美国商业银行总负债及增速

在中国大型商业银行的总负债中，存款占比连年下降，从出现在2011年3月的最高点95%降到了2019年2月的85%。其中，2015年上半年存款占比下降最为显著。商业银行在过去的8年间，银行资金来源中非存款的比重上升，逐渐从原有的依赖被动型资金来源向主动型资金来源过渡（见图2-5）。银行为了获得持续经营所需的资金，需要更加主动地进行负债端的筹划和管理。

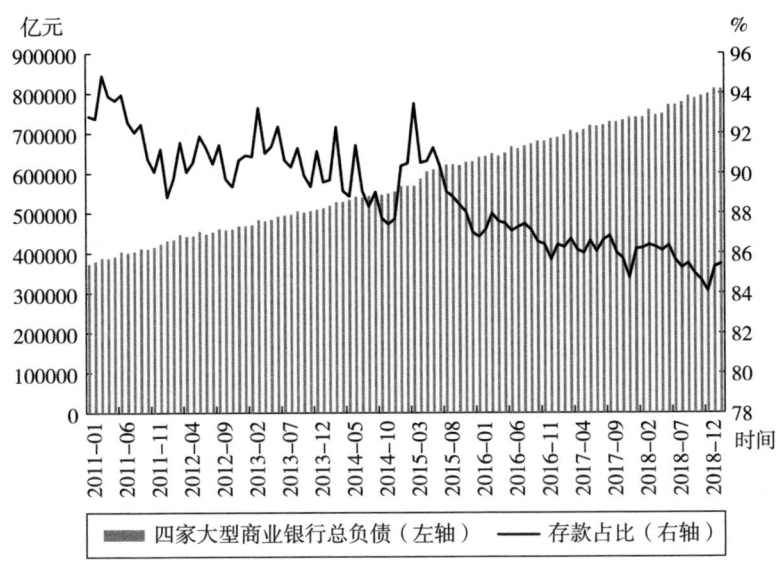

资料来源：Wind、中国银保监会。

图2-5 中国大型商业银行总负债与存款比例

在商业银行存款余额中，从2014年底至2016年上半年及2017年至2018年个人存款占比下降趋势显著。从2011年至2018年，个人存款占大型商业银行存款总余额的比值从52%左右降到了46%（见图2-6）。相比单位存款来说，个人存款的数额小，支配更为灵活，对新型互联网金融产品的接受度和适配程度更高，更易受到金融科技的冲击。

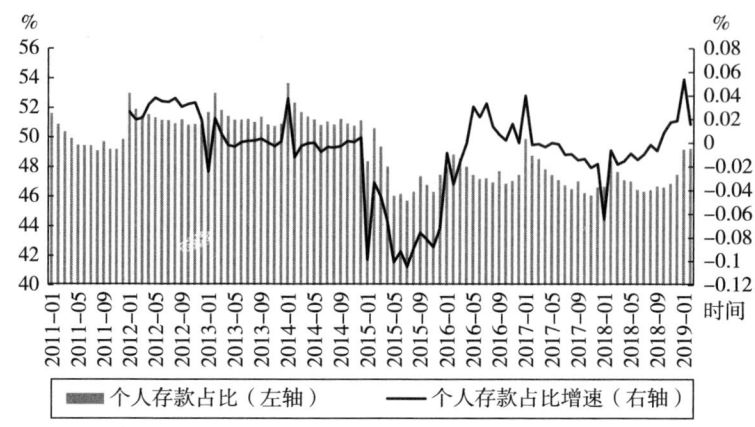

资料来源：Wind、中国银保监会。

图2-6 中国大型商业银行个人存款占比

与美国总负债的上升趋势不同，其存款余额占比在2008年以前呈下降趋势。存款占比的最高点出现在1975年，最低点则出现在2008年。国际金融危机后，存款占比呈大幅回升态势。在金融科技发展的2010年至2018年，相比中国，美国商业银行的存款余额占比呈小幅上升趋势，由74%上升至到82%左右（见图2-7）。

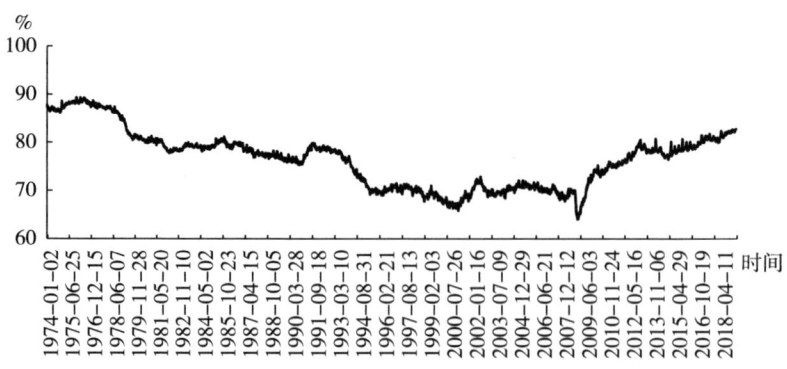

资料来源：Wind。

图 2-7 美国商业银行存款占负债比

与上述商业银行存款业务同期发生变化的是金融科技，互联网技术、大数据、生物识别等技术飞速发展,并与金融深度结合,为金融创新提供了新的渠道和视角。

2003年,淘宝首次推出支付宝。2007年8月,中国第一个P2P借贷平台拍拍贷在上海成立。2013年6月,支付宝与天弘基金推出了首个基于互联网平台的余额增值服务——余额宝。2017年,第三方支付、P2P借贷和互联网理财的规模分别为200万亿元、3万亿元和14万亿元。[①]同年,我国大型商业银行的债务余额为80万亿元。

这些金融科技产品实现爆发式增长的时点与商业银行负债结构和盈利能力发生变更的大趋势相吻合。虽然无法据此断言商业银行负债业务的变化取决于金融科技的发展,但是无论是从主观推导还是从客观事实的角度看,金融科技的发展实实在在地推动了商业银行负债业务,尤其是存款业务的变更,加剧了脱媒趋势。

我们可以通过对比余额宝净资产规模变动和商业银行活期储蓄存款变动趋势来检验这种影响(见图2-8)。我们选取的时间轴为2013年6月至2015年6月,这一时段是余额宝发展的鼎盛时期,而2013年6月又是中国银行间市场"钱荒"发生的时点。余额宝选取的是规模净值增长数据,商业银行储蓄存款选取的是余额净增数据。

2013年6月至2013年10月底,商业银行的活期储蓄存款增长呈递减趋势,而余额宝净资产规模的变动恰好与商业银行活期储蓄存款相反;2013年10月底到2014年3月底,二者都呈上涨趋势,商业银行活期储蓄存款的增长率只有1.45%,而余额宝的增长率却达到了113.46%;2014年第三季度,二者都出现负增长,这主要是由于在2014年第三季度,中央银行采取了降低存款准备金率的政策;2015年6月,活期储蓄存款增加但余额宝净资产减少,这可能与余额宝的收益率下降以及支付宝被盗刷等安全事件有关。从以上的分析中可以看出,商业银行活期储蓄存款和余额宝净资产规模的变动基本上呈负相关关系。

---

① 资料来源:艾媒咨询、网贷之家、产业信息网。

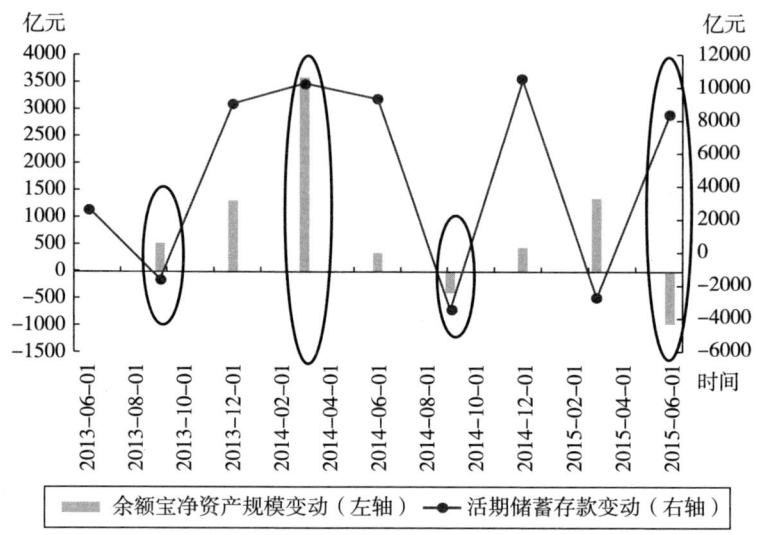

资料来源：天弘基金管理有限公司、中国人民银行。

图2-8　余额宝净资产规模变动和活期储蓄存款变动

三、金融科技对商业银行负债业务的影响

（一）电子支付

新型第三方支付技术冲击传统银联模式。新型第三方支付平台绕过了传统的银行支付系统，其广泛应用所带来的一系列连锁反应对商业银行带来了巨大的冲击，主要是对银行的资金、存款分流、提高存款成本等方面造成了影响。

首先，银行的客户来源和资金来源产生了分流，第三方支付将消费者和商户都从银行转移到了第三方支付平台，相应的资金也被转移到支付平台账户下，商业银行负债中个人存款的获取来源相应减少。而且对于银行的负债业务来说，不仅第三方平台分流了它的活期存款，连接平台的其他基金也分流了商业银行的定期存款和其他理财等。其次，消费者和商户的资金沉淀使第三方支付平台由单纯的支付工具转变成了新型的理财平台，

低门槛、便捷、安全、高收益的特点对传统银行负债业务造成了巨大威胁。此外，第三方支付平台上积累了巨额资金，加之存放时间长，因此赋予了支付平台很高的议价能力，支付平台以协议存款的形式储存在商业银行中，使银行的成本被迫上升。最终的结果是商业银行为了与第三方支付平台争夺存款而不得不提高存款利率，使银行的负债端成本升高。

（二）P2P网络借贷

1. 发展现状

2013年后，P2P网络借贷行业在中国迅速崛起，成为居民的新兴投资渠道，使商业银行的存款增长受阻。从图2-9中可以看出，自2014年以来，P2P平台的贷款余额已从308.71亿元增加到高峰时期的13113.91亿元，2018年12月从峰值跌落至7889.65亿元，总体增长超过25倍。

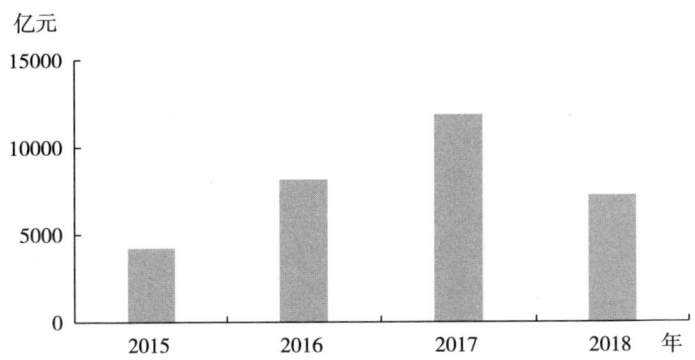

资料来源：网贷之家。

图2-9　P2P平台贷款余额

从深圳市电子商务协会的数据来看，中国P2P网贷发展指数（日均交易额）一度突破百亿元，日均交易十分活跃。2017年后，受监管趋严的影响，交易量逐渐下降，2018年交易额大幅下滑，但目前的日均交易量仍维持在35亿元左右（见图2-10）。

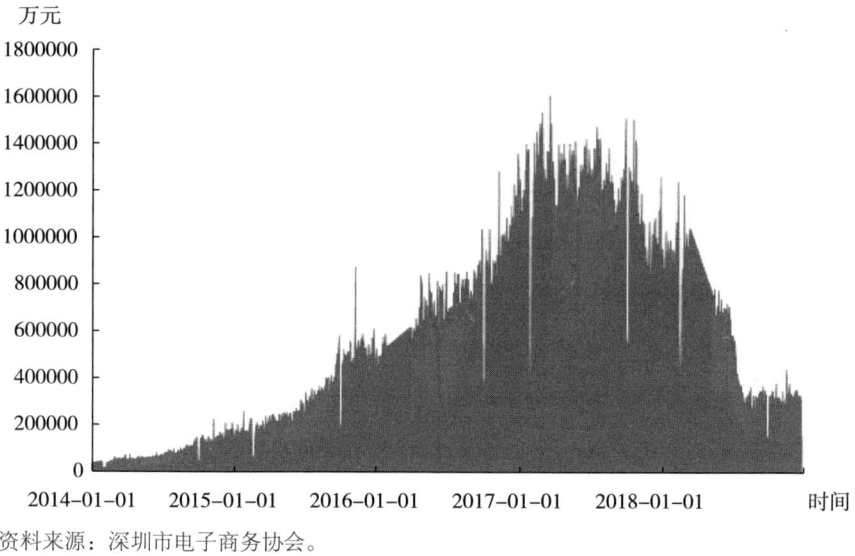

资料来源：深圳市电子商务协会。

图2-10　中国P2P日均交易额

2. 投资特点

（1）门槛低，交易直接。在P2P网贷平台上，投资者可以直接接触到融资对象，对其公开的借贷方式、用途和基本信用信息有清晰的了解，并在此基础上根据自己的风险偏好和流动性需求选择利率、期限、还款方式较为合适的标的，因此可以对个人的投资需求作出更为合理的规划。相较商业银行动辄几万元的理财产品投资门槛来说，P2P平台更加适合小额投资者进行闲散资金的投放。

此外，P2P平台产品的交易期限一般不超过1年，标的到期还款后可随时从平台上兑现或者选择继续投资，并且一些投资者如果有临时的资金需求，也可以转售他们持有的相关资产，这为投资者提供了一定程度的便利。

（2）高风险与高收益并存。如图2-11所示，由于近年来受到行业竞争及监管的双重压力，P2P网络借贷平台的整体收益率下滑，目前在10%的水平浮动，依旧大幅高于同期银行存款利率，适合能够承受一定风险回报的投资者，因此吸引了大批银行存款进入网贷平台。

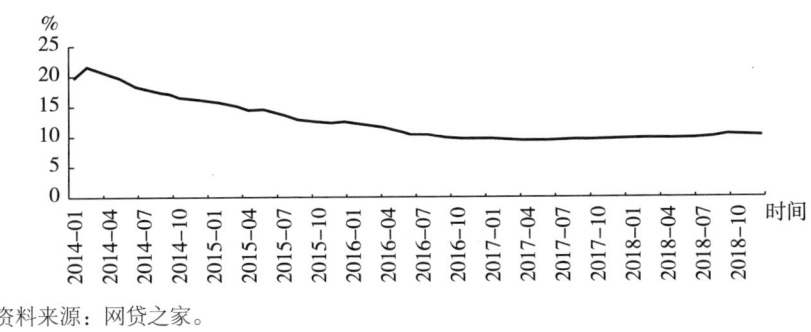

资料来源：网贷之家。

图2-11　P2P平台整体利率走势

但同时我们也应该注意到，上述统计的范围仅限于存续的P2P网络借贷平台的整体利率，并不包括到期出现兑付危机的平台和倒闭机构。如果我们将对问题平台投资回报率纳入统计口径，P2P平台的整体收益率将会大幅降低。因此，相对于传统金融投资品而言，P2P平台仍是一种高风险、高收益并存的投资方式。

3. 造成商业银行存款流失

《中国互联网理财人年度分析报告》显示，目前20~39岁的中青年构成了P2P平台的主要投资群体，他们对互联网和新型理财产品的接受程度较高，预期收入增长幅度大，追求较高的投资回报率并且能承受一定程度的风险。因此，这部分主力客户群体往往不会选择将大比例的存款留在银行，尽管P2P网络借贷平台经过整顿清理之后数量锐减，但保留下来的合规经营的平台未来仍有可能分流一部分商业银行个人存款。

根据网贷之家的统计，由于近一年来P2P平台上长期限投资标的数量增加，借贷的平均期限有所拉长，2018年11月突破了15个月，这一现象可能对商业银行的长期限定期存款和理财产品业务形成竞争，也从侧面表现出P2P平台的用户黏性进一步提升。

（三）"宝宝"类互联网理财产品

1. 发展现状

2013年5月，在国内市场流动性紧张的环境下，余额宝依托淘宝和支付宝平台兴起，短短几个月内规模不断翻倍。截至2018年底，余额宝的基金规模已达1.13万亿元，与商业银行存款的增长率形成鲜明对比（见图2-12）。

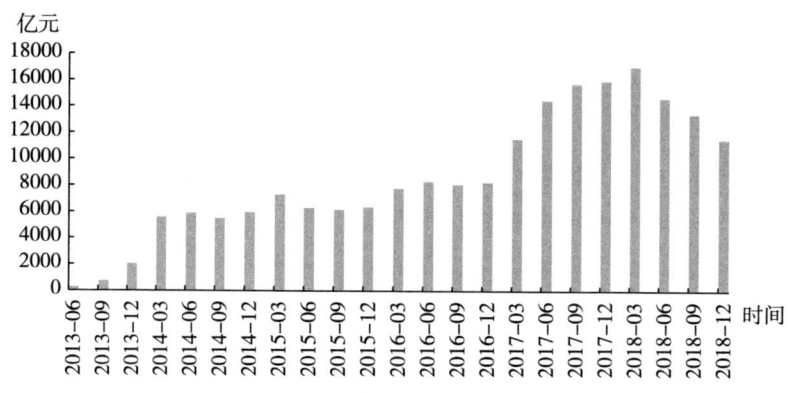

资料来源：Wind。

图2-12 余额宝基金规模

余额宝在金融市场上的大获成功引致各大互联网和基金公司效仿。2013—2018年，短短6年时间内，互联网基金的交易规模增长超过35倍（见图2-13），而"宝宝"类互联网货币基金则是引爆互联网基金市场的主力（见表2-2）。

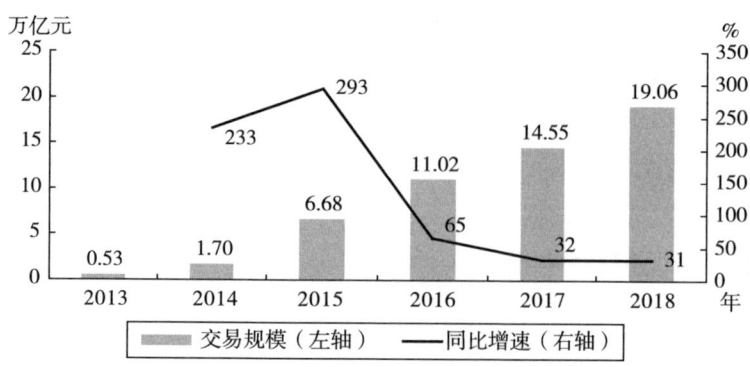

资料来源：艾瑞咨询。

图2-13 互联网基金交易规模

表 2-2 "宝宝"类互联网理财产品

企业	阿里巴巴	腾讯	京东	百度	网易	平安陆金所
产品	余额宝	微信零钱通	小金库（零用钱和理财金）	余额盈	立马金库	平安宝、陆金宝
起购额	1元	1元	1元	1元	1元	1元
对接基金产品	天弘余额宝	易方达易理财、南方基金现金通E、华夏财富宝、汇添富全额宝	鹏华增值宝、鹏华添利宝	易方达天天理财货币基金	嘉实货币基金E	平安金融旗下货币基金产品
网购消费	淘宝、天猫和支付宝等	发红包、转账、还信用卡、扫码支付等	京东购物	暂不支持	暂不支持	暂不支持
操作入口	支付宝网页版和移动端	微信客户端	京东金融	百度理财网页版和移动端	立马理财网页版和移动端	陆金所网页版和移动端

资料来源：公开资料整理。

2. 产品优势

"宝宝"类互联网理财产品的最大特点是风险低且收益率较高。在余额宝刚推出时，同期的商业银行活期存款利率仅为0.35%，但余额宝的年化收益却能达到5%左右，收益率差高达10倍以上（见图2-14）。由于"宝宝"类产品只设名义起购额1元，基本没有投资门槛，并且支持随时转入或变现，与银行活期存款的风险相差不大。

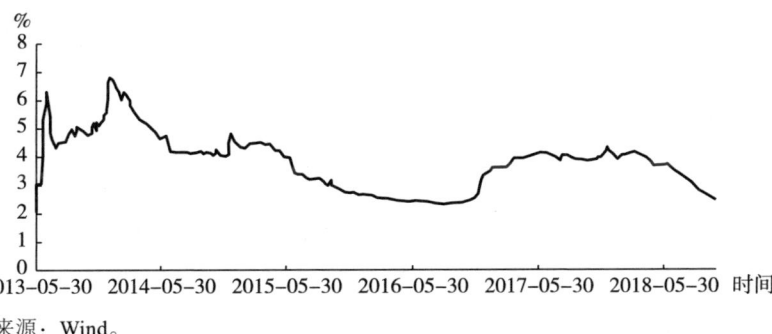

资料来源：Wind。

图2-14 余额宝七日年化收益率

随着电子支付的普及，越来越多的用户选择将其存放于银行活期存款账户中的资金转移到"宝宝"类互联网理财产品中。并且，当银行定期存款利率与互联网理财产品之间的收益率差较大时，一些投资者为了享受更高的回报率，可能会将原投资于银行定期存款的资金也转出。因此，"宝宝"类互联网理财产品凭借灵活方便和高回报率吸引了大批客户，给商业银行的存款业务带来了不小的冲击。当然，近两年"宝宝"类互联网理财产品的收益率有所下降，回归货币基金常态，其吸引力略有下降。

3. "宝宝"类产品延长银行融资链条

在移动支付、电子银行逐渐普及的今天，商业银行受到网点和工作时间的限制，无法为客户提供最快捷、最方便的服务，在存款争夺战中已经逐渐失去灵活、便捷的优势，且相比众多的互联网理财产品，其又无法承担更高的存款资金融入成本，这就导致银行将进一步失去对价格较为敏感的存款客户群体。

在利率市场化没有充分实现的情况下，目前我国商业银行的存款利率与金融市场的收益率差距很大。因此，大量商业银行存款客户出逃至货币基金，推动了"宝宝"类互联网理财产品市场的繁荣。在去杠杆政策的影响下，金融市场收益率持续维持高位，货币基金便将吸纳的资金投资至银行存单、同业存款等风险较低的资产，由此为商业银行的同业负债提供了资金来源。

因此，这实质上在商业银行与存款客户之间形成了一个资金闭环，商业银行流失的客户存款并没有真正地流出银行，而是通过货币基金的特殊运作方式，将原来的存款转换成同业负债的形式再次进入商业银行的资产负债表。从整体上看，部分资金只是从商业银行负债端的储蓄或企业存款转变为同业负债，只是商业银行的负债结构发生了变化，总量可能变化并不大。但这种业务操作模式将原本"商业银行—客户"的直接融资路径变成了"商业银行—货币基金—客户"的间接融资过程，使商业银行的融资链条加长，推动负债的资金融入成本大幅上升。此外，在货币基金高风险收益率的竞争之下，商业银行必须通过提高储蓄存款、银行理财的收益率或者提升服务质量的方式来留住和吸引客户存款,这也导致商业银行的负债业务形式从之前的被动吸收转变为如今的主动营销,为此,商业银行必须付出更高的获客成本。

(四)其他互联网投资产品

除了"宝宝"类互联网货币基金外,互联网投资产品还包括互联网基金、互联网保险、互联网票据等产品,近年来这些产品均在金融市场中表现抢眼。截至2018年底,我国互联网理财用户规模已达1.51亿人,金融科技已成为资本市场中不可小觑的力量(见图2-15)。

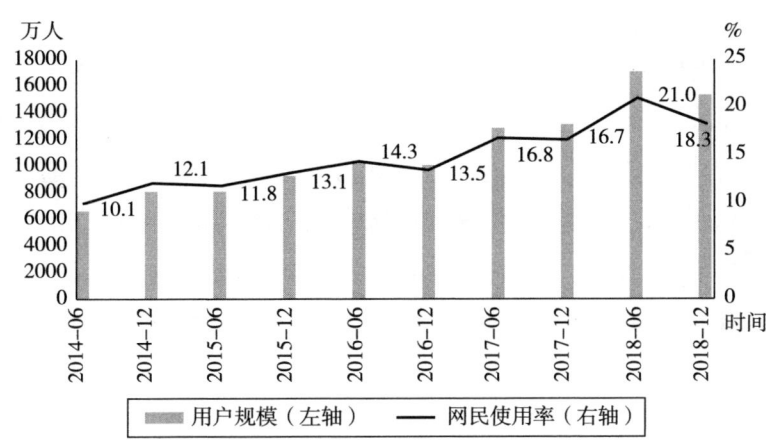

资料来源:Wind。

图2-15 中国互联网理财用户数

相对于商业银行的传统金融业务模式来说,金融科技投资产品能够以更低的成本和更高的效率获取客户,吸引社会闲散资金,并且根据投资者的风险偏好灵活投资于各种金融资产,为客户追求更高的风险收益。一方面,对于原来已进入商业银行存款账户的资金而言,创新产品所具有的管理费率低、操作灵活、预期收益率高的特点能够吸引大量银行存款资金转移至更具优势的金融科技投资产品;另一方面,对于低净值客户或社会零散资金而言,投资门槛低、对客户无差别非歧视的金融科技产品的出现将会推动这部分资金得到更有效的利用,赚取更多的回报,在一定程度上也带走了小部分商业银行的潜在存款客户。

四、商业银行的应对措施

(一)中国商业银行的应对措施

面对金融科技的高速发展,各银行均采取相应的措施以保护存款这块"自留地",其具体表现形式根据商业银行本身特质不同而有所不同。一般来说,大型银行的改制灵活性弱,难以大幅改变现有业务结构,小银行管理链条短,可以根据市场情势较快作出反应。

从市场表现来说,首先,国有银行和大部分股份制银行均未因新兴技术的兴起而改变传统业务布局来重新获客,更多的是加大增量投资和管理成本建设新型领域业务(如消费金融业务);其次,大型银行通过产品创新改善产品质量,提高其投资吸储的吸引力。小型银行因研发能力弱,主要与金融科技公司合作,借助其线上优势帮助自身发展。

1. 国有大型商业银行及股份制商业银行:自有资金成立投顾平台及金融科技子公司

作为最早推出智能投顾平台的股份制商业银行,招商银行于 2016 年推出的"摩羯智投"和浦发银行自研形成的投顾平台"财智机器人"是银行业涉足金融科技类资产管理的先驱。其中,"财智机器人"资产池包括银行理财、基金和贵金属,"摩羯智投"主要配置货币基金、股票型基金、债券型基金及另类投资。目前,"摩羯智投"主要以"黑盒"模式进行投资,即不公开具体投资的标的及调仓逻辑,而是通过编程计算最优的投资比例,通过检测投资者的持仓情况对投资者进行适当提醒,并设置了"一键投资"的功能进行投资和调仓的指令,用户可以自行操作以进行智能化数据分析、资产配置和在线交易购买。

国有大型商业银行中工商银行(2017 年)和中国银行(2018 年)也

推出了智能投顾平台"AI投"和"中银慧投"。投资期限分为1年以内、1~3年和3年以上三档,投资起点1万元,均设置15个投资组合。目前"摩羯智投""AI投""中银慧投"的认购规模及汇报情况如表2-3所示:

表2-3　　　　　　　　商业银行智能投顾基本情况对比

	所属银行	成立时间	投资起点（万元）	投资组合（个）	规模（亿元）
摩羯智投	招商银行	2016年12月	2	30	100
AI投	工商银行	2017年11月	1	15	50
中银慧投	中国银行	2018年4月	1	15	20

资料来源:中国电子银行网。

除自研投顾平台外,成立金融科技子公司在国有银行和股份制银行中也是相对普遍的模式。从2015年起,银行系设立金融科技子公司,帮助银行系金融科技业务脱离传统银行体系,高效进行更多场景和技术上的落地及市场化推广。

从结构上看,多数的银行系金融科技子公司来自原银行体内的研发和开发中心,为了区别与传统银行业务并建立市场化的激励机制而分立出来。在业务上,这些公司除了为本银行提供系统建设和信息服务,还会为同业金融机构提供相关服务,因此本质上独立于原银行体系更有利于银行系金融科技公司的展业及风险隔离。同时,对于大型国有商业银行来说,其处于自身体量和安全性的考虑通过第三方金融科技公司的服务进行深度信息系统建设的可能性不大。

目前,国内已有兴业银行、平安银行、招商银行、光大银行、建设银行、民生银行、北京银行、工商银行共8家上市银行或其母公司成立了金融科技子公司。最早成立的是兴业数金(2015年)。值得一提的是,兴业数金并非兴业银行的全资子公司,而是引入了金证科技、新大陆和高伟达三家技术公司,其起步较早,再加上市场化的技术,目前兴业数金已服务700家银行,能够进行银行云、非银云、普惠云和数金云的服务,已经可以提供全平台、全方位的金融科技服务,进行整厂输出。2019年5月8日,工商银行通过附属机构设立的工银科技有限公司,在河北雄安新区正式挂牌开业,成为银行业首家在雄安新区设立的科技公司。

2. 中小型银行：发行存款性投资工具切入线上流量

中小型银行与金融科技公司合作的另一种方式即借助科技公司成熟的线上流量,在不引流投资者到银行层面平台的情况下发行存款性投资工具,达到吸收存款的目的。

例如,廊坊银行推出"友e盈结构性存款",主要的交易模式为用户购买该产品,通过它可以将资金存放在廊坊银行,资金的使用由廊坊银行或者其委托的交易对手操作。在渠道上,廊坊银行选择的合作伙伴为支付宝,通过支付宝的"财富"平台引入更多流量。

结构性存款是收益率高于普通银行理财的新投资热点。其中：廊坊银行的存款产品年化收益率约为5.2%,与3个月美元LIBOR浮动挂钩；亿联银行的结构性存款收益率与1个月美元LIBOR挂钩,上下限为10%,181天存款收益率最高可达到5.28%。结构性存款的另一特点为手续费优惠,在购买产品和到期兑付的过程中均无须缴纳手续费。结构性存款一般为定期,但因中小型银行的起投额要求较低（富民银行、亿联银行等民营银行的起投额均为50元）,投资者可通过期限的分散投资而达到较为灵活的资产配置。

3. 互联网渠道强化：直销银行

我国的直销银行从2013年开始出现,结构上主要是由传统银行发展的下设部门,理论上不设任何线下物理网点,全部业务在线上开展,总体定位为传统银行负债端的一个强互联网化渠道。2015年和2016年直销银行个数增长率分别为64.7%和96.4%,到2018年11月底已经达到135家,其中股份制商业银行8家、城市商业银行72家、农村商业银行33家、民营银行17家、农信银行1家、外资银行4家。

直销银行不同于电子银行和互联网银行,其权属划分在商业银行体内自主运营,计入业绩。但在其他方面,直销银行都明显展示出对标互联网银行及相关互联网金融机构的特点。例如,直销银行的主营业务为小微贷款、销售银行理财产品及转账业务，其目标客户群为传统银行外的增量客户，并通过全线上的方式展业，以上几点都与互联网银行十分类似。

根据艾瑞咨询数据，迄今公开的114家直销银行资产规模总量为6300亿元，仅占中国银行系统总资产的0.2%。反观欧美发达市场的成熟业态，经历了最初缓慢发展的萌芽期、经济危机后的整合分化期后，市场占比在7%~10%。未来市场空间可以预期，其帮助母银行吸储和吸收理财类资金的能力可以想见，但当前需要克服的一大问题便是其存在形式。

在国内，直销银行无独立法人资格，同时受到银保监会和人民银行监管，在政策上需要遵守传统商业银行的管理标准。对其影响最大的主要有两点：二类账户转账限制和线下风险评估的政策。一般直销银行的账户为传统银行一类账户下开设的二类账户，需要在首次线上开户时进行一类账户的相关标识，而目前工商银行、农业银行、中国银行、建设银行、交通银行及12家股份制商业银行之间形成了一类账户内部互通的两个闭环，使两大闭环之外的中小型银行及两大闭环之间的账户互通无法实现，直销银行的增量客户策略受到严重影响。当前的政策管制也导致直销银行纯线上运营受到阻碍，银保监会规定首次购买银行理财产品，投资者必须进行线下面签及风险评估，人民银行同时也对查询征信作出相同规定。如不能克服这两大风险，直销银行的便捷程度会大大降低。

在银行体系外，中信集团和百度金融联合成立的百信银行可能会为直销银行未来的发展提供思路。全国第一家具有独立法人资格的直销银行百信银行，2018年资产规模达359亿元，发放近800亿元贷款。

4. 合作趋势：金融内收，科技外延

商业银行和金融科技公司的合作多在资产端而竞争集中于负债端。在资产端，金融科技公司发挥科技和信息优势帮助商业银行进行大数据风控已经成为被政策和市场认可的标准化模式。在负债端，商业银行也许需要思考更多关于合作与竞争的关系，需要思考能否利用金融科技公司技术快速迭代的优势帮助自身发展抑制或被其影响而被迫缩减负债规模，及现有的应对措施能否最终走向金融与科技的平衡点。

系统性重要银行及大型银行发挥资本力量自建平台或许可以保证信息安全，但其成本收益比不敌金融科技公司，若能在安全和技术中找到非标准化服务的新模式，就能够比照同业迅速打开线上的负债端成长曲线。对于已经成立的直销银行，需要商业银行充分发挥管理能力以区分直销银行和电子银行的发展路径，也可能会引起商业银行内部的自我革命。

对于中小型银行，金融科技也许会为其带来"弯道超车"的契机。无论是借力金融科技公司平台发展自身理财业务，还是通过资金存管扩大负债规模，都需要中小型银行进行充分的风险防控和风险识别，而这正是我国城市商业银行、农村商业银行和民营银行的弱点所在，在发挥自身基本金融作用之外，要接纳新技术并自研风控系统。

（二）国外商业银行的应对措施

1. 成立基金投资金融科技子公司，广泛着眼细致布局

金融科技公司对于商业银行的资产配置有相当大的扩展作用，商业银行由于自身的体量和投资者分布限制，在相当一部分领域无法进行理财投资的布局，如房地产、贵金属等。金融科技公司以其灵活的投资策略和相对细分的投资方向，在特定领域的投资技术和了解程度都高于银行，因此，为这部分初创公司注资，用较少的资金撬动更大的技术来推进实施其理财布局，从而为自身的理财产品提供底层支撑，这成为高性价比之优选。目前，高盛集团、巴克莱银行等多家银行进行了相关领域的布局。借助金融科技发展理财业务可在一定程度上弥补负债业务动力不足的问题。

2. 寻求并购机会，将新技术纳入体内

金融科技还能够扩展原有负债端的覆盖人群。Honest Dollar 于 2016 年被高盛集团并购，其主营业务就是为一些无法实施员工养老计划的小公司提供退休金解决方案。原本只为机构客户服务的高盛集团，如果没有此番并购是无法用现行业务对接小型企业的养老需求的，这不但是对银行负债端的扩展，同时能借助因此带来的信息优势进行客户群体的发散，实现自身全资产类别的资管目标，辐射至其他业务。

3. 开发网上平台，将银行业务深入社交

线上业务社交化则是一种新思路。如 2015 年荷兰国际集团推出社交付款应用程序 Twyp，允许用户（不仅仅是客户）实时收付款，并可通过访问联系人实时转账（无须输入银行卡号）。2017 年底，荷兰国际集团零售金融客户中电子转账比重达 98.4%。银行业务对社交领域的嵌入使银行的客户群体更具黏性。

五、商业银行负债业务未来发展策略

（一）利用银行优势，采取差异化竞争策略

金融科技的出发点原本是服务金融领域处于"长尾区域"的客户，即满足商业银行没有覆盖到的小额、轻量的金融需求。在这点上商业银行难以与其竞争，缘于商业银行的风险把控和决策机制比金融科技公司更为严格，金融科技企业能够灵活采取各种策略（补贴、折扣等）迅速抢占"长尾区域"市场。但在服务大型企业、政府、金融机构方面，商业银行则具有绝对优势，因为大部分金融科技公司没有足够的体量来满足这些客户的金融需求。商业银行应在自己的优势竞争领域做好业务，吸纳更多存款，采取差异化的竞争策略。如为大型企业、政府、金融机构提供更好的服务，深化银企关系，提升客户忠诚度，并在提供传统负债业务外辅以咨询等附加服务，以全面、专业的金融服务增加单笔订单的净值。对公业务将是商业银行与金融科技企业竞争中的主要优势。

（二）积极发展中间业务和投资业务，改善传统的以存贷利差盈利为主的业务模式

金融科技对于银行负债端的冲击不可避免，随着利率市场化的深入及融资渠道的不断增多，存贷利差进一步收窄将成定局。商业银行应改善传统的以存贷利差盈利为主的业务模式，积极发展以中间业务和投资业务为

主的非利息收入。相较国外，我国银行非利息收入还有较大的增长空间，2018年五家大型银行中间收入占比为19.61%（国外银行业2017年中间业务收入占比为34.3%），投资收益占比仅为3.29%（国外银行业2017年占比为12.8%左右）。发展非利息收入，降低对存贷款息差的依赖性，既有利于商业银行多元化经营以降低风险，又能拓宽客户渠道，增强自身竞争力。

（三）顺应市场发展方向，明晰未来发展路径

过去几年，商业银行与金融科技企业的合作与竞争，是对商业银行的一次市场化教育，商业银行负债完成了从产品导向到客户导向的转变。随着对金融科技企业了解的不断深入，商业银行应明确认识到自身相对于金融科技企业的优势与劣势，明晰未来发展路径。总体来说，金融科技对负债端的影响还未到终点。

第三章 金融科技对银行信贷业务的影响

摘 要

相较传统商业银行信贷业务，依托金融科技的信贷业务有着高效率、低成本和产品丰富的特点，它的兴起对传统商业银行信贷业务有一定的冲击作用，商业银行也在积极应对并寻求突破。本章从大数据和云计算、区块链、人工智能的角度分析了金融科技对银行信贷业务的影响：第一，大数据和云计算使银行信贷业务在盘活存量的同时创造了增量业务，这将为银行业绩带来新的增长点；第二，区块链技术以其独有的信息共享机制、授权机制和不可伪造及篡改机制为银行信贷解决了信息共享不充分、一人多贷、虚假交易等问题；第三，人工智能基于计算机强大的运算能力所开发的深度学习算法识别发现有价值的信息，利用自动编码器提高信贷安全，并助力信贷资产配置。虽然区块链技术的应用前景充满未知性，但大数据和云计算、人工智能将会在银行业得到更广泛的应用，为银行信贷提供更多的便利。

Chapter 3   The Influence of FinTech on Credit Business of Commercial Banks

Abstract

Compared with the credit business of traditional commercial banks, the credit business relying on FinTech has the characteristics of higher efficiency, lower cost and more products. Its rise has a certain impact on the credit business of commercial banks, and commercial banks are also actively coping with and seeking for breakthroughs. This chapter analyzes the influence of FinTech on bank's credit business from the perspectives of big data, cloud computing, blockchain and artificial intelligence. Firstly, big data and cloud computing enable the credit business of banks to create incremental business while revitalizing the inventory, which will increase bank's performance. Secondly, blockchain technology solves the problems of insufficient information sharing, one-person multi-loan and false transaction for bank credit by its unique information sharing mechanism, authorization mechanism and non-forgery and tampering mechanism. Thirdly, the deep learning algorithm developed by artificial intelligence based on the powerful computing ability of computer, can identify and discover valuable information, and improve credit security by using automatic coding, as well as facilitate the allocation of credit assets. Although the application prospect of blockchain technology is full of uncertainties, big data, cloud computing and artificial intelligence will be more widely used in the banking industry, providing more convenience for credit business of commercial banks.

一、金融科技对银行信贷业务的影响概论

（一）移动互联网金融与传统金融的对比

1．移动互联网金融具有高效率、低成本的特点

传统商业银行模式需要大量的人工进行信息处理，其分工相对明确，且从支行到分行再到总行有着严格的审批程序和烦琐的流程。而互联网金融公司审批流程较为简单，很多工作都依附于计算机完成，降低了公司的运营成本，而且在保证信息处理质量的同时，极大地提高了业务办理效率，有效地实现了低成本高收益。

2．移动互联网金融相对于传统金融形式更为便捷有效

互联网金融通过大数据技术的运用，对信息和数据的处理远远优于传统金融态势，可以将分散于各处的信息进行整合集中，在更短的时间内收集借款人的各项信息，并通过对这些信息的整合分析，形成关于其信用状况的全面评估和精准定位，而不需要人为的收集和评判，从而缩短处理贷款的时间。

3．移动互联网金融具有普惠金融的特点

传统商业银行大多遵循"二八定律"，具体是指商业银行主要针对占比20%的高净值客户提供全方位服务，而其余80%的普通客户则不能获得同等的服务，可以说绝大多数的人是被排除在传统商业银行主要服务体系之外的。而P2P网络借贷公司则遵循长尾理论，主要为剩余80%的低净值客户提供服务，从而很好地弥补了传统银行服务的空缺。其主要通过两种方式满足客户需求：一是降低贷款门槛；二是提供满足客户需求的多样化产品。

4．移动互联网金融对传统银行信贷业务的影响

移动互联网对银行信贷的影响主要体现在分流了一部分中小企业贷款和个人贷款，其影响机制可概括为：互联网金融提供了更为便捷、高效的贷款渠道，期限和金额更加灵活，能够满足不同客户的多样化需求，同时

把传统银行没有包含或者很少包含在内的剩余 80% 的客户吸引过来，为其提供更适合自身需求的产品，从而导致了商业银行信贷业务的分流。此外，互联网金融的发展也会对贷款的供给产生影响，互联网金融通过各大线上平台吸引部分社会存款，一定程度上商业银行存款被转移，而银行存款业务又是贷款业务的来源，因此存款的分流使银行的可贷资金减少，间接影响了贷款规模。

总体来看，虽然移动互联网金融对传统商业银行的信贷业务有一定的冲击作用，但其冲击作用仍相对有限，暂时不会对传统商业银行的全部信贷业务产生重大的负面影响；同时，移动互联网金融对不同规模商业银行的影响程度也略有不同。但互联网金融的发展仍然是不可忽视的重要因素，传统商业银行需要改善其业务模式积极应对，借金融科技发展之力改善业务，创造更大的发展空间。

（二）传统商业银行积极应对并改变的事例

为了应对互联网金融对其业务造成的冲击，传统商业银行在进行积极的改变。例如，中国建设银行于 2012 年 6 月推出了"善融商务"电商平台。该平台主要是利用建设银行已有的资源，为企业或个人用户提供供需恰好对接的平台，用户可以在平台上开展线下订货、线上交易及产品推介等多种活动。客户在平台上的交易均会被记录，这些信息将会以一种大数据的形式为建设银行所用，建设银行通过观测这些数据能够对客户的基本资信情况和信用风险做一个初步的评估，在平台上资信状况良好的客户还可以向建设银行直接申请贷款，如果能够得到批准，就能解决企业资金短缺又面临繁杂的手续而影响需求的问题。

二、大数据和云计算对银行信贷业务的影响

大数据作为当今具有颠覆性的一种信息处理模式，对各行各业都影响巨大，金融行业也不例外。大数据技术实质就是挖掘数据背后所蕴含的信

息,以帮助分析与决策。银行作为金融机构中数据沉淀丰富、业务依赖数据分析的主体,具有先天优势及动力运用大数据技术优化自身的业务模式,而信贷业务就是银行运用大数据技术的重要领域,经过一定时间的积累与探索,也确实摸索出了一些较为成熟的大数据应用模式。随着利率市场化改革接近尾声,利差收窄带来的业绩下滑,以及互联网企业参与导致市场竞争的不断加剧,银行未来将面临比较严峻的经营环境。而大数据技术则使银行信贷业务在盘活存量业务的同时创造增量业务,为银行业绩带来新的增长点。

贷前业务的管理

1. 客户营销环节的应用

利用数据分析的方法进行营销并非新兴之物,早在20世纪六七十年代,欧美地区就有银行采用数据分析的思维进行营销,主要方法是建立样本分析模型,选取一定样本的客户,以电话、信件等方式进行"广撒网式"推销,通过采集客户接收推销之后的反应数据,推断出客户的反应规律,进而改进营销手段,提升营销的效果。

近年来,大数据技术手段的兴起,为银行信贷业务的营销提供了更大的想象空间,营销手段层出不穷,应用较广的主要有以下几种类型。

第一种是业务延伸模式。该模式的主要思想是借助一种产品发现客户的其他需求,从而实现多种产品与服务的销售。

业务延伸的营销模式可以只借助银行内部沉淀的数据,分析来自客户已购服务的数据,结合客户其他信息,如征信、存款账户、贷款记录等,筛选出低风险高价值的信贷需求客户,将合适的信贷业务介绍给他们。建设银行、中信银行等就开发出类似的信贷产品,该产品主要应用于开通了POS机的商户。银行通过分析POS机有关的交易流水,再结合商户在银行产生的征信、存款等数据,筛选出信贷交易额高、资金流量稳定、风险较低的客户,采用主动的方式向其推送无抵押信用贷款,从而拓展业务实现贷款规模的扩大。针对小型企业或个体户可采用这样的信贷营销手段。小型企业的资金需求通常具有"短期、高频、小额"的特点，标准化无人工干预的营销模式能够加快审批与放贷的速度，高效拓展小企业的信贷业务。这种营销手段类似于互联网金融领域的阿里小贷。阿里小贷通过网络平台广泛地、低成本地采集商户的交易信息，分析挖掘数据，判断商户的信用资质，向商户发放无抵押的小额贷款。

业务延伸模式也可以借助银行外部的数据，可以与外部机构，如税务部门、海关部门、市场监督管理局等，或者与其他的企业，如其他银行、保险公司、证券公司或者掌握大量数据的互联网企业合作，结合这些外部数据进行营销服务。建设银行推出的"税易贷"，就是通过与税务局合作，获得企业纳税流水数据，以纳税额为分析抓手，筛选出现金流充裕、盈利稳定的企业，再结合银行内部的信息，对其发放信用贷款。

除了信贷业务，银行各业务线上都积累了大量数据，因此业务拓展的思路很容易与银行的其他业务结合，通过对其他业务的数据分析向其推销信贷产品，从而进一步拓展银行信贷业务。

第二种是个性化推销模式。其主要应用于消费贷款、信用卡中心等面向个人的零售业务。这种推销模式利用了现在网络"千人千面"的特性，利用大数据与特定的算法分析客户的使用习惯、风险偏好与产品偏好，形成"客户形象"的精确描述，从而将适合客户的产品放置在最易接近的地方，并通过精准营销提升信贷产品的接收度。当与一定的消费场景结合时，这种营销模式会迸发出更大的活力，通过与购物、支付等平台合作，银行可以获取更多关于客户的信息，客户画像也更加接近实际，更有助于挖掘具有信贷需求的客户。个性化营销模型构建的主要流程：第一，进行数据匹配，根据客户产品地域需求进行存客匹配；第二，对客户进行画像，主要结合其基本属性、网页浏览信息、习惯偏好、消费能力等数据；第三，对高价值需求的客户进行挖掘，从而输出线索名单，对其进行不同手段的营销；第四，对客户的反馈数据进行分析；第五，根据分析结果迭代优化模型，最终提高营销模型的有效性。

总的来说，大数据给予银行信贷营销无限的想象空间，在创新营销手段的同时反而降低了银行的营销成本。多样化的营销模式与信贷产品的创新相结合，能够极大地提升信贷产品的客户覆盖程度，并通过对客户生活的不断渗透，增加其消费黏性。

2. 客户准入环节的应用

客户准入环节主要指对客户信贷的审批。这是大数据在银行信贷业务中的核心应用之一，同时信贷审批作为银行风控的重要环节，对银行资产的规模与质量具有重大影响。当前银行主要根据客户的信用评级进行授信，而随着大数据思维的应用及大数据方法的引进，银行开始探索扩大数据采集范围，对其优化后建立客户信用评级模型。与传统的客户评级机制主要利用企业财务与银行内部信息不同。一方面，基于大数据的客户评级模型数据维度更广，拥有更多的变量，会在客户资产负债状况、收入、交易流水、内外部征信等基础上加入非结构化的数据，如网络消费数据、网络浏览与偏好数据、用户偏好数据等价值密度较低但体量较大的数据。将财务数据与非财务数据进行一定的重整处理，纳入机器学习模型，使评级结果更加贴合实际。另一方面，大数据评级模型比传统模型更加复杂，可能会引入嵌套模型及动态调整机制。嵌套模型可以对信息逐层加工，实现更好的区分效果，动态调整机制则使模型不断优化以致更加贴合实际。

上述大数据技术的使用，降低了单一变量与单一模型波动对评级结果的扰动，提升了模型的预测效果，从而更好地识别客户风险，自动化的评级审批机制也极大地提升了效率。江苏银行与相关人员开发的"税e融"就是一款通过多维度资料来源对客户进行还款意愿与经营能力的双重分析评级模型，还款意愿层面结合通信信息及中央银行征信进行反欺诈分析，再通过司法数据进行相关诉讼分析，最后通过税务信息及交易流水等鉴别企业的经营能力。模型搭建完成后，可以大大降低人工审核成本。

3. 贷后业务的管理

银行贷后业务的管理同样至关重要，它包括信贷资产质量监控、坏账预警等。完善的贷后管理有三个好处：一是及时发现风险隐患并化解，做好风险预警工作；二是深度挖掘存量客户，良好的贷后管理与营销相结合能够在维护客户关系的同时深挖客户需求；三是直接创造价值，良好的贷后管理能够使客户的运营成本最小化，并通过解决逾期等直接创造价值。而大数据在监控资产质量、实时预警方面具有突出作用。

国内银行传统的贷后管理具有分散性、延时性等弊端，实践中往往在出现巨大损失甚至无法挽回时，管理机构才能获知消息，贷后管理很被动。基于此，数据开源的理念及大数据技术的引入能够有效地打破信息收集的被动、分散局面。数据开源主要是在传统的数据处理基础上打通内部业务数据与行内不同层级数据，包括欺诈交易数据、个人贷款数据、网上银行数据等，并引入外部数据，包括外部征信、银联交易数据、风险分享数据、电信运营数据及公检法税务机关数据等，结合数据分析模型，建立贷后风险监控预警体系。

贷后风控体系可以针对单一客户，而在面对客户间关系密切、集团派系复杂、股权互持、彼此互保等具有一定钩稽关系的客户，则可以将相关的客户以群体形式进行监控。风控体系应对单一客户，一方面需要全方位整合行内数据，通过关系型数据库的建立集中全行经营类数据，再通过客户信息管理系统对客户信息进行分类管理；另一方面需要多渠道引入外部数据，通过网络"爬虫"等数据挖掘技术采集税务、工商、法院、公安、房产、舆情等数据。最终形成一个索引库，能够全面准确地刻画各类企业信息，再结合企业贷款逾期、资金异动等情况，形成相对完备的企业预警系统。

而应对客户群的贷后预警，则可以搭建金融知识图谱平台，采用图分析和图计算技术，对客户间复杂的股权关系、担保关系、资金往来关系等进行挖掘分析，从而突破传统数据库的限制，从信息中挖掘和构建企业深度关联。一旦客户群的某个关键节点出现问题，可以及时预警切断风险在群体间的波浪式传导。

兴业银行在大数据预警方面的应用有一定代表性，其开发的"黄金眼"风险防控系统，将大数据技术与金融创新融合，以随机森林机器学习算法为核心，结合网络"爬虫"的数据挖掘手段，利用互联网上企业的行为数据以及银行内部数据对客户进行分析评价，识别和预警风险。系统涵盖企业关联图谱、移动查询、信息搜索、异常行为预警、预警评分、预警规则解释、信息整体报告七大功能，通过信用预警信息、法院失信信息、结算预警信息、财务预警信息四大维度，能够实现对企业风险的精准判断与预测。

三、区块链对银行信贷业务的影响

自 2006 年中国人民银行征信系统建成以来，信贷市场的发展得到了有力支撑，但仍有大量有融资需求的个人和小微企业没有被纳入征信系统，导致信贷市场的信息不对称风险依然较高，银行为控制不良贷款率在发展业务时忽略了这部分群体，造成金融机构信贷服务供给不足的恶性循环。互联网金融和普惠金融的兴起使征信系统中的长尾个体能够快速获得贷款，在一定程度上弥补了传统中心化征信的不足。然而，不同征信机构之间的信息共享不充分，加之个体违约成本低，造成一人多贷、虚假交易等事件频发，对健康的互联网金融信贷交易造成严重损害。此外，互联网征信公司之间还存在系统不兼容、平台分割、有效数据利用不足及营业牌照等问题。基于大数据的征信目前较多集中在结构化数据的使用，美国 ZestFinance 公司利用大数据技术推动普惠金融的发展，但对于社交数据和烦琐文本数据使用较少，因为这需要涉及更多个体隐私。因此，信息安全问题也是利用大数据进行征信的难点所在。基于此，区块链以其独有的信息共享机制、授权机制和不可伪造及篡改机制为银行信贷提供了优化的解决方案。

（一）扩大贷前业务范围，提供更加普惠性产品

银行信贷业务最主要的风险就是信息不对称，因此需要足够强大的征信系统支撑其业务的开展。信息共享机制是指信息主体的信息在征信系统内部及通过征信系统和信息主体的授权在不同层次、不同部门间的交流与共享。银行和征信系统的信息共享是互利互惠的，信贷人员依靠征信系统

查询借款者的信用信息，借款者获得信用资金后的履约行为也将由银行系统传送至征信系统，以供其他金融机构获取借款者的信用数据。区块链的信息共享机制使各方在同步获取征信数据的同时还能贡献一手信息，可极大程度上拓宽银行了解客户的渠道，从而描绘出更准确的客户画像。

区块链的内部共识机制使储存在内的数据具有可追溯、可验证、难篡改的特性，不仅能够保证银行获取数据信息的真实性，还可揭露潜在风险客户的多层伪装。因此，区块链可以帮助银行更有效地识别客户质量，将稀缺信贷资源投向潜在优质客户。同时，区块链技术还可以扩大银行信贷业务范围，覆盖到征信系统和人工收集均无法顾及的客户群体，使信贷产品更具有普惠性。例如，传统涉农信贷长期饱受信息不对称、不易管理、贷前调查和放款线上化难度大等问题的折磨。2017年农业银行上线了涉农电商融资平台"E链贷"，将供应链融资、涉农电子商务、农资监管等银行内外系统利用区块链技术打造成了一体化的联盟链，很好地解决了"三农"客户的融资难题。

（二）提升贷中审批效率及贷后风险可控性

信息共享有助于缩短银行贷款审批时间，降低信贷业务的运营成本，提高金融机构效率。第一，数据的核查与储存是通过区块链的块链式数据结构实现的，数据的产生和更新则利用了分布式节点共识算法。网络中所有参与方共同记录与核查，数据公开透明，从技术层面保证了信息的真实性。第二，修改信息必须同时修改半数以上节点才可生效，从而在源头上保证了信息的不可篡改性。基于以上两点，区块链技术可以大大减少审查人员核实信息的工作量，提升贷款审批效率，降低银行的人力成本。中国邮政储蓄银行于2017年1月率先推出了区块链资产托管系统。该托管系统可以实现多方实时信息共享，避免重复信用验证，预计能简化60%~80%的业务流程。

此外，在区块链上每个被征信的企业都是网络中的一个节点，交易各方的资产、产品、票据均可以以数字化的形式在区块链上得到体现，且其信息会被全网节点共同认定。银行可据此监测核心企业与上下游企业之间的往来信息，及时察觉放款后企业的经营异常，提前做决策，防范风险的进一步扩大。

微众银行推出的"微粒贷"就是区块链与银行业务深度融合的体现，微众银行基于大数据和 AI 技术进行客户筛选与风控，基于区块链搭建银行间联合贷款清算平台，提高后台运营效率，在三年的时间里实现了 1000 亿元的放贷余额，已与一线城商行旗鼓相当。

（三）提高客户信息安全性

首先，区块链信息网络很难被攻破。由于区块链在全网分布式存在，单点受到病毒攻击或人工操作失误不会影响信息完整性，只有改写全网 50% 以上节点才有可能对个人信息进行修改或提取。其次，非对称加密算法为个人信息提供安全防护。在录入征信系统后，个人信息可经过同态加密、零知识证明等算法进行加密处理。加密算法和区块链技术的结合有可能缓和信息共享与信息保护的矛盾。

在银行信贷业务管理上，通过联盟链或私有链的形式区块链仍旧可以发挥重要作用。私钥授权是指只有被许可的节点才可参与信息修改，并拥有查看系统内数据的权限，从而保证数据信息的私密化，控制数据信息传播风险。已有银行间业务利用联盟链技术成功地解决了信任问题。民生银行与中信银行基于区块链打造了一款信用证传输系统（BCLC），在国内实现了信用证中文报文传输、电开和电子交单等功能，完美地解决了交易双方的互信性问题，也提高了客户信息的安全性。

综上所述，区块链作为一种基于网络的科技，可以为现有银行信贷系统面临的问题提供有效解决方案，但其能否在现实中平稳落地还需要银行在政策、人才和技术上的三重努力。政策方面，区块链技术将极大地改变现有业务系统，商业银行应当综合考虑自身优劣势及产品线的发展情况，将区块链可能带来的业务升级纳入经营战略范围，积极探索应对策略；人才方面，银行应当将人力资源工作的重点放在密码学、科技型人才及复合型人才的吸纳与培养上；技术方面，银行应发挥自身科技优势，借鉴国际领先银行模式，搭建实验室，加快内部管理与产品的开发。

四、人工智能对银行信贷业务的影响

人工智能即基于计算机强大运算能力所开发的深度学习算法。在许多测试中，人工智能作为跨时代的新算法实现了对传统算法的超越，此外其自我学习、自行迭代的特点使其在金融实践中的运用被广泛关注。随着 Alpha Go 的问世，为世人瞩目的人工智能如今已在金融业众多领域实现落地。

（一）无人化客户交互降低成本

人工智能对银行信贷的影响首先体现在对其基础工作的替代上，尤其是信贷业务中线下的、基础的金融工作。随着人工智能与金融业的进一步结合，线下网点将趋向无人化、自动化，极大地降低商业银行为客户提供服务的成本。上述功能的实现主要归功于卷积神经网络应用，这一技术极大地推动图像识别技术的发展，将其在 LFW 数据集（Labeled Faces in the Wild）上的精确度由传统算法的 64.8% 提升到 99.7%，甚至超过了我们人类对人脸识别的精确程度，使人脸识别这一应用有了真正落地的可能。[①]如今数据集人脸图像成几何倍数增加，但深度卷积神经网络能维持 98.99% 以上的准确率，其发展潜力之大可见一斑。

正是卷积神经网络的发展，使金融机构提供线下无人服务有了可能，这可极大缩短商业银行办理信贷服务所需要的时间和人力成本。此外，它还能有效区分照片、视频和真人的不同，使银行在移动端为客户提供服务、进行 VIP 贵宾识别的安全性大大增加。当前许多新兴的网络银行和持牌网

[①] Wen Y, Zhang K, Li Z, et al. A Discriminative Feature Learning Approach for Deep Face Recognition[M]. Computer Vision – ECCV 2016. Springer International Publishing，2016：11-26.

络金融机构完全依托网络在线上为客户办理贷款等业务，必然绕不开对客户的身份识别和身份证件信息鉴别，而这一切都离不开以卷积神经网络为代表的人工智能，它正成为金融与科技相结合过程中安全性不可或缺的重要保障。

（二）智能识别发现有价值信息

人工智能给互联网金融应用带来了更多发展空间。如依托电商平台的京东金融、蚂蚁金服，其背后的电商平台能为其提供海量客户数据，再运用人工智能进行精准画像，对客户的信用和还款能力进行评估。人工智能依托图形处理器（Graphics Processing Unit，GPU）对海量信息进行大规模整合、筛选和计算，分析结果反映在网络金融平台和网上银行提供的"白条""花呗"等小额消费信贷产品中，还能跳脱出电商平台，拓展到旅游、教育、食宿等不同场景中为客户提供小额贷款或消费贷款，很好地提升客户体验和对产品的黏性。当前，零售业务对商业银行的重要性凸显，各大银行在针对私人提供的小额贷款或消费信贷上的竞争也愈加激烈，对人工智能的需求也会与日俱增。

除了对客户进行画像，人工智能中的循环神经网络还能在另一层面上为银行信贷业务降低成本提供可能。循环神经网络借鉴人脑记忆特性来开发，能够基于时间序列的历史信息进行连续的信息处理。其中一项十分重要的应用就是对文章关键内容的识别筛选，形成文档的摘要。商业银行为小微客户提供信贷业务所需要储存和分析的数据十分庞大，迫切需要循环神经网络算法来实现对文档和数据信息的分类和重要信息的识别。传统的摘要提取基于一些人为设计的指标摘录文章字句。循环神经网络可以通过网络找到文章关键字节在语义上的映射，并结合指针网络对其进行组合，相比过去机械片面的摘要，新的抽取方法获得的关键内容更加凝练。

在对企业的贷款业务上，循环神经网络能够应用的场景更加多样化。银行能够借助循环神经网络分析放贷对象的财务和经营信息并形成经营与偿债能力报告，极大地减轻银行放贷分析压力；基于循环神经网络的算法，银行还能对放贷对象的财务报表数据快速核算，对合同等文字材料与法律原文进行快速比对，降低银行放贷风险。这些基于循环神经网络的文档、报表快速分析工具，能够在降低成本同时极大提高商业银行放贷效率，更好地发放优质贷款。

（三）自动编码器提高信贷安全

自动编码器是一种能在不断训练中挖掘数据隐藏特征的深度学习算法，在信贷监测领域得到广泛运用。其原理是让数据不断通过编码器和解码器，在输入与输出数据间不断反复，从而使其学习改进对数据分析的能力，应用在金融机构"反欺诈监测"上，就是不断学习欺诈者的"规则"，并对潜在欺诈攻击进行识别。相比过去手工建制的欺诈检测模型，人工智能自动编码器能够让模型自动学习欺诈记录背后的规则，从而训练算法不断提高反欺诈的能力。商业银行最不缺的就是海量信贷数据，特别有助于这一技术的落地发展。例如，P2P网贷平台Lending Club应用自动编码器已成功撮合了超过18万名投资者和240万多名借款者，累计帮助实现超过350亿美元的融资。

自动编码器的作用不仅仅体现在业务安全性的提升上。自动编码器的算法随着不断深化学习，处理信息的效率也能随之快速提升，反映在贷款业务中，就是识别风险的时间不断缩短，减少了贷款业务办理的时间成本，使银行贷款更加高效快捷。自动编码器让商业银行对信贷欺诈的识别准确度得到提高，不仅体现在识别出潜在危险贷款人，还能给过去无法判断的贷款对象以"清白"。自动编码器扩大了银行信贷能够服务的人群，让许多传统方法无法服务的贷款对象能够获得融资，信贷服务不仅更安全高效，其普惠性也得到显著提升。在银行业越发重视普惠金融的今天，自动编码器能让银行更好地拓展信贷业务，提高竞争力。

除此之外，自动编码器可以应用在对金融领域广泛存在的影子银行和地下钱庄识别上，从而在根本上助力破除系统性金融风险，让商业银行信贷更高效、安全地服务实体经济。

(四)深度强化学习助力信贷资产配置

深度强化学习成功结合了强化学习与深度神经网络的特点。原始的强化学习需要根据环境可能产生的变化列示并记忆一系列参数,大大降低了其计算效率,这样的模型缺乏实际落地的可能;深度强化学习在不断的学习过程中只保留有效信息,抛弃无效信息,极大地缩减了所需要的存储空间,也使对其数据进行计算成为可能。

对应到商业银行信贷资产配置上,商业银行要不断地将到期贷款的资金收回并根据资产组合情况将资金配置在新的信贷上,在不断对信贷资产的调配过程中实现商业银行安全性、流动性和盈利性的统一。在实践中,深度强化学习的模型能够利用计算机强大的运算力对不同信贷配置选择进行状态探索,同时利用深度神经网络高效地保存所习得的经验知识,摒除对特定信贷特征的人工偏见的干扰,从而更好地配置信贷资产。在实践中,深度强化学习强大的运算力还能够快速匹配空余资金和贷款需求,极大地缩短贷款资金收回到再次放出的时滞,减少银行资金闲置损失的同时不损及其安全性,其在银行信贷资产配置上的应用尚有许多空间可供发展。

五、金融科技在银行信贷领域应用的未来展望

(一)大数据和云计算技术将为银行信贷提供更多便利

大数据和云计算技术约在 6 年前登上金融业的舞台。自 2013 年以来,这两项技术在运用层面取得极大发展,特别是互联网金融技术,其衍生出的电子商务、移动支付、网上银行等众多功能已普遍走入千家万户。大数据和云计算技术也广泛地运用于征信、市场分析、行为分析等领域,起到越来越重要的作用。

目前,我国已成为全世界互联网金融技术最先进的国家之一,电子商务、网上银行等早已进入我国城乡人民的日常生活。在新兴的移动互联网金融等领域,以支付宝、微信为首的移动支付领域,我国在全世界独树一帜。

在大数据和云计算的应用上，我国也发展迅速，已经用于各行各业。这两项技术也已用于银行信贷的实践之中，取得良好的效果。鉴于这两项技术的重要作用和实际运用效果，以及它们在我国的已有基础，在未来大数据和云计算技术一定会稳步发展，逐步运用到银行信贷之中，优化银行贷款的营销、授信、审批、放贷、风控等各个环节。

（二）区块链技术大有可为但充满未知

区块链技术是当下金融科技中最热门的技术之一，众多专家学者认为，区块链将成为未来金融新模式的重要基础，它将改变整个金融系统的运行状况。在银行信贷领域，区块链若得到充分运用，预计可以在信贷范围扩展、信贷审批以及贷后风险控制等各个环节提供新的保障。从这方面讲，区块链技术在银行信贷领域有极大的发展空间。但是，不可否认的是，目前虽对区块链的研究进展迅速，但很少有金融机构将其大规模运用。可以说，它现在更多停留在概念层面而非实际应用层面。区块链的不可篡改性、去中心化的特点，既有很大的优势，又会造成一系列问题，它能否投入银行信贷领域进行广泛应用还是未知。

（三）人工智能将在银行业得到广泛应用

Alpha Go 问世后，人工智能逐渐进入包括金融业在内的各个领域，呈不断扩展的态势。在金融业，已有一些公司努力在各个方面使用人工智能技术代替人力，去做很多基础工作，银行信贷工作也受到人工智能一定程度的影响。从长远来看，人工智能在很多工作上代替人力是显而易见的，因为它具有效率高、成本低、工作失误率低等很多优点，这是一般的金融机构员工所不具备的。在人工智能技术没有兴起的时候，已经有很多普通的机器人进入加工制造行业代替劳动力；在那时，机器人只能替代人的体力劳动，而无法替代人类做文稿工作、分析工作、数据工作等需脑力劳动完成的工作。随着人工智能的出现，新的人工智能产品逐渐可以定向取代众多涉及脑力劳动的工作，人工智能的工作能力远远超出人类。

目前有众多专家担心人工智能的快速发展会导致众多人口失业,甚至担心人工智能会发展到具有人类全部能力甚至远远超过人的能力,那时人类社会面临威胁。虽然目前人工智能的发展还没有达到这样的程度,是否会出现让人类生存受到威胁的问题也不可知,但可以肯定的是,人工智能必然会令众多从事低端岗位工作的人遭到淘汰。目前,无人化客户交互、智能信息识别等技术已经在实践中得到成功运用,自动编码器、深度强化学习等新技术也逐步运用到银行信贷之中。可以预见的是,未来还会有众多与银行信贷相关的人工智能技术出现,逐步覆盖信贷的审批、发放甚至信贷战略等各个流程。

第四章　金融科技对银行财富管理业务的影响

摘　要

随着互联网、大数据、云计算和电子支付等金融科技的兴起，传统财富管理模式存在的弊端逐渐显现，例如，理财产品个性化不足以及产品设计管理机制不完善。金融科技对银行财富管理业务的影响体现为：第一，依据所使用的金融科技载体智能化程度，有五类创新平台应用财富管理，分别是被动型投资理财平台、主动型投资理财平台、个人财富账户管理平台、互联网金融咨询平台和自动化财富管理平台。第二，设立智能投顾平台，如机器人投顾、人机结合投顾、纯咨询建议投顾和顾问平台。第三，通过大数据分析、区块链技术等应用，为客户提供更便捷的征信采集、线上推荐产品、线下签约服务，从而减少交易成本，个性化专业化服务优势明显。第四，通过牌照监管、行为监管和穿透监管等方式，对新型财富管理业务模式采用监管科技增强监管，控制风险，并形成新的风险防控体系，从而促进金融科技对财富管理的形成更加便捷、规范、有序。

Chapter 4　The Influence of FinTech on Wealth Management Business of Commercial Banks

Abstract

With the rise of FinTech such as Internet finance, big data, cloud computing and electronic payment, the disadvantages of traditional wealth management mode have gradually emerged, such as insufficient personalization of financial products and imperfect product design management mechanism. This chapter discusses the impacts and challenges that FinTech has brought to bank's wealth management business. First, there are five kinds of innovative wealth management platforms: passive investment and financing platform, initiative investment and financing platform, the account of individual wealth management platform, the Internet financial consulting platform and automated wealth management platform. Second, the intelligent investment platform has been set up, such as robot investment platform, human-machine combination investment platform, pure consulting investment platform and consulting platform. Third, through the application of big data analysis, blockchain technology and other FinTech, they can provide customers with more convenient credit collection, online recommendation products and off-line contract services, thereby reducing transaction costs, and has significant personalized and professional service advantages. Fourth, through licence regulation, behavioral regulation and penetrating regulation, the new wealth management mode is enhanced with regulatory technology to control risks, and form a new risk prevention and control system, so as to facilitate the formation of a more convenient, standardized and orderly wealth management business mode.

一、金融科技对传统财富管理的影响概论

（一）财富管理定义

随着越来越多高净值人群对财富保值和增值意识的增强，财富管理已成为银行业的主要业务之一。发展财富管理业务可以提高客户品牌忠诚度，并为银行带来零售存款和佣金收入。商业银行运用现代经营理念，关注客户，分析其财务状况，并探索其财富管理需求，提供综合金融服务，包括消费信贷、银行卡业务、保险、投资和税收规划、子女教育、退休计划等，以实现财富的积累、保值和增值。

（二）银行财富管理业务主要模式

银行的财富管理业务主要提供投资建议和财富管理，包括银行业务和贷款、投资和管理、税收和财务规划等。例如，花旗集团的财富管理业务主要分为全球客户银行业务和机构客户群业务。其中，银行业务主要包含银行卡业务、零售银行业务和商业银行业务。

首先，财富管理机构会针对客户群体进行分类。大部分财富管理机构根据私人财富的规模将客户分为四类（见表4-1）。

表4-1　　　　　　　　通用客户分类标准

客户分类	可投资资产规模
超高净值客户	超过1亿美元
上层高净值客户	2000万~10000万美元
普通高净值客户	100万~2000万美元
富裕客户	25万~100万美元

资料来源：根据公开资料整理。

其次，财富管理模式永远以客户为中心。无论是私人银行还是全能综合型金融集团，在业务发展过程中，都将客户放在首位，所有产品和服务也都围绕客户的实际需求而提供。在客户类型方面，大多数财富管理机构不再局限于个人，客户和服务范围不断扩大到家庭、企业、政府等群体。

最后，多元化的产品体系也是财富管理机构的一大特征。投资产品覆盖一级市场和二级市场中的银行、证券、基金、保险和房地产等，并且在此基础上打造具有公司特色的品牌和产品。例如，花旗银行为全球客户创立的财富管理品牌 Citigold。

（三）银行传统财富管理模式的弊端

随着经济和社会的不断发展，财富管理的方式也在逐步发生变化。新的商业模式对传统的财富管理模式产生了巨大的影响。互联网金融、电子支付等的快速发展对传统的财富管理模式提出了更高的要求。随着社会经济环境的变化，传统的财富管理模式也面临巨大的挑战。

1. 理财产品个性化严重不足

传统商业银行财富管理产品存在产品同质性高、缺乏创新的缺陷。银行理财产品大都是投资产品的简单组合，过于单一，导致区分度不高。它尚未实现以客户为中心，定制和提供个性化的金融服务，以满足其财务需求。

2. 产品设计管理机制不健全

一方面，银行对理财市场缺乏正确的细分，在理财产品的设计中往往忽视客户的风险偏好等重要因素。例如，银行理财产品没有充分考虑投资者风险承受能力和其资产配置情况。另一方面，银行需要承担理财产品设计的不健全和管理机制不完善的风险。在现有的工作环境下，银行无法对风险、收益、客户信息、市场所需的产品模式作出较为有效的分析。所有的因素综合起来，就会造成商业银行无法设计出基于客户自身专业定制化的金融产品。

（四）金融科技为财富管理带来的变化

1. 理财

传统银行理财业务在互联网金融的崛起中遭到了巨大的冲击，货币基金等新型理财方式对银行理财的分流效果十分显著。传统银行柜台销售的理财产品门槛高，难以服务于长尾客户，且缺乏精准营销的方法。在引入金融科技支持之后，银行可以在大数据分析的帮助下实现精准营销。金融科技可以帮助银行搭建包含客户全方位信息的数据库，将具有不同特征的客户信息进行标准化处理，从而得到标准化的基础数据信息，进一步通过构建客户管理、分析和服务的大数据基础，根据用户的不同特点进行定向推销，对积累在银行系统中的"僵尸客户"资源进行深度盘活，在提高服务质量和客户体验的同时更深层次地激活现有客户资源。这样通过标准流程进行的系统服务，实现了互联网的精准营销，服务了长尾客户，颠覆了传统营销中过于依赖人际资源的营销模式。

此外，云计算技术、智能算法及投资组合优化模型可以让银行为客户提供较好的投资组合方案，增强客户服务体验。这些技术能够精准地模拟和预测资本市场的发展趋势，从而更好地提高理财收益率，在与互联网金融的竞争中获得更高的收益。

金融科技发展的第一阶段，银行财富管理业务在这时仍旧保持着原始的形态，在欧美发达国家，银行投资顾问为理财客户提供专属的咨询顾问服务，而在我国由于整体国民收入较低，银行财富管理业务处于起步阶段，所以金融科技在这一阶段没有对银行财富管理业务造成很显著的影响。

在第二阶段，银行的财富管理业务模式及形态也发生了一定变化。由于网上银行的推广，很多理财产品的销售可以通过网络进行，财富管理的理念通过互联网得到了广泛的推广。互联网对信息的快速传递也使一些财富管理顾问咨询服务在网上就可以进行，客户对于关键信息的获取不再处于滞后的状态。此外，互联网往往带来的是下沉式的效果，因为通过互联网服务带来的成本往往较低，而且规模效应明显，因此财富管理的服务对象也从传统单一的高净值人士扩大为更大的群体。最为典型的便是2013年蚂蚁金服旗下的余额宝对接天弘基金，其借助互联网强大的流量优势销售货币型基金，使理财开始真正成为大众的需求。各大银行面对这一市场变化也纷纷作出战略调整，通过网上银行的服务，降低财富管理业务的单位成本，进而降低财富管理的门槛，吸收更多的客群实现规模效应。

第三阶段，金融科技对银行财富管理业务产生非常重要的实质性影响。

具体而言，人工智能技术的发展使财富管理进入了智能投资的时代。智能投顾的发展使整个财富管理业务过程中的数据处理、产品筛选以及最终决策都发生了很大的变化。传统的财富管理业务客户经理的工作内容大多数可以被机器所取代，而且机器人投顾有着人工工作无可比拟的优点。机器人投顾处理数据筛选投资品种的能力更强，而且智能投顾可以和用户产生更好的交互性，用户可以通过智能终端随时随地获得专业的投资建议。从2009年开始，美国就出现了最早的机器人投资顾问公司Betterment、Weathfront。根据国外咨询公司A.T.Kearney的估计，到2020年美国机器人投顾管理的资金能达到约2万亿美元。我国的智能投顾业务还处于起步阶段，而且由于我国在互联网金融阶段金融机构大多数将关注点放在支付和借贷业务上，在智能投顾上的投入与美国相比显得不足。现阶段我国智能投顾应用的主要形态是传统金融机构如银行在自身开发的移动终端上设置智能投顾服务选项，更加专业的智能投顾有待进一步发展。

2. 传统财富管理面向高净值人士，很难形成规模经济

传统的财富管理旨在实现单一目标，主要针对个人资产较多的高净值客户提供私人银行、私募基金等财富管理服务。这些产品的投资门槛较高，大多在100万美元以上，对于一般的小额投资者来说，他们无法享受到这些服务。瑞银证券发布的《全球财富报告2015》显示，全世界个人资产介于10万~100万美元的人数接近14亿人，占世界总人口的1/5，财富总规模达到了130万亿美元。在以传统科技为主的年代，也就是网络并未普及的时候，信息获取的高门槛及其双方的不确定性使得高净值人士与低净值人士资产价值差距变大，而低净值人士却由于传统财富管理的高门槛而得不到有价值的财富管理服务，可见传统的财富管理在服务对象方面有巨大的缺口，这让金融科技形式的财富管理被广泛应用成为可能。

以诺亚财富为例，其传统财富管理业务主要面向高净值人士，截至2017年底，其注册人数已经突破18.7万人，但其理财师覆盖率（注册人数/理财师人数）近年来急剧升高（见图4-1），这说明理财师数量的增速不及注册人数的上升增速，这可能导致其财富管理业务水平与工作质量下降，传统财富管理难以形成规模效应。

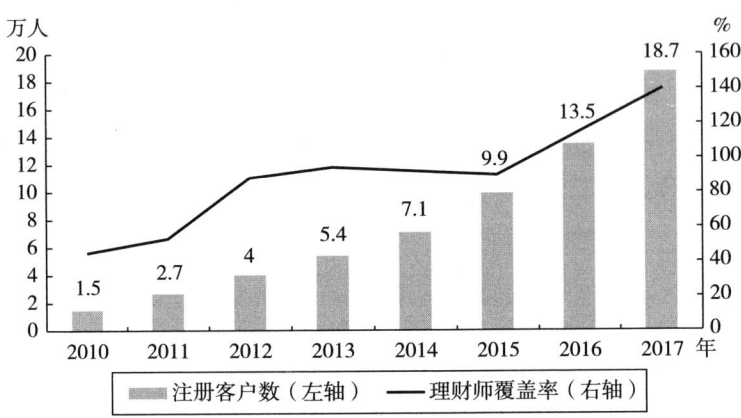

资料来源：诺亚财富。

图4-1　诺亚财富理财师覆盖率大幅上升

3. 金融科技财富管理市场空间巨大

贝恩咨询发布的《中国私人财富报告2018》显示，我国个人可投资规模从2006年的26万亿元上升到2018年的147万亿元，预计2023年将达到243万亿元的规模。其中，个人可投资金融资产600万元以上的高净值人士数量将达到167万人。为了防止"马太效应"带来的贫富差距进一步加大，传统财富管理领域变革迫在眉睫。

从传统金融学角度来看，财务管理服务于中低净值人群的长尾用户不能覆盖其成本，因此虽然我国长尾市场的体量十分巨大，但这部分人群并没能享受财富管理的惠及。但是从服务难度来说，面向长尾市场的财富管理服务难度显著低于面向高净值人群的服务难度。以工资为例，工资发放至银行卡，其活期利率约为0.5%，如果能根据客户流动性需求及风险偏好进行财富管理，如将资金配置于货币基金等理财产品，收益率则能由0.5%上升至4%左右，长尾财富管理市场能否能得到有效开发，关键在于金融科技。

从2017年全球各市场在财富管理市场上的现状来看，美国和中国在财富管理市场的规模、线上渗透率及金融科技在财富管理方面的活跃度都明显优于其他国家（见表4-2）。2017年中国财富管理市场规模突破6万亿美元，未来金融科技财富管理市场空间巨大。但若单独对比中美独立互联网理财平台管理规模（独立互联网理财平台通常被认为最接近金融科技财富管理模式），美国的独立互联网理财平台的规模在2017年已经突破3.3万亿美元，渗透率约为35%，这远高于中国的10%（见图4-2）。此外，我国独立互联网理财平台的业务中，以现金管理为主，且对流动性要求极高的各类产品占据了较高地位。而这类业务并不属于真正意义上的金融科技财富管理，因此，中国未来的金融科技财富管理市场前景广阔。

表4-2　　　　2017年各市场在财富管理市场上的现状比较

项目＼国家	美国	中国	英国	新加坡
财富管理市场规模（亿美元）	93622	61735	4197	484
财富管理线上渗透率（%）	40.7	34.6	24.9	27.9
财富科技公司数量（家）	343	51	84	23
财富科技融资规模（亿美元）	27.5	28.3	4.6	0.2

资料来源：根据公开信息整理。

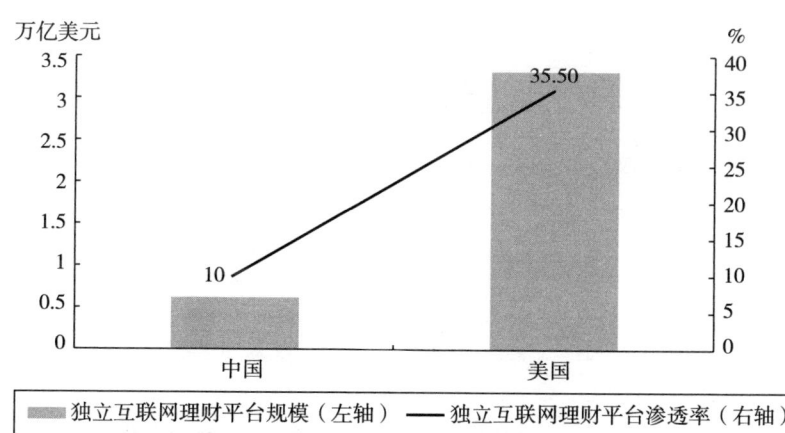

资料来源：BCG全球数字财富报告。

图4-2　2017年中美独立互联网理财平台对比

二、通过金融科技进行财富管理的方式

（一）金融科技应用于财富管理的五类创新平台

在财富管理方面，根据所使用的金融科技载体智能化程度进行分类，主要有五种形式，分别为被动型投资理财平台、主动型投资理财平台、个人财富账户管理平台、互联网理财顾问平台和自动化财富管理平台。

被动型投资理财平台与被动型指数基金类似，是跟随着特定的标的进行资产配置的平台。其主要通过平台所掌握的大数据和推荐算法，根据用户自身的情况，推荐投资组合（见图4-3）。由于其所推荐的投资标的均为市场指数基金，如纳斯达克指数、道琼斯指数，所以其投资门槛较低，交易成本较低，资产净值波动较小，操作简便，并且对于非专业投资者来说，在完成购买后，无须逐日盯市，研究市场趋势，因此适合中低净值的非专业投资者。国外典型的该类公司有 Wealthfront、WiseBanyan 等，国内典型公司有理财魔方、蓝海财富等。

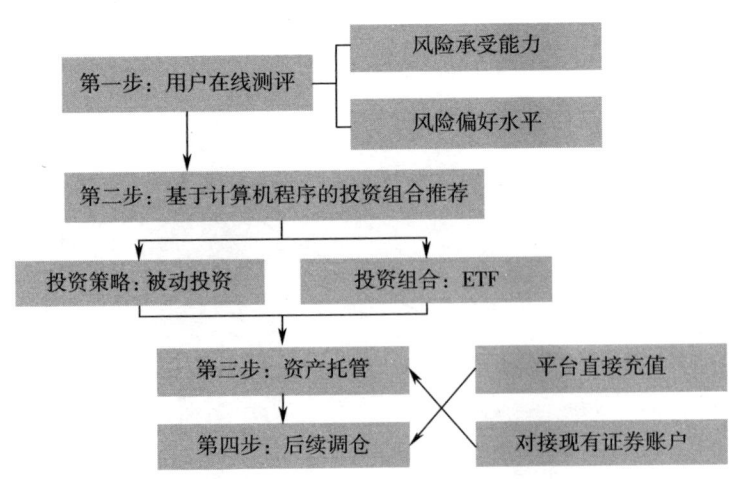

资料来源：安信证券研究所。

图4-3　被动型投资理财平台的标准化流程示意

主动型投资理财平台与被动型投资理财平台的直接提供投资产品有所

不同，它以提供市场舆情、财经资讯、投资社交、投资策略为主，少部分情况会提供投资产品。它是一种提供服务的平台，现在已经逐渐演变成为一种综合的社交论坛。该类平台数量较多，国外典型公司有Quantopian、Seeking Alpha等，国内有雪球、淘股吧等（见图4-4）。

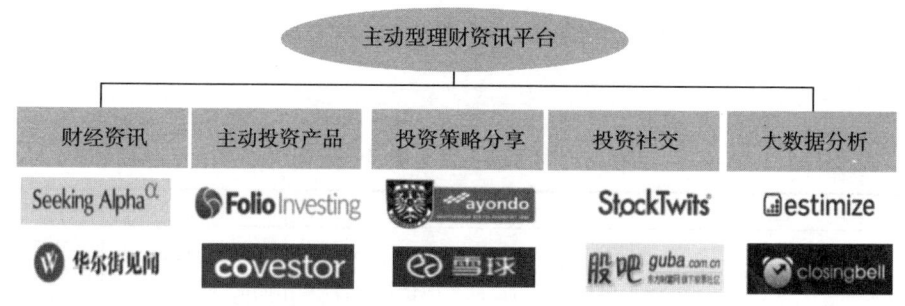

资料来源：根据公开信息整理。

图4-4 主动型投资理财平台分类及其公司举例

个人财富账户管理平台主要以管理客户的账户为主，对客户日常开支、投资进行记录分析与规划。该平台通过记录用户的数据，帮助用户进行分析，制订消费计划并且推荐金融产品。目前，个人财富账户管理平台可以分为手动记账平台、自动记账平台和提供理财超市的记账平台（见表4-3）。国外典型平台为Mint，国内典型平台为挖财。

表4-3　　个人财富账户管理平台分类及其公司举例

类型	简介	公司
手动记账平台	用户手动输入收支记录，平台通过财务数据为用户提供财务分析	Budget Worksheets、House Budget Planner、Money Track In
自动记账平台	与用户授权的银行卡及电子账户对接，进行自动收支记账，并提供财务分析、财务诊断和财务规划等功能	Clear Checkbook、Budget Simple、网易有钱、圈子账本、51信用卡
提供理财超市的记账平台	除自动记账平台提供的功能外，还与银行、基金、保险等金融机构合作，为用户提供多样化金融产品，供用户根据自身财务状况进行投资	挖财、随手记、财鱼管家、卡360钱包

资料来源：36kr。

互联网理财顾问平台是一种基于互联网的投资顾问平台，提供咨询服务。它通过分析客户的日常投资行为和一些投资数据来推断出客户的投资偏好，进而为客户定制适合他们的投资方案。如表4-4所示，目前，应用较为广泛的理财顾问平台主要分为两种。第一种是面向专业的投资分析师的，提供的服务是帮助其对客户进行管理，分析客户的特征与行为。第二种是面向投资者的，提供的服务就是提供给投资者相应的投资信息，辅助其作出决策。

表4-4　　　　　　　互联网理财顾问平台分类及公司举例

类型		简介	特点	公司
面向理财师		这类智能账户管理平台帮助投资机构或投资顾问智能化管理客户	通常只对投资顾问提供服务	私银家、亿金融、壹财富
面向投资者	线下理财师互联网化	传统线下财富管理机构的互联网化，通过互联网为客户提供更快捷的服务	为线下客户提供线上理财服务和碎片化小额理财	财富派
	互联网众包模式	通过"高佣金返还"等模式，吸引独立的或机构理财师入驻	平台撮合投资者和理财顾问，扩大其服务半径	金斧子

资料来源：安信证券研究所。

自动化财富管理平台，顾名思义，就是由客户自身来操作、决策的平台，类似于ATM与银行柜台之间的差别。与之前几种平台不同的是，它主要是以提供信息为主，让客户拥有更多的渠道来发掘信息，来使用信息的内在价值，而不为其作决策。国外互联网巨头由于其拥有完备的数据库、先进的大数据分析手段，因此以通过搜索引擎发现客户搜索情况，为客户更加精准地推送消息为主。国内的互联网巨头则以传统的销售方式为主，即销售已经成型的金融产品（见表4-5）。

表4-5　　　　　　　国内外自动化财富管理平台对比

	国外：以产品搜索为主			国内：以提供金融理财超市为主		
名称	金融产品聚合	金融产品匹配推荐	产品搜索增值服务	互联网巨头	传统金融机构	独立第三方

续表

	国外：以产品搜索为主			国内：以提供金融理财超市为主			
简介	平台搜索整理各类金融产品，并提供比价服务	根据用户情况，匹配推荐金融产品	以产品搜索为入口，延伸提供增值服务	通过自身的优势切入财富管理，为用户提供金融产品自助服务	根据其丰富的用户和资源，推出互联网理财平台	独立地为客户提供自主化理财服务	
公司	Bankrate、Card Hub、Rate City	Bank Bazaar、iSelect、Fundbird	Nerd Wallet、Wallet Hub	理财通、京东金融、蚂蚁金服	陆金所、佣金宝	91金融、金融360	

资料来源：公开信息整理。

（二）智能投顾

在传统财富管理领域，投资人需要通过投资顾问或理财师凭借其专业的投资经验来提供资产配置方案，随着更多人群对财富管理的需求加大，这可能会造成提供服务的人员有限，而高成本和高门槛使中低净值人群难以获得财富管理方面的服务。而将金融科技应用于财富管理领域后，例如智能投顾的产生，就在两方面实现了创新，一方面是通过线上化的人机交互界面降低了人工成本，另一方面是将分散化投资、现代投资组合理论等财富管理的理论应用于大数据和机器学习上，从而获得比人更快、更符合客户实际要求的投资组合推荐。目前，智能投顾主要分为四类，分别是机器人投顾、人机结合投顾、纯咨询建议投顾和顾问平台。

机器人投顾指完整投资决策和交易过程由机器算法完成，人工只在必要时进行有限干预的投顾方式。其主要投顾产品是以ETF为主的自动构建组合和税收损失收割等服务。代表公司如美国的智能投顾先锋Wealthfront，它根据客户信息以量化交易决策生成十二大类ETF为底层资产的投资组合，同时通过机器算法自动进行税收筹划和合理避税。这一机器算法每年能给客户提高1%~2%的税后收益，而其投顾管理费仅为0.25%，大大低于传统投顾费用。工商银行于2017年推出的职能投顾品牌"AI投"属于机器人投顾，它利用大数据技术和人工智能实现对客户投资要求的精准描绘，进一步给出对应的投资组合。

人机结合投顾指由机器算法形成投资组合,但人工在其交互环节为客户提供咨询和调整的人机交互型投顾。由于它是由机器和人工顾问共同提供的资产配置组合,因此能够更加全面了解客户的投资需求,有效提高投资体验。代表公司如全球最大的智能投顾提供商 Vanguard Personal Advisor Services(VPAS),2018 年其财富管理规模已经超过 1000 亿美元。

纯咨询建议投顾指交易决策人和操作方均为人工,机器算法提供决策支持、决策辅助的投顾方式。这种投顾方式主要针对大型企业雇主,为其提供财务管理和资产配置方面的建议。代表公司如美国的 Financial Guard,机器算法通过客户提供的信息评估出客户当前的财务状况,并对当前资产投资组合的问题给出建议。Financial Guard 公司统一收取约每年 150 美元的服务订阅费用,这一费用不随客户投资规模的变化而变化。

顾问平台以 B2B 模式为主,为财富管理组织提供系统和算法,帮助传统的财富管理机构以更低的成本和更快的速度实施智能投资服务。代表公司如新加坡的 Bambu。Bambu 公司已经成为美国 DriveWealth 证券、汤森路透等机构提供定制化的智能投顾产品。

(三)通过金融科技进行财富管理的优势

传统商业银行的财富管理业务以中间业务、理财为主,提供一些低风险的理财产品并且代销其他金融机构的理财产品。商业银行的理财产品主要有如下几种:货币债券工具、结构化理财工具、代理类理财产品、信托产品、银行保险等。例如,花旗集团的财富管理业务范围主要包含两大板块:全球客户银行业务和机构客户集团业务。其中,全球客户银行业务服务的四大业务主要包括银行卡业务、零售服务、零售银行业务和商业银行业务。近年来,中国商业银行理财产品的增长速度也非常快(见表 4-6)。

表 4-6   中国商业银行理财产品规模

年份	2012	2013	2014	2015	2016	2017	2018
数额(万亿元)	7.1	10.21	15.02	23.5	29.05	29.54	23.54

资料来源:Wind。

尽管银行财富管理业务已经大为拓展，但是在服务对象方面还是有所欠缺。传统的银行财富管理为高净值客户提供金融产品和服务，通过实际接触等方式来获取客户，这样无疑增加了银行的经营成本。现代金融科技先通过互联网等传播渠道，向客户推送专业化、定制化的内容来吸引客户，再利用大数据分析等手段分析用户的行为，最后由专业的理财师为客户定制个性化的服务。

目前国内外使用金融科技进行财富管理的方式基本相同，即线上推荐产品，线下进行签约。这种方式将供应商直接与消费者客户连接起来，能够使商业银行的财富管理部门更好地了解消费者的需求，提供更加精准的服务。

商业银行利用金融科技进行财富管理可以大大降低交易成本。商业银行通过线下渠道来接触消费者，无疑需要大量的客服人员，对于商业银行来说这是一笔不小的成本。平台可以显著地降低商业银行与客户之间的信息不对称。需求者可直接通过平台来搜索自己需要的服务与产品，减少自己的时间成本。

商业银行通过金融科技手段进行财富管理还可以为客户提供更加个性化的服务。例如，在京东等类似的电商平台上，平台会基于客户的搜索习惯来分析客户的消费习惯，并给客户推送相应的广告。同样地，财富管理平台也可以基于客户的数据，为客户提供更加精准的产品与服务。

三、金融科技时代财富管理发展展望和监管

（一）金融科技时代财富管理发展展望

计算机技术在金融领域的应用对整个行业来说既是一种外部冲击，为行业带来了挑战，又是一个巨大的飞跃，为行业带来了更多的机会。

从市场需求来看，金融科技应用在财富管理上，能够解决长尾人群的财富管理需求，也能够给传统财富管理的目标客户——高净值人群带来新

的尝试和体验。而金融科技带来的大数据分析、区块链簿记等技术能够为整个行业提供更便捷的征信和更可靠的信用调研，提高整个行业的效率；智能投顾能够更科学、客观地为客户提供投资理财建议。

从监管上看，整个行业经过一段乱象丛生的发展期，开始逐步走入规范化、专业化，各项业务也开始纳入国家的监管。长期来看，行业监管趋严，未来互联网金融牌照可能面临"一照难求"的现象，可以预见，经济实力强、业务流程规范、资金成本低的大公司将在金融科技财富管理赛道上进行最终的竞争和冲刺。从国家层面来看，对整个行业的监管初期与传统金融业务的监管模式相似，这在一定程度上会导致金融科技财富管理产品与传统理财产品趋同，标准化的互联网金融财富管理产品大概率会问世。然而，面对复杂多变的金融科技财富管理产品和不断发展的科技，监管层有必要出台专门针对金融科技的监管模式和法规。

（二）全球金融科技财富管理监管情况

金融科技技术增长日新月异，无时无刻不处于技术创新之中，各国也从严格控制风险开始转变为鼓励创新与风险管理的平衡化发展。目前，欧美国家主要采取如下的监管模式：监管沙盒、创新中心、创新加速器，旨在提供一个完全模拟真实情形的虚拟市场和一个较为宽松的监管环境。

监管科技（RegTech）是另一种形式的监管技术，它主要实现的是一种实时监测的功能。通过时下最火热的人工智能技术和深度学习技术，观察分析市场情形。新型的财富管理业务利用监管科技增强监管，控制风险，监管机构通过监管科技制定更加合理的政策，共同建立新型的风险防控体系。目前，美国在此方面的投入达到100亿美元，成为该技术的世界领先者。

（三）中国互联网财富管理监管展望

我国的财富管理业务在2016年前有较大的发展，从2016年开始，党中央确立了"去杠杆，防风险"的目标方针，政策监管开始逐步收紧。2016年10月，国务院办公厅印发《互联网金融风险专项整治工作实施方案》

（国发办〔2016〕21号，以下简称21号文），其中，第一条第三项明确规定了P2P平台的经营范围，确保这些个人融资平台不得进行跨业经营，21号文中初步强调了专业化运营，设置了准入门槛和分业经营标准。

2018年4月，人民银行等监管机构联合发布了《关于规范金融机构资产管理业务的指导意见》（银发〔2018〕106号，以下简称资管新规），对资管业务范围、组成作了明确的规定，只有具有相应牌照、经营资格的金融机构才可以进入资产管理业务。资管新规提高了资管业务的准入门槛，将其纳入国家统一的监管体系之中。

而互联网金融风险专项整治工作领导小组办公室所发布的《关于加大通过互联网开展资产管理业务整治力度及开展验收工作的通知》（整治办涵〔2018〕29号）则加大了对互联网资管、理财的管控行为。

当前互联网金融监管收紧是大势所趋，整个行业将纳入有效的监管中，降低风险和违规操作。总的来说，整个行业未来的监管情况是三种监管模式的组合：牌照监管、行为监管和穿透监管。

牌照监管通过提高准入门槛，将不规范、浑水摸鱼甚至庞氏骗局的公司直接拦在行业门外。持牌经营是实现互联网金融行业和规划经营的重要一步。而配套征信制度的完善、大数据分析技术的发展将会为行业参与者的良莠不齐扫清障碍，让整个互联网金融行业更具有合规性。

行为监管是政府通过某些机构，如人民银行、中国银保监会和中国证监会等对金融交易行为主体进行的一定限制或规定。它涉及政府对金融产品交易商和市场交易的监管。这对于当前乱象丛生的互联网金融和混业经营的大趋势有着较为重要的意义，有利于促进混业经营趋势下交叉金融风险的防控。

而穿透监管则透过现象看本质，透过各种互联网金融产品，将资金来源、中间环节和资金流向连接起来，根据业务功能和法律条款具体界定产品。"穿透式"的监管手法能够有效地辨别互联网财富管理中产品的好坏、产品的真伪性等。

实践篇

实 践 篇

第五章　摩根大通集团的金融科技发展现状与规划

摘　要

作为全球历史最长、规模最大的金融服务集团之一，摩根大通集团紧跟金融与科技融合发展的潮流，加大对大数据、人工智能和区块链等技术领域的投入，完善发展线上服务平台，并通过投资初创型金融科技企业来支持金融创新项目的开发。本章将从电子支付业务、人工智能与机器学习、构建线上服务平台、区块链业务、支持初创型金融科技企业发展、布局智能投顾、完善服务设施七个方面梳理摩根大通集团在金融科技领域的举措，并介绍今后摩根大通集团在金融科技领域的布局和规划。

Chapter 5　The Present Situation and Prospect of FinTech Development of JP Morgan Chase

Abstract

As one of the oldest and largest global financial service groups, JP Morgan Chase keeps up with the trend of integration of FinTech, increases investment in big data, artificial intelligence, blockchain and other technical input. JP Morgan also improves the development of online service platform, and supports the development of financial innovation project by investing in start-up FinTech companies. This chapter will discuss the measures taken by JP Morgan in the field of FinTech from seven aspects: electronic payment business, artificial intelligence and machine learning, building online service platform, blockchain business, supporting the development of start-up financial FinTech companies, laying out intelligent investment, and improving service facilities. Moreover, this chapter also introduces the future layout and planning of JP Morgan Chase in the field of FinTech.

一、摩根大通集团概览

（一）摩根大通集团简介

2000年，美国大通银行、JP摩根公司、罗拔富林明有限公司、毕根集团等六家公司合并成立了摩根大通集团（以下简称摩根大通），其历史悠久，在美国金融业拥有很高的地位，也是全球范围内规模最大的金融服务集团之一。目前公司的资产达到2.6万亿美元，在一百多个市场开展业务，并且有25万多名员工。[①]摩根大通充当着广大消费者和小微企业的金融服务商、商业银行的各项交易处理和资产管理的全球领导者，并且摩根大通的股票是道琼斯工业平均指数的一部分，足以证明其在全球金融市场举足轻重的地位。

（二）主要业务

给巨型跨国公司、小微企业、金融机构的投资者提供多领域的金融服务是摩根大通的主要业务，涵盖的业务领域有融通资金、投资观点及解决方案等。具体来说，其业务可以分为四类：投资银行、市场和投资者服务、资金服务和投资管理。

1. 投资银行业务

与传统的投资银行业务相似，摩根大通的投资银行业务着重在一级市场，通过接洽各类发行人客户，包括金融机构、商业企业及各级政府，来提供多种资金融通的措施、综合严谨的战略建议及相应的风险控制服务。从具体的业务来说，摩根大通经营有关发行、结构化、交易执行、银团融资和杠杆融资等业务。发行服务包括首次公开募集（IPO）、增发普通股、发行包括可转换证券在内的各类型债券及私募业务等；接触有资金需要的公司、企业甚至各级政府，摩根大通提供的金融服务多种多样，涵盖了从

---

① 数据来自：Wind；摩根大通2018年年报。

简单的银行贷款到囊括多种资产并且金额高达数十亿美元的大规模资金融通服务。发行债券服务中还包括对债券进行精确的结构化、营销和定价，从而使债券极具吸引力，有利于公司将债券分销到广大投资者客户手中。另外，摩根大通还经营杠杆融资业务，来帮助具有不同经营目标的公司实现资金的筹措，具体业务有收购目标公司股份、回购目标公司股份以及为一次性股息或投资筹集资金。摩根大通还通过对公司的全面调查，来提供专业的、有针对性的财务咨询服务，对公司存在的财务问题提出建议及解决方案，包括资本结构和风险控制、合并及收购的结构化、信用评级、分销政策、流动资金管理、资本成本管理、价值驱动因素及信贷挂钩市场解决方案。

2. 市场和投资者服务业务

市场和投资者服务业务覆盖的市场领域非常广泛，针对大宗商品、新兴市场、期货与期权、外汇市场、公共财政等领域，摩根大通都提供市场领先的研究、专有定价数据和分析。摩根大通通过帮助券商和各大机构投资者优化经营效率、对冲各类风险及降低经营和资金成本，来提供投资者服务。其包括的种类有机构经纪类业务、借贷证券和其他融资产品、期权和期货及其他场外衍生品的买卖、证券和美国国债的结算服务、买卖双方的抵押品管理、全球托管和直接托管等。总之，摩根大通的投资者服务业务涵盖范围十分广泛，客户群体庞大，这有利于摩根大通高效地利用跨部门的优势实现提高经营效率、对冲经营风险及增加经营收益的目标。

3. 资金服务业务

资金服务业务指的是现金及流动性管理、贸易融资和第三方托管服务解决方案，摩根大通的该项业务遍及全球各地，针对在财务资金领域里可能遇到的各种问题，摩根大通为企业作出全方位的业务设计方案，用以提高营运资金的使用效率。在科技发展日新月异的今天，摩根大通致力于推出创新的产品和服务来帮助客户节约时间和成本，以保持他们市场领先的地位。

4. 投资管理业务

摩根大通拥有顶尖的投资精英，为全球各地的客户提供高效的投资建议，帮助企业设计战略规划，来达到投资风险最低化、收益最大化的目标。

二、摩根大通集团的金融科技发展现状

（一）支付业务

1. 企业支付服务——收购第三方支付平台 WePay

WePay 公司成立于 2008 年，是一家面向小型商务企业的在线支付服务提供商，通过一些技术上操作简单的方式为小型企业提供资金方面的相关筹集、管理和支付服务。市场上活跃着的各类小型微型企业是摩根大通开展业务实施战略布局的重点。在收购 WePay 之前，摩根大通就已经为其小企业业务进行战略版图的布局，与金融科技领域行业内两家公司开展金融科技方面的合作。计划完成后将会有 400 万家小型商企使用 WePay 技术，享受摩根大通提供的在线支付服务。

2. 零售市场支付服务——将 Chase Pay 和 PayPal 账户相关联

PayPal 是一家零售消费市场中移动支付的技术平台公司，主要作用是代表全球消费者在和商家进行交易的过程中提供便利化移动支付服务。之所以要和 PayPal 合作，主要原因在于该公司旗下的软件 Venmo。Venmo 是用户间支付软件，但更重要的是其社交属性，其社交性强的这一特点更符合新时代下消费者的支付习惯，尤其是千禧一代，在千禧一代中它的受欢迎程度超过 Apple Pay，因此 Venmo 有很大的用户黏性，能够使越来越多的年轻消费者群体之间产生联动效应，扩大并巩固客户群。摩根大通同样也是看中了 PayPal 所拥有的这一软件的市场占有率，以消费者间 AA 转账起家的 Venmo，其主要作用不是给 PayPal 带来多大盈利，而是为 PayPal 带来用户群下的大数据。想要留住大客户，切实可行的办法为收集客户相关有效的大数据并针对数据进行分析。这一点和国内社交软件微信有很大的相似之处，微信拥有全球近 10 亿个活跃用户，同时也是通过移动支付"微信钱包"业务，在更广的范围中得到了零售商群体的认可和更忠实的用户。

摩根大通将 Chase Pay 和 PayPal 账户相关联，也就是在 PayPal 账户中通过摩根大通的 Chase Pay 添加 Chase 银行卡，完成添加后，摩根大通的客户可以使用 Chase Pay 账户中的奖励积分在 PayPal 达成合作的电子商家中购物，同时还可以享受 Chase Pay 账户推出的相关优惠。Chase Pay 和 PayPal 是美国提供移动钱包业务比较成功的在市场上互相竞争的两家知名公司，两个移动支付服务的关联，有效扩大了摩根大通的用户市场，拓展了 Chase Pay 的应用空间，也是摩根大通通过企业合作的方式完善金融科技方面服务的方式之一。

（二）人工智能与机器学习

1. 采用机器学习技术的预测性推荐系统——新机遇引擎

2015 年，摩根大通就开发出一款采用机器学习技术的能够实施预测并且提供产品推荐服务的系统——新机遇引擎，该系统起初主要服务于股票市场，最大的特点就是可以对上市公司的财务现状、单个公司及整体市场行情实现自动化分析。该技术在没有被发明前，单个股票及整个股票市场行情的分析需要依靠专业分析师团队耗费大量的物力和精力，即便如此，行情分析的结果也无法保证比较高的正确率，并且无法保证及时提供给需要方。

2. 推出智能合同平台 COIN

2017 年 3 月，摩根大通推出了一个智能合同平台 COIN。该平台使用智能学习机器能够对复杂的金融市场交易进行语法分析，主要分析金融相关的法律文件，可以识别并且摘取文件中重要数据点和条款。而此前法律团队和信贷人员人工审理一份年度商业信贷合同大约需要 36 个小时，在这一过程中难免会出现人工错误，并且在短期内完成审理会消耗大量人力。而 COIN 所拥有的机器学习技术将这一时间缩短至数秒，并且大大降低了贷款业务的人工错误率。鉴于 COIN 在贷款业务领域得到有效应用，摩根大通还计划将该技术应用于信用违约掉期等其他交易合同更为复杂的领域中。

3. 采用 AI 机器人 LOXM 执行交易指令

2017 年 8 月，摩根大通计划在全球的股票算法业务部门采用 AI 机器人 LOXM 执行交易。LOXM 并不只是按部就班地执行客户发出的指令，它的特色是从过往几十亿条股票市场的历史交易中进行学习总结，包括实际交易过程和模拟交易过程，从中归纳经验并归纳股票交易规律，以便解决更多的问题。但摩根大通的 AI 机器人 LOXM 对于买卖股票的种类无法进行决策，它仅仅是对于股票买卖的方式进行决定。摩根大通之所以在人工智能方面如此重视，除了需要提高交易效率之外，更多的是希望从现有业务中增加收入，降低成本，挤压出更多利润。

摩根大通在人工智能技术方面的投入较为可观，数据显示，其技术投入几乎是大多数华尔街银行平均技术预算的两倍。由此可见，公司对于科学技术在金融服务业务方面的应用给予了高度重视，看好新技术发展前景，希望利用新兴金融技术来改变交易模式。摩根大通为了研究金融市场大数据，开发机器人技术和打造云基础设施，在近几年斥资搭建了具有专门性、针对性的技术研发中心，希望能够借此改善优化营业收入构成，同时降低营业成本费用以及资金配置方面存在的风险。

（三）构建线上服务平台

1. 网上移动银行 Finn

网上移动银行 Finn 最基本的职能就是提供支票存款和储蓄账户功能，使一些客户足不出户就能够办理相关的银行业务。例如，用户在提前了解过 Finn 网上银行交易的规则后，可以根据相关规则进行资金的自由分配和使用。除了基本的存款转账业务之外，摩根大通也倾向于研发网上银行的更多业务，如添加股票市场投资功能，以此吸引更多的客户群体使用 Finn，如此将用户市场从不追求高额回报的群体拓展到希望获得高额投资收益的群体。Finn 网上银行的应用还可以使摩根大通降低银行网点布局相关的成本和地域的依赖，可以在没有设立分行的地区扩展金融服务业务。

2. 小企业在线借贷专有平台

摩根大通联手 OnDeck Capital 推出了自建的中小企业在线借贷平台。该平台首先根据申请贷款的中小商户的实际情况进行筛选，其中一部分将被邀请申请贷款，规定申请贷款的上限是 25 万美元。① 数据显示，OnDeck 为摩根大通自建的数字借贷平台提供的技术有 70% 可以直接再利用。小型企业在线借贷专有平台的应用大大缩短了中小企业贷款流程和办理审批时间，以往的审批时间可能要一个月或几个月，而该平台凭借数字化优势为银行及客户节省了时间。

（四）开展区块链业务

1. Quorum 区块链平台实现资产代币化

Quorum 区块链平台是摩根大通和以太坊企业联盟共同开发出来的，它不仅通过预先编制的程序使整个系统的运行实现自动化，客户也能在该平台上操作智能合约。它是一个基于以太坊的、以企业为中心的平台，使用开源代码构建。该平台将企业级软件与高级合规性相结合，用于处理私人交易。它被开发商迅速采用，巩固了摩根大通等机构在区块链生态系统中的重要性。

目前，Quorum 平台的主要运用就是通过区块链技术来实现资产的代币化，简单地说，资产代币化就是以基础资产未来的现金流或者收益权作为基础来发行数字货币。而依托于 Quorum 平台能使整个交易流程更加透明化，增加了交易的安全性。目前，平台上主要进行一些贵重金属如黄金、钻石的交易，同时慢慢引入其他商品如艺术品、房地产等，这不但体现了平台的创新之处，同时通过这种交易实现了资产所有权的共同分割，满足了不同客户的交易需求，也降低了成本和风险。摩根大通区块链的负责人 Umar Farooq 表示，公司正在考虑将该平台剥离，因为它是和以太坊联合建立的，并筹划建立属于自己的一个区块链实体公司，同时将公司的一些

---

① 来自美国设备租赁与金融协会的调查显示，2017 年美国小额设备融资贷款每笔低于 25 万美元。

业务如资产托管、一级市场发售和二级交易业务放到该平台上进行。

2. INN 平台促进跨境支付

2017年10月，摩根大通推出了一个名叫 Interbank Information Network（IIN）的平台。此平台以摩根大通的区块链平台为基础，允许摩根大通与其他银行交换信息，从而解决跨境支付的一些合规问题。目前，已经有超过100家银行加入了摩根大通的 INN 平台，这些平台已经覆盖了包括亚洲、欧洲、拉丁美洲、非洲在内的几乎所有的主要市场。这一平台将区块链技术运用到跨境支付当中，大幅提高了跨境转账的速度。

提到摩根大通的区块链业务，很容易让人想到其 CEO 杰米·戴蒙，他曾在公开场合表明比特币的运用是一种欺诈，任何交易比特币的数字货币公司的雇员都是愚蠢的。但事实是摩根大通没有错过任何一次比特币业务机会。从招聘区块链专家、加入加密货币联盟、与数字资产控股公司合作开展区块链试验项目、推出依托于区块链技术的跨境转账平台、实现资产代币化的 Quorum、推出分布式账本原型 Juno，摩根大通的区块链探索之路从未停止，而且它是唯一一家拥有完整的区块链链条的公司。

（五）支持科技人才、金融科技企业的发展

1. 投资科技园区

摩根大通正在硅谷开展业务，计划2019年在加州 Palo Alto 为1000多名员工建造一个"新金融科技园区"，并且计划在新园区里建设一个"创新中心"和"现代化工作场所"，预计2020年投入使用。

2. 加大金融科技人才投入

摩根大通非常注重金融科技人才的引进。例如，摩根大通为技术分析项目设置了10∶1的录取率，该项目针对全球拥有强大技术项目的大学毕业生，且其员工培训项目涵盖新的技能，包括云计算和敏捷开发（Agile Development）。2016年，摩根大通32%的高新技术人员来自非金融服务公司，他们解决金融科技领域最复杂的问题。截至2017年底，摩根大通有将近5万名技术人员，在其全球员工总数（252000名）中占比高达20%。

其中，从事开发和工程工作的技术人员达到六成以上，从事数字技术工作的技术人员达到5%以上。

除此之外，摩根大通还积极通过开源项目和技术专家协作编写代码的"黑客马拉松"（Hackathons）来得到解决方案。2016年，摩根大通举办了全球"黑客马拉松"，覆盖20个城市，高达2500人参与了此次活动，由此产生了400个新产品创意，其中130个是潜在的专利机会。

摩根大通不仅注重吸引高新技术人才，还注重技术人员和产品人员的交流与沟通。在构建下一代系统以服务客户和开展银行自身业务的过程中，技术人员和产品人员一般在同一个房间、同一张桌子上工作，协调沟通工作中的相关问题。

3. 支持初创型金融科技企业的发展

（1）建立"金融解决方案实验室"。摩根大通与美国金融服务创新中心（Center Financial Services Innovation，CFSI）一起创办了期限为五年的"金融解决方案实验室"（Financial Solution Lab，Finlab）。该项目耗资300亿美元，目的是发现和支持有价值的创新项目及高质量的金融产品和服务方案来改善美国消费者的财务健康，提高普惠金融水平。

Finlab采用挑战赛的形式（见表5-1），主要面向采用科技来提高美国金融普惠水平的初创型科技企业、创新型非盈利公司和金融公司。[1] 获奖机构将得到Finlab提供的25万美元资金、Finlab运营合作伙伴IDEO.org和ideas42的支持、行业领先的咨询委员会的战略指导以及创始合作伙伴CFSI和摩根大通的资源，包括摩根大通的咨询顾问指导（摩根大通100多名员工自愿提供专业知识，并利用他们的网络帮助获奖者改进产品并扩大覆盖面）。目前，Finlab已支持18家初创型科技企业，帮助100多万名美国人改善了财务状况，这一数字是这些金融科技公司参与Finlab前的10倍之多。

---

[1] 机构组织报名之后，Finlab会先基于消费者影响力、产品质量、可扩展性、创新度、合作意愿及管理团队六个角度来对报名机构进行评价筛选。

表 5-1　　　　　　　　　　Finlab 历年挑战赛

年份	挑战赛主题
2015	寻找能帮助美国人减少家庭现金流管理中成本、时间和压力的新兴技术
2016	寻找能帮助美国人规划、缓解和抵御金融冲击的早期技术创新
2017	寻找金融创新产品,以解决美国 1.38 亿名财务不健康（Financially Unhealthy）的成年人
2018	依然关注与改善美国消费者财务健康的解决方案。考虑到与财务健康做斗争的美国人的多样性,我们认为最好的产品会引起广泛的和异质人群的共鸣。因此,我们将继续支持和鼓励解决方案、客户定位和创建团队多样性

资料来源：Finlab 官网, http://finlab.cfsinnovation.com/companies/。

该计划到 2018 年为止已经举办了 4 年,致力于发掘金融科技创新机构和发展有价值的金融产品,来帮助提升美国金融服务不足人群的财务健康。而且 Finlab 考虑到与财务健康做斗争的美国人的多样性,2018 年对有色人种企业家、妇女和残疾人开发的产品特别感兴趣（见表 5-2）。Finlab 鼓励挑战的申请人分享其产品如何帮助消费者财务健康,其公司或非营利组织如何成功地服务于多样化的市场,以及其团队如何反映这种多样性。

表 5-2　　　　　　　　第四届 Finlab 挑战赛胜出机构

机构名称	主要业务
Alice（New York, NY）	允许员工在通勤、儿童保育和医疗等方面实现税前支出的自动化
FutureFuel.io（Boston, MA）	通过创新技术、伙伴关系和数据驱动的解决方案来减少学生债务,使用户能够超越债务,进入健康,最终实现财富
Goalsetter（New York, NY）	以目标为基础的储蓄和赠品平台,让孩子和家庭将通常花在多余消费品上的钱转用于为未来储蓄、与他人分享和花费在对他们来说最重要的事物或体验上
Mason Finance Inc.（San Francisco, CA）	提供了第一个专门为美国老年人服务的在线金融服务平台。其推出的产品使 65 岁及以上的人能够在放弃或失效保单前出售人寿保险
Petal（New York, NY）	率先进行现金流承销业务,以扩大新的信贷消费者的信贷访问,并提供一个安全的、负担得起的、免费的、不需要信用评分的信用卡

续表

机构名称	主要业务
Resolve（Oakland，CA）	旨在通过制订债务减免计划，将他们与负担得起的债务减免伙伴的综合网络联系起来，引导经济困难的人们恢复金融健康
Sixup（San Francisco，CA）	为成绩高的低收入大学生提供负责任、负担得起的缺口贷款和数字环绕支持，以消除风险，促进向上流动的积极成果
WinWin（New York，NY）	通过提供乐趣和日常动力来帮助年轻的美国人储蓄。用户将汽车存款存入FDIC保险储蓄账户，并每天玩一次游戏，玩游戏过程中有机会获得现金奖励，一般来说储蓄与奖励成正比

资料来源：摩根大通官网。

在鼎力支持这些机构的同时，摩根大通间接集大家之所成，收获了众多关于金融科技创新的想法，弥补了自身服务中的不足，提高了在金融科技领域的实力。

（2）初创企业入驻项目。

2016年6月30日，摩根大通宣布推出入驻项目（In-Residence），一个面向创业金融技术公司的计划，旨在征服一些业界最紧迫挑战的计划。其主要理念是将正在探索的金融科技领域的创新者与全球银行独一无二的资源结合起来，在批发银行业务①领域和资本市场方面实现开放式协作和迭代校对，以实现真正的创新。

该项目与通常的实验室或金融科技加速器计划不同。其主要内容是摩根大通邀请创业公司与其并肩作战，以开发可以彻底改变行业的创新项目，使银行能够以更快、更安全和更低的成本运营（见表5-3）。参与该项目的初创型金融科技公司将与摩根大通开展6个月的合作，合作内容包括：接触摩根大通的核心业务体系；利用摩根大通的全球网络、数据、专业知识和资源；与摩根大通的工程师、商业领袖、专家等共同合作创建他们的

---

① 批发银行业务包括摩根大通向100多个国家的公司、政府、金融机构、养老基金、主权财富组织、州和市政当局提供的所有企业对企业的金融服务,如投资银行业务、资金服务、市场和投资者服务。

解决方案，并在现实环境中快速测试其开发的产品。摩根大通也将依据每个公司的发展阶段和战略目标对各个公司制订高度专业化的计划，以确保与初创型金融科技公司的合作为所有成员创造真正的价值。由于该项目属于摩根大通的公司与投资银行部，所以每个初创金融科技公司由公司与投资银行管理委员会的成员个人赞助支持。

参与该项目的初创企业将保留对其创新成果的所有权，并且即使在入驻期满后也可以获得银行的持续支持，以便将他们的解决方案推向市场，且每个初创型科技企业与摩根大通合作所应对的挑战内容都是独一无二的。

严格意义上说，In-Residence 项目最适合与那些在批发银行业务领域开发增量解决方案或突破性发明的公司合作。

表 5-3　　　　　　　　摩根大通 In-Residence 实施步骤

步骤	主要介绍
申请	申请人可以在摩根大通官网上申请该计划，其中摩根大通将公开列出 In-Residence 项目寻求解决方案的挑战； 没有具体的申请截止日期，申请提交的内容以滚动方式进行审核，预计 4 周内能得到摩根大通的最终决定
审查	审查流程包括初步筛选、打电话、现场跟进、产品演示以及与相关业务负责人讨论
加入	主要评价想法的可行性、产品开发阶段、竞争格局、团队组成和经验，以及申请公司或想法是否符合 In-Residence 项目的战略重点
规划	业务和技术人员帮助初创型金融科技公司寻找面临的挑战，确定将提供的专家支持和其他资源，以及向初创企业明确计划结束后要取得的成果
实施	申请企业被录取后，摩根大通将与每个被录取企业合作，组建最佳赞助团队（挑战团队），被录取企业会得到摩根大通与投资银行管理委员会的支持；在这个过程中，被录取的初创企业可以考虑任何偏好或以前的关系；一般来说，参与该项目的时间通常需要 6~18 个月
复审	In-Residence 项目结束后，初创企业将向摩根大通管理层和主要业务负责人展示所取得的成果，摩根大通将继续支持通过复审企业的发展

资料来源：摩根大通官网。

Mosaic Smart Data 是摩根大通 In-Residence 项目的首批初创型科技公司，通过算法获取固收市场数据，预测客户活动。2017 年底，摩根大通与该公司签署了一项为期多年的合同，在全球利率服务平台上部署数据平台；2018 年 3 月，摩根大通宣布入股该公司。

（六）布局智能投顾

摩根大通的金融科技布局也包括智能投顾业务，目前它已经拥有了一款叫作 JP Morgan Digital Investing 的平台。该平台能自动对客户的信息进行收集，并且对客户的风险接受程度进行分析，从而为不同的客户制定个性化的投资策略。同时，摩根大通的券商平台 You Invest 也将会全方面地分析客户的理财目标及风险偏好，从而为客户提供免费的投资咨询以及资产配置业务。据了解，摩根大通未来将主要针对年青一代客户推出智能投顾业务，这些客户普遍收入较低而需求很高，缺乏足够的理财经验和思想。而摩根大通的智能投顾业务未来将主要针对这一目标群体，帮助他们制订理财计划，从而最终将其培养成优质客户。

（七）完善服务设施

1. 打造共享技术基础设施

金融服务行业中风险管理是成本最高的计算项目。摩根大通作为全球最大的投资银行业实体，需要寻找一种在不增加基础设施购置成本前提下的风险管理计算方法。

2009 年摩根大通股票衍生品部门评估 GPU 并认为该产品是满足复杂需求的一种可行的计算替代方式。2010 年，摩根大通将 NVIDIA Tesla M2070 GPU 融入全球计算基础设施当中，GPU 在数分钟之内便能计算出各种投资产品的风险，大大减少了工作人员的计算量，使摩根大通能够通过更为频繁的运行风险计算以及运行更复杂的情景运算作出更准确的决策。与使用 CPU 核心相比，将 GPU 用作协处理器令应用程序性能实现了 40 倍的提升，总体上节约了 80% 的成本，将 GPU 融入共享全球计算基础设施可让 GPU 一天的利用率达到近 70% 的水平。摩根大通在计算股票衍生品风险过程中融入了 GPU，该技术的创新得到了《银行家》杂志的认可。

此外，摩根大通还于 2016 年投资了一个新的全球数据中心战略，将现有的设施整合成更少、更大、更模块化的场所，并于 2017 年初开设了最新的数据中心,这是未来全球构建数据中心的战略模型。该数据中心能够容纳下一代优化的基础设施,极大程度地降低成本。例如,硬件商品化已经将服务器成本降低了 25%。同时摩根大通推出了创新的存储产品,将最低层存储的价格降低了 75%,通过减少浪费和在技术消耗方面的损失来提高效率。

2. 率先构建"应用程序编程接口"

摩根大通正在设计和开发应用程序,以充分利用云基础设施的好处。为了满足企业内外部对数据和应用程序自助服务接口不断增长的需求,摩根大通利用应用程序编程接口(Application Programming Interface,API),并启动了一个内部 API 存储,为整个公司的开发人员提供安全应用程序服务市场的访问服务。微服务①(Microservices)正逐渐取代代码的开发和编写,因为其可以更加顺畅地进行通信,极大地减少集成开发时间并提高开发人员的效率。同时,摩根大通也在扩展外部提供的 API,以支持第三方开发人员的直接客户集成和安全解决方案。

2017 年 1 月 25 日,摩根大通与 Intuit 建立了合作伙伴关系,通过 API 方便、安全地分享金融数据,两家公司引入开放式认证机制,通过 Open Financial Exchange(OFX)2.2 API 进行数据交互,即摩根大通的客户将银行账户数据直接授权给 Intuit 的 Mint、TurboTax 等财务管理应用访问,后者依据授权直接获取银行账户数据,遵循财务服务创新中心的消费者数据分享原则。

三、摩根大通集团的金融科技发展展望

近年来,世界顶尖的银行对于金融科技的投入都呈现大幅增长态势,表现出其对金融科技发展的高度重视。对于摩根大通这样的大型金融机构,

---

① 微服务,也称为微服务架构,是一种架构模式,而不是一种特定的解决方案。它将应用程序构建为实现业务功能的松散耦合服务的集合。微服务架构支持大型复杂应用程序的持续交付(部署)。

金融科技时代的到来既是挑战，又是难得的转型机遇，摩根大通自我定位为"金融科技公司"，是美国金融科技的领导者，在金融科技领域内也掌握了一定的话语权和主动权。

（一）对金融科技人才高度重视，科技研发支出规模庞大

传统银行部分业务向数字化转型的关键在于巨额资金的支持和高效的人才团队。摩根大通是IT投入力度最大的银行，规模在百亿美元级别。无论是计划在未来两年备受瞩目的新金融科技园区还是近期建立的"金融解决方案实验室"，都是摩根大通在未来金融科技领域蓝图上重要的布局策略。2017年底，摩根大通已经有将近5万名技术人员，在其全球员工总数（25.2万名）中占比高达20%。具有高度重视科技创新传统的摩根大通未来依然会将较大比例的盈利投入到科学技术的研发与创新中。身为金融行业的龙头银行，其在金融科技大潮中将继续发挥标杆作用。

（二）实现自我信息采集、自我风险评估

摩根大通通过大数据平台、机器人学习技术，熟练运用新兴科技打破银行和客户之间的数据屏障，充分收集客户需求，了解客户行为的真实情况，实现客户的智能识别，及时因人而异地调整服务模式，从而高效精确地提供相对应的服务工作，快速获取更多的价值客户。摩根大通推出的新机遇引擎（Emerging Opportunities Engine）及智能合同平台（COIN）都通过机器学习技术一改以往烦琐的人工操作方式，更为高效地完成数据收集整合，提升业务效率，节约人力成本。由于信息不对称而产生的道德风险、客户违约风险等也在这一过程中得以有效减轻。

（三）继续与金融科技公司开展投资并购等合作

作为国外商业银行的龙头，摩根大通将以直接投资的形式、共同建设金融科技实验室、成立金融科技子公司、举办金融科技项目竞赛等丰富的模式进行对外合作。

（四）运用金融科技洞察客户需求，结合传统银行优势与互联网基因

摩根大通在其年度报告中指出，银行业的未来取决于它是否能够利用数字技术的力量进行更为先进的分析，是否对客户具有更加锐利的洞察能力，是否能为当今精通技术的客户提供更好地管理财务和日常生活的服务。说到底，金融科技还是要建立在真实服务于客户需求的基础上，否则就会作为不切实际的理论被束之高阁。

庞大的资本规模、强大的知名度、已建立的分销网络以及对监管合规知识的高度把握都是摩根大通的现有优势。而金融科技企业的主要优势在于其调整速度的灵活性以及对长尾客户的高覆盖度。金融科技第三次人工智能浪潮的发展，正在致力于更好地提升客户体验，这成为摩根大通提升客户端服务的解决方案。

积极进行科技化转型有助于摩根大通这样的世界银行巨头更好地满足客户需求和适应监管要求，但这条转型道路必然充满挑战。传统商业银行应该看到，金融科技的使用为它们创造了商业机遇，但如果处理不好新旧技术的迭代与衔接，也会带来巨大的风险。不可否认的是，摩根大通已经开始主动拥抱金融科技并成为该领域的领导者。

第六章　高盛集团的金融科技发展现状与规划

摘　要

高盛集团（以下简称高盛）作为华尔街巨头，是华尔街最早运用计算机技术手段进行投资活动的金融机构之一。无论是机构组织、职位比例的变化、传统业务和新兴业务的对比，还是高盛的投资，都彰显了金融科技在提升效益、防范风险、优化客户体验甚至顶层设计上的重要性。高盛一直努力加大对技术部门的投入，提升技术部门的战略地位。目前，高盛大部分股票交易工作实现自动化，同时可利用在线平台用数据驱动重建与客户的沟通渠道。在新兴业务方面，高盛开发线上银行进军消费借贷与零售银行业务，并拥有提供数字咨询服务的私人财富管理子公司和利用数字化流程简化业务处理的在线借贷平台。目前，高盛对金融科技公司的投资覆盖全球，包括区块链、数据分析、保险、个人理财、财富管理、互联网金融服务软件、资本贷款、支付清算、房地产、管理技术和应用链技术 11 个领域。本章将介绍金融科技在高盛的应用、投资和成果，并对其未来规划进行梳理。

Chapter 6   The Present Situation and Prospect of FinTech Development of Goldman Sachs Group

Abstract

As a Wall Street giant, Goldman Sachs Group is one of the earliest financial institutions on Wall Street to use computer technology for investment. The importance of FinTech in improving efficiency, preventing risks, optimizing customer experience, and even top-level design, is demonstrated by the changes in organizational structure, the proportion of technical positions, and combined with the development of traditional and emerging businesses. Goldman Sachs has been trying to increase investment in the technology sector and enhance its strategic position. At present, Goldman Sachs is automating most of its stock trading work, while using its data-driven online platform to rebuild its communications with clients. In terms of emerging businesses, Goldman Sachs has developed online bank to serve as consumer lending and retail banking, and has private wealth management subsidiaries that provide digital advisory services, as well as online lending platforms that use digital processes to simplify business processes. Goldman Sachs currently invests in FinTech companies around the world, including blockchain, data analysis, insurance, personal finance, wealth management, Internet financial services software, capital loans, payment and liquidation, real estate, management technology and application chain technology. This chapter will provide an overview of the application, investment and achievements of FinTech for Goldman Sachs and its future planning.

一、高盛集团概览

（一）高盛集团的发展简史

高盛作为华尔街巨头，是最早运用计算机技术手段进行投资活动的金融机构之一。例如，高盛在 2014 年就首先接纳数据分析公司 Kensho，突破了重保密性和排他性的金融文化的桎梏。高盛目前也是投资新兴公司最多的公司之一，甚至高于硅谷众多顶级风险投资公司。

高盛创办于 1869 年，是一家美国的跨国投资银行，其总部设在美国的纽约市。[1] 起初，高盛只是从事商业票据交易，其收入是商业票据的差额。随后，高盛于 1896 年加入纽约证券交易所。截至 1898 年，高盛当时的资本累计 160 万美元，换算成实际价值为 4700 万美元，可见其增长迅速。[2]

1928 年 12 月 4 日，高盛推出了一项封闭式基金，但是因 1929 年的股市崩盘而损失惨重，声誉扫地，并且处于破产的边缘。在接下来的 30 年里，高盛都处于一种逐渐复苏的状态，并且将其业务中心从股票交易部门转移到投资银行部门。20 世纪 70 年代，资本市场上出现了一波敌意收购的浪潮，高盛充当了"白武士"，帮助被恶意收购的公司进行反恶意收购，[3] 从而成为在投资银行救济的一方，并且在 20 年后成为一家国际性的投资银行。

20 世纪 90 年代，高盛为了发展其他长期性盈利的业务，便成立了高盛资本合作投资基金以开展资本投资业务，从而使高盛的收入大幅上升。步入 21 世纪的前一年，高盛在纽约证券交易所成功挂牌上市，意味着合伙制度的投资银行淘汰。2007 年，雷曼兄弟公司随着次贷危机的爆发宣布破产。2008 年 9 月 21 日，美国联邦储备委员会批准高盛和摩根士丹利的申请，

---

[1] 查尔斯·埃利斯. 高盛帝国 [M]. 北京：中信出版社，2010.
[2] WILLIAM D. COHAN. Money and Power：How Goldman Sachs Came to Rule the World[M]. Penguin Random House，2012.
[3] GIROUX，GARY. Accounting Fraud：Maneuvering and Manipulation，Past and Present[M]. Business Expert Press，2013.

成为传统的银行控股公司,结束了一家独立证券公司的商业模式。[1]

(二)高盛集团的主要业务

从图 6-1 可见,高盛的主要业务板块分为四个部门:投资银行部、机构客户服务部、投资与借贷部和投资管理部,各业务收入占比见图 6-2。

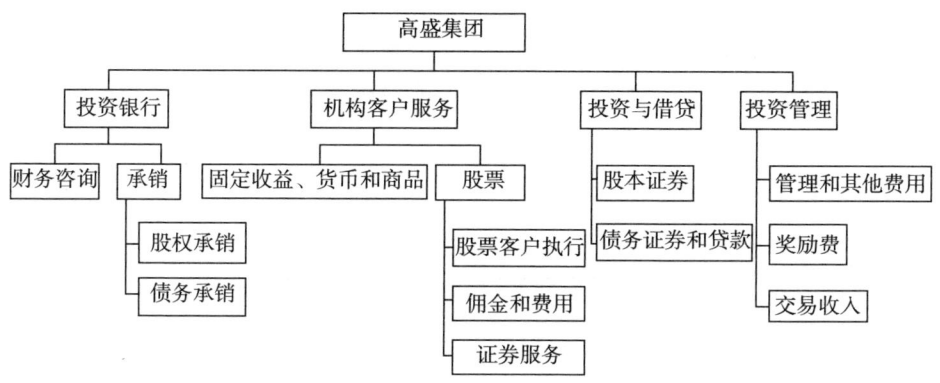

资料来源:高盛2017年度报告。

图6-1 高盛核心业务

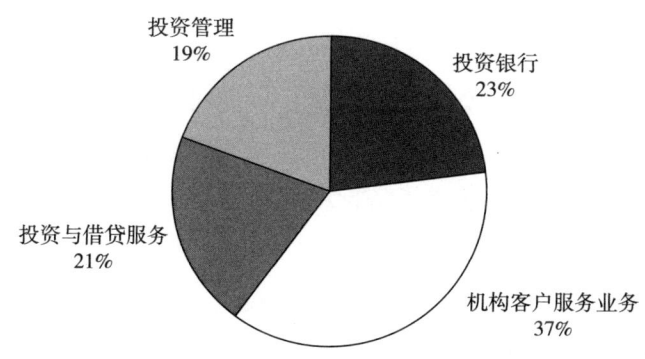

资料来源:高盛2017年度报告。

图6-2 2017年高盛四大业务收入占比

---

[1] HALL,JESSICA. Goldman Sachs to be regulated by Fed[EB/OL]. Reuters,2008.

1. 投资银行业务

2017年，投资银行业务占高盛总收入的23%。投资银行业务包括财务咨询和承销。财务咨询的业务则包括并购、投资、公司防御、重组和分拆等战略咨询业务。高盛是领先的并购咨询公司之一，在交易规模方面往往超过汤姆森金融排行榜。高盛通过为避免被恶意收购的客户提供建议，在并购领域中赢得"白武士"的称号。承销的业务则包括股权承销和债务承销，另有普通股、优先股、可转换和可交易证券。高盛经常接受大型复杂的交易授权，多年来一直在全球公共普通股和全球首次公开募股中处于领先地位。

2. 机构客户服务业务

机构客户服务业务占了高盛总收入的1/3以上，是高盛的主要业务收入来源。该业务是帮助客户购买和出售金融产品，筹集资金并管理风险，并从中获得利润。高盛是股票衍生工具交易和开发的主要参与者之一，高盛会为客户制定策略并提供有关投资组合对冲和重组及资产配置交易的信息。通过该业务高盛承担做市商的角色，不仅为产品定价，也提供了市场的流动性。此外，高盛也通过为客户的证券交易活动、证券借贷及其他经纪服务提供融资，并从中获得收入。

3. 投资与借贷业务

投资与借贷的业务，如公司、房地产、基础设施和其他股权或债务相关的投资是一项长期性的业务。高盛的信贷业务通过贷款融资和担保贷款实现，产品包括银行贷款、个人贷款和抵押贷款。

4. 投资管理业务

投资管理业务提供了客户咨询和财务规划的服务，并且为客户提供所有主要资产类别的投资产品。这些客户包括机构、个人及主要通过全球第三方分销商网站访问的散户投资者。该业务主要以差价、管理、奖励和交易等费用的形式产生收入。比如提供财务顾问服务所产生的财务规划的咨询费及在某些情况下根据基金的百分比或单独管理的账户的回报，或当回报超过指定基准或其他绩效目标时获得的奖励金。

（三）高盛集团的困境

自 2008 年国际金融危机发生以来，全球金融市场的监督与管制加紧，使投资银行的经营环境越来越差，纷纷面临转型的巨大压力。因此，国际大投行纷纷调整业务部门和经营战略以适应新的环境，比如，借助多元化发展来提升抗周期能力，以应对盈利下滑的压力。当中包括高盛也改变了其商业模式和客户服务。其业务板块由原本的三个业务板块（投资银行、交易与本金投资和资产管理与证券服务）增加到四个业务板块（投资银行、机构客户服务、投资与借贷和投资管理），为企业、金融机构、政府、高净值个人等各领域的众多客户提供一系列的金融服务。

如图 6-3 所示，2008 年次贷危机，高盛的投资和贷款业务收入呈负值，亏损了 124.51 亿美元。不过到了 2009 年，高盛因为其优异的风控系统和获得美国财政部 100 亿美元的投资，其业务收入大幅增长。但是随后因为全球经济仍然处于复苏的状态，所以其后两年的净利润是负增长的，直到 2012 年才趋于稳定（见表 6-1）。

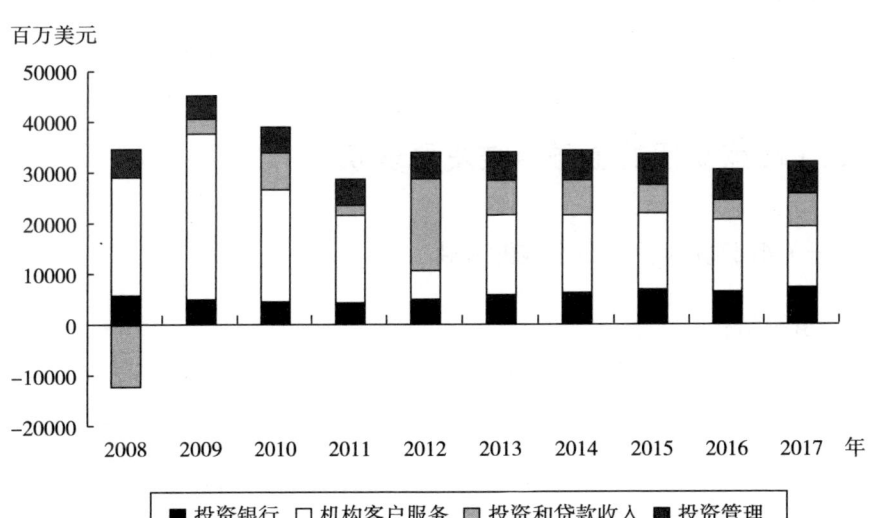

资料来源：高盛年报。

图6-3　2008—2017年高盛业务收入

表 6-1　　　　　　　2012—2017 年高盛业务收入　　　　　　单位：亿美元

业务板块	2012 年	2013 年	2014 年	2015 年	2016 年	2017 年
投资银行业务	49.26	60.04	64.64	70.27	62.73	73.71
机构客户服务业务	181.24	157.21	151.97	151.51	144.67	119.02
投资和贷款收入	58.91	70.18	68.25	54.36	40.8	65.81
投资管理	52.22	54.63	60.42	62.06	57.88	62.19
总计（净利润）	341.63	342.06	345.28	338.2	306.08	320.73

资料来源：高盛年报。

然而，在 2012 年金融科技开始兴起后，高盛的业务受到一定程度的影响，影响最大的是机构客户服务业务。从 2012 年开始，机构客户服务业务的收入就逐年下降，2017 年更是同比下降了 17.73%。这是因为金融科技的兴起，如第三方支付、网络借贷等分摊了传统金融机构的业务收入。虽然高盛作为一家投行，其针对的客户群体是企业、高净值个人用户等，其在金融服务上可靠性还是较高的，但是金融科技公司有大量的用户，进而成为开发大数据技术的数据库，从而能够更好地处理风控问题。

二、高盛集团的金融科技发展现状

（一）组织机构、人员构成的变化

1. 组织结构

高盛现在设有 15 个一级部门：5 个前台部门负责为客户提供服务，10 个中后台部门提供技术支持，辅助前台部门（如图 6-4 所示）。在 2017 年贡献了近 60% 总营业收入的前台部门中，机构客户服务部、投资与借贷部是对科技要求最高的部门。

负责提供技术支持的是高盛的技术部。技术部规模庞大且还在不断扩张，目前已经超过了投资银行部、证券部等其他业务部门。技术部下设 11

实 践 篇

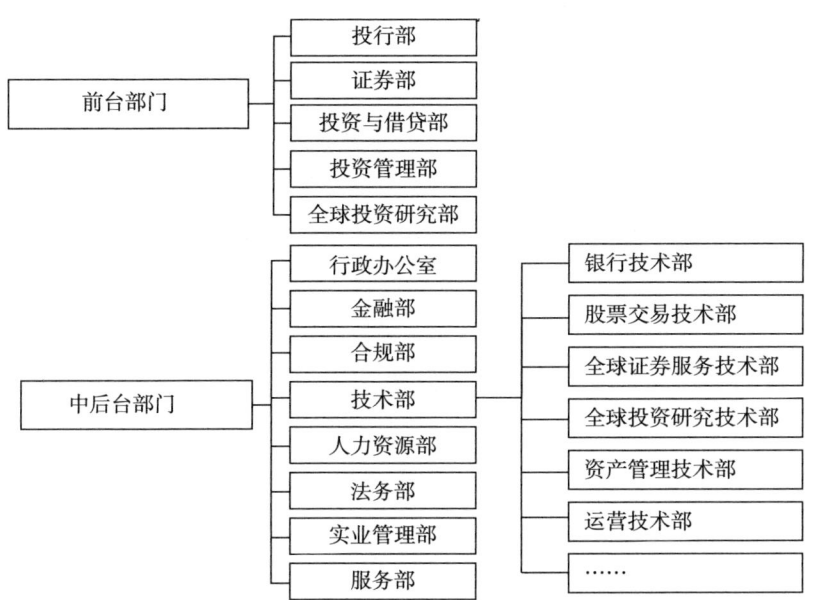

资料来源：高盛官网。

图6-4 高盛的组织架构

个二级部门，与一级部门紧密结合的部门也有风险控制的辅助部门。从科技需求角度看，技术部主要承担以下职责：保障集团 IT 系统流畅运转和进行危机紧急预案；协助风控部门计算风险的模型；与量化策略小组合作，内容涉及研究量化策略或者开发金融衍生产品。在这样的组织架构下，中后台对前台的支持力度强大，而业务部门与技术部门配合则更加密切，前台的灵活性得到提高。

高盛也在努力利用创新业务拓展部门板块。2018 年 4 月，根据金融媒体 Tearsheet 的消息，高盛宣布 Justin Schmidt 为其新的数字资产市场主管，高盛还宣布将考虑开设交易加密货币交易室，这个板块隶属于证券部。Justin Schmidt 是高盛数字货币模块的首个员工。[①]

---

① TANAYA MACHEEL. Goldman Sachs has hired a crypto trader[EB/OL]. https：//www.tearsheet.co/blockchain-crypto/goldman-sachs-has-hired-a-crypto-trader.

另外，高盛设立了内部创新加速器 GS Accelerate。高盛传统的决策机制属于"深竖井"模式——部门之间相对孤立，信息流动有限，因此不同部门的个人之间主动协作较少。而在 GS Accelerate 项目中，员工可以跨部门自发组建团队、讨论创新方案，再通过在线应用程序申请。与任何孵化器或加速器项目一样，公司将为选定的团队提供资金、资源和支持，以帮助员工制订并实现商业计划。当他们进入业务的构建阶段时，这些员工可以选择离开当前的角色，或者继续担任董事长，利用资金雇用一个团队来运营。这种机制可以鼓励内部员工创新。[①]

2. 人员构成

目前高盛共有 9000 多名 IT 人员。前首席执行官 Lloyd Blankfein 在 2018 年 2 月瑞士信贷（Credit Suisse）年度金融服务论坛上表示，高盛 1/3 的员工是工程师。高盛软件工程师和开发人员的数量超过了银行家与交易员，远胜其竞争对手摩根大通，甚至超过很多网络技术公司。

此外，高盛在 2017 年发布的招聘中，46% 的职位在技术部，平台开发人员在技术部的招聘中所占比例最大，运营工程和股票技术人员次之。而在 2018 年的招聘界面上，与技术相关的 1034 个职位中，绝大部分岗位是在美国，印度和波兰的分部次之，英国伦敦居后；在亚洲的招聘中，中国香港和日本职位需求较多。同时，消费者与商业银行部门、网络安全方向的技术风险团队的招聘岗位较多，资产管理平台、高净值个人和机构客户服务都在招聘与前端客户接口相关的技术人才。[②] 高盛的风控总部是高盛全球第四大办公室，有近 2000 名员工。

我们还可以从很多地方看出高盛大力吸收技术人才的决心。例如，在 2017 年新任命首席信息官后，高盛允许技术和工程部门员工穿便装出席部分工作场合，放松了西装领带对 IT 人员的束缚。这被认为是高盛争抢技术

[①] TANAYA MACHEEL. Goldman Sachs launches in-house incubator[EB/OL]. https：//www.tearsheet.co/funding/goldman-sachs-launches-in-house-incubator.

[②] 资料来源：高盛官方网站。

人才的一个举措。

在管理层方面，高盛 2017 年任命 Martin Chavez 为首席财务官（CFO），他主要负责高盛在金融科技领域内的投资。Chavez 曾任高盛首席信息官（CIO），在他的带领下技术部成为高盛的核心部门，并开发出高盛独特的危机控制的程序语言和开源代码。而在 2018 年 9 月，为了实现进军消费金融领域的目标，新任 CEO David Solomon 任命 Stephen Scherr 接替 Martin Chavez 担任 CFO 一职，Stephen Scherr 曾任消费和商业银行部门主管。①

（二）金融科技在高盛的应用和高盛的业务转型

1. 金融科技使原有业务转变

（1）工作流程数字化。

①货币交易自动化。2017 年 1 月，在哈佛大学举办的一次研讨会上，时任首席技术官 Martin Chavez 称，受到大数据和人工智能的冲击，实际上可以由计算机工程师替代 4 名交易员。

目前，高盛大部分股票交易工作由自动交易程序接管。复杂交易算法的应用推动了自动化进程，这些软件首先应用在价格较为容易确定的交易上。该自动交易程序由 200 名工程师提供技术支持。②

② IPO 自动化。传统的投资银行业务集中了销售技巧和建立关系等人类技能，但 2017 年 6 月，高盛详细列出 IPO 的 146 个步骤，发现其中大约一半可以由 AI 来完成。高盛认为，至少包括填写合法合规表格等耗费巨大人力的工作完全可以由 AI 完成，由 AI 代替人工开展部分工作能使高盛

---

① HUGH SON. Goldman Sachs' incoming boss is already shaking things up, names new management team[EB/OL]. https：//www.cnbc.com/2018/09/13/goldman-sachs-cfo-martin-chavez-to-step-down-dj-citing-sources.html.
② NANETTE BYRNES. As Goldman Embraces Automation, Even the Masters of the Universe Are Threatened[EB/OL]. https：//www.technologyreview.com/s/603431/as-goldman-embraces-automation-even-the-masters-of-the-universe-are-threatened/.

削减人力开支，提高业务效率。①

（2）利用数据驱动方式建立沟通渠道。

高盛在2017年年报里声称，支持它们整体发展的关键差异化因素将是利用其工程能力为客户提供最佳的执行过程、内容和分析结果。Marquee平台和Symphony是最突出的例子。

① Marquee。Marquee是高盛开发的安卓应用商店平台，通过应用程序接口（API）和WEB应用，Marquee将高盛的内容、数据、分析和执行功能外化给客户。它为客户提供的工具如图6-5所示。

资料来源：李思琪.大象转身，地表最强投行高盛开启转型之路[EB/OL]. https://mp.weixin.qq.com/s/eyakcFVaLQiGx8HMMEohQg.

图6-5 Marquee的组织架构

对于高盛分析师而言，Marquee平台的出现减少了大量重复的日常工作，这个平台也帮助客户了解自己的商业计划进程。不同于传统金融机构内部封闭独立的系统，Marquee平台是开放的，大部分的代码开源，客户可以接入。高盛也希望能将Marquee平台打造成生态圈，而不仅仅是技术

---

① MICHAEL REILLY. The Download, Feb 7, 2017: There Is a Troll in All of Us, TVs That Spy On You, and Automating Wall Street[EB/OL]. https://www.technologyreview.com/s/603588/the-download-feb-7-2017-there-is-a-troll-in-all-of-us-tvs-that-spy-on-you-and-automating/.

的应用。

② Symphony。在彭博数据"偷窥门"事件后,高盛领衔华尔街多家金融机构共同打造 Symphony 平台,它于 2015 年 9 月正式推出。Symphony 平台作为金融咨询系统,除了有通信工具、新闻资讯、分析工具外还提供机器人服务,它的服务对象主要是员工人数在 50 人以上的企业用户。Symphony 在华尔街的用户数量已经达到了数十万人,每周的信息发送量达到百万级。

为提高用户体验和增加基于平台的交流信息量,高盛还利用"机器人"进行服务。高盛的"机器人"是可以在平台上导航的自动化程序,它能做的业务非常多,包括交易结果通知、提供最新研究信息等,甚至客户登记。根据 Symphony 的说法,平台上约有 500 个机器人,它们产生的消息量大约占平台信息总额的 10%。[1]

Symphony 的发言人认为,机器人将是 Symphony 与传统金融服务工具的关键区别之一。高盛希望在未来 Symphony 能够超越通信软件,成为帮助机构客户进行安全沟通、定价、报价的行业分发平台。

2. 高盛的新业务

高盛在发现数字消费金融领域的增长潜力后,开始开发新业务,进军消费金融领域。在这之前,高盛的贷款安排主要是为私人银行客户提供贷款、提供住房抵押贷款或者是为机构客户放贷。目前,高盛不仅进行企业、房地产、基础设施和其他债务投资,而且通过贷款设施和担保贷款向零售客户提供信贷,包括通过数字平台 GS Select 向零售客户提供担保贷款和通过数字平台 Marcus 向零售客户发放无抵押贷款,并接受他们的存款。

高盛之所以能够成为消费金融的创新者与它的独特地位和技术优势有关。一方面,高盛资金实力雄厚;另一方面,高盛有很强的风险管理能力和技术,不受制于传统的技术与业务。因此,高盛有能力为客户提供有利

---

[1] 新浪财经. 那个想要颠覆彭博的 Symphony,现在活得怎么样?[EB/OL]. http://finance.sina.com.cn/stock/stockzmt/2018-08-16/doc-ihhvciiw1351732.shtml.

的借贷条款。

(1) Marcus。

高盛的线上数字消费金融服务平台 Marcus 于 2016 年 10 月成立,它在吸收存款的同时,为个人客户提供两年到六年期固定利率、最多 3 万美元、无额外费用的无抵押贷款。Marcus 以有较高信用卡债务的消费者为主要目标人群,它的出现标志着高盛正式进军消费借贷与零售银行业务。

在存款方面,Marcus 的储蓄账户的回报率是全国平均水平的 4 倍。[①]在贷款方面,Marcus 的贷款利率比信用卡公司低 3~5 个百分点,位于 6.99%~23.99%,这甚至比一些互联网金融公司(如 Lending Club)还要低。

2018 年 3 月,高盛宣布收购了移动应用 Clarity Money。这款应用帮助客户实现储蓄目标、信用评分和经常性账单支付的自动化和管理,它还根据用户的财务数据推广信用卡,收购后 Clarity Money 将继续像上市时那样运作——通过 APP 向客户提供服务,未来 Marcus 计划逐步将其整合到 Marcus 的产品中。[②]

(2) GS Select。

2017 年,高盛推出新的在线借贷平台——GS Select,第三方注册投资顾问合作,高盛通过 GS Select 为私人财富管理客户提供高盛银行美国(Goldman Sachs Bank USA)的贷款,并以其投资组合作为抵押。高盛宣称该数字平台简化了整个借贷过程,通常可以在 24 小时内完成信贷业务的处理(见表 6-2),而通常贷款处理时间可以长达几周。这个数字平台刚刚起步,但高盛已经签约了一些美国最大的独立注册投资顾问,为客户提供近 4 万亿美元的资产。

[①] ZACK,MILLER. How Marcus by Goldman Sachs took to the streets of New York to market its high yield savings account [EB/OL]. https://www.tearsheet.co/marketing/how-marcus-by-goldman-sachs-took-to-the-streets-of-new-york-to-market-its-high-yield-savings-account.

[②] TANAYA MACHEEL. Creating a digital storefront:Why Goldman Sachs' Marcus bought a two-year-old PFM APP [EB/OL]. https://www.tearsheet.co/funding/creating-a-digital-storefront-why-goldman-sachs-marcus-bought-a-two-year-old-pfm-app.

表 6-2　　　　　　　　　　GS Select 平台工作流程

	步骤	预期完成时间	相关者
1	完成 Term Sheet	≤ 10 分钟	财务顾问、借款人
2	启动申请	≤ 5 分钟	财务顾问、借款人
3	完成申请	≤ 15 分钟	客户
4	背书	≤ 5 分钟	GS Select 系统
5	担保账户抵押	≤ 5 分钟	财务顾问
6	贷款检查	≤ 5 分钟	财务顾问总监
7	贷款合同检查和签署	≤ 30 分钟	客户
8	贷款完成	从开始到完成 ≤ 24 小时	GS Select 系统

资料来源：高盛官网。

（3）Ayco 与私人财富管理。

Ayco 是高盛的子公司之一，属于投资管理业务部门。Ayco 提供的服务主要有三种。一是财务咨询，主要与雇主合作，通过教育和帮助实施员工福利、财富转移、遗产规划、退休计划和减少债务等目标，来培养一支财务状况更好的员工队伍；二是家庭服务，即帮助简化高净值家庭复杂的财务计划；三是投资管理，通过该平台可以与高盛等世界级投资平台相结合，帮助客户加速实现短期和长期投资目标。

2017 年底，Ayco 推出了数字咨询服务，专门针对 Ayco 公司客户的员工。在 Ayco，高盛为全美 400 家企业客户和 1.3 万名高管提供财务规划服务，覆盖了《财富》1000 强的 20%。

（三）高盛的投资并购和投资公司的现状

自 2009 年以来，高盛总共投资了 132 家新兴公司，近两年便有 77 家。参考 CB Insights 排名，投资于前十大独角兽公司中，高盛名列前茅，并位于硅谷众多顶级风险投资公司之前。但是，与大多数风险投资公司不同，高盛的战略视角覆盖全球。

2016 年，高盛首次收购了金融科技公司，成为美国最活跃的投资于金融科技初创企业的银行之一。高盛广泛地投资于金融科技公司,包括区块链、数据分析、保险、个人理财、财富管理、互联网金融服务软件、资本贷款、支付清算、房地产、管理技术和应用链技术 11 个领域。区块链技术、数据分析和支付结算是高盛投资比较多的领域（见表 6-3）。

表 6-3　　　　　高盛在金融科技领域的投资（2012—2018 年）

区块链	Digital Asset	Axoni	Circle			
数据分析	KENSHO	PERSADO	DataFox	Visible Alpha	Context Relevant	Antuit
保险	OSCAR					
个人理财	ComparAsia					
财富管理	Motif	FOLIO				
金融科技服务软件	SYMPHONY	PLAID				
借贷	Financeit	Nav	Neyber	Trussle	Jumo	Clarity Money
支付清算	Billtrust	Momo	NanoPay	Nmi	Square	Veem
房地产	CADRE	Better Mortgage				
管理技术	ACADIASOFT	DROIT				
供应链	NYSHEX					

资料来源：CB INSIGHTS，https://www.cbinsights.com/research/.

1. 区块链技术

据 CB Insights 统计，谷歌和高盛是投资区块链技术公司的最活跃的机构投资者。高盛投资的区块链技术公司主要有以下三家。

（1）Circle。高盛于 2015 年首次投资区块链部门，即 Circle Internet Financial。 Circle 是一家移动支付和加密贸易公司，该公司旗下的产品包括加密货币投资应用 Circle Invest、Circle Trade、比特币钱包 Circle Pay、交易所 Poloniex 等。

2015 年 11 月初，Circle 收购了美国股权众筹平台 SeedInvest。其创始人表示，他希望建立一个基于证券的代币平台，将任何有价值的东西"代币化"，以实现公司和个人新的融资方式。在加密方面，9 月，Circle 发行了稳定币 USDC。USDC 是基于 ERC-20 的"完全抵押的美元稳定币",这意味着机构和个人投资者可以以 1∶1 的汇率用美元兑换 USDC。除 Circle 之前收购的 Poloniex、OKCoin、KuCoin、Digifinex 等各大交易所,还有许多其他钱包应用允许 USDC 在其平台上线。

(2)Digital Asset。高盛于 2018 年 3 月投资数字资产控股公司(Digital Asset Holdings)。这轮融资是高盛对比特币和区块链的第二次公开投资。数字资产控股公司的主营方向是开发新的电子交易基础设施——分布式账本,这项技术被大量运用在区块底层技术中。高盛科技全球联席主管 Paul Walker 在一份声明中表示:"我们相信分布式账本技术将在全球贸易金融机构中发挥变革作用,我们将与数字资产控股公司联手,将这项新兴技术整合到更广阔的金融和技术领域。"

(3)Axoni。2018 年 8 月,高盛投资了一家区块链公司 Axoni。Axoni 成立于 2013 年,旨在协助客户部署应用区块链平台并提高当前资本市场的效率。该公司主要有分布式账本技术(DLT)、智能合约定制产品和相关分析工具等产品。目前,花旗集团、高盛和摩根大通已对 Axoni 的股票衍生品交易区块链平台进行了测试并取得成功。

2. 数据分析和人工智能公司

数据分析和人工智能公司曾经在华尔街十分不受待见:没有一个 CTO 愿意让初创公司的产品取代他们花费大量时间和金钱开发的技术系统,同时这些公司希望实现量化分析,而这违背了重保密性和排他性的金融文化。高盛在大多数金融巨头之前向这类公司伸出了橄榄枝。

(1)Kensho。为了在控制风险和成本的同时最大限度地提高客户价值和效率,高盛在 2014 年首次决定与数据分析和机器学习公司合作,为交易者和客户实现重大突破。Martin Chavez(高盛 CIO)领导了这一变革。

因为看重该公司正在进行的数据平台分析开发计划,高盛对 Kensho 投资了 1500 万美元。Kensho 开发的 Warren 应用软件以云计算信息辅助系统作为基础,它的人机交互功能、收集分析数据功能强大,可以帮助客户投资。在高盛之后,其他大型财团如美国银行、摩根士丹利等也在此后不久投资了 Kensho。2018 年 3 月，Kensho 被标普全球以 5.5 亿美元收购。

（2）Context Relevant。2014 年，由高盛集团和美国银行牵头的一批投资方对机器学习公司 Context Relevant 投资了 1350 万美元，以支持其扩张。目前，通过事先打包的算法库，Context Relevant 可以在数秒内为用户建立预测模型，其主要用于客户流失、欺诈检测和其他经典预测分析。

（3）Antuit。Antuit 是一家新加坡大数据公司，目的是获得全球大客户以及亚洲（尤其是印度）专业人员的联系。通过集合两个核心领域的人员、产品和方法，它可以搭建出一种分析模型，服务于供应链与营销。通过投资，高盛帮助 Antuit 实现在亚洲快速增长的数据分析市场的市场占有，即帮助 Antuit 在其他美国竞争者触及亚洲领域之前合并掉体量较少的竞争对手并收纳工程人才。另外，高盛将任命其亚洲主管 Ankur Sahu 加入 Antuit 的董事会。

（4）Persado。高盛于 2016 年投资于 Persado（一家机器编写公司，成立于 2012 年）。Persado 收集与行为和态度有关的数据来进行分析和写作，它利用自然语言处理数据，并利用机器学习来自动生成数据，进而创建基于电子邮件、网页和其他营销活动的最有效的文案。Persado 使用的数据库覆盖字数多达 100 万个，最佳内容根据短语加速和图像来确定，最后的产成品均具有个性化。

3. 借贷平台

高盛在全球布局借贷平台投资，在美国和海外都有它的身影。其中，在海外的借贷平台有 Neyber、Trussle、Jumo 等。

（1）Neyber。2017 年 9 月，高盛斥资 1 亿英镑购买英国消费贷款平台 Neyber，贷款上限为 25000 英镑。目前，Neyber 已成功发行的贷款数额达到 5000 万英镑。

（2）Trussle。2018 年 5 月，高盛投资英国在线抵押贷款平台 Trussle，这是一家专门从事房屋贷款配套的公司，根据贷款者的个人情况推荐最合适的产品。贷款者甚至不用担心之后会有更划算的产品，因为公司会帮助他们进行转换。

（3）Jumo。2018 年 9 月，小额贷款平台 Jumo 获得了高盛领投的

5200万美元的巨额资金。Jumo 一开始立足于非洲撒哈拉以南地区，为当地手机用户提供贷款，最近宣布进入亚洲市场。

在国内，高盛对于借贷服务有着自己不同的策略。

（1）Clarity Money。2018年4月，高盛收购了金融科技创业公司 Clarity Money。该公司其设计了一款帮助消费者管理个人财务的免费应用程序，预计将为高盛的在线借贷平台 Marcus 增加100多万名客户，这意味着高盛的客户群可以翻两番，用户总数将达到135万名。2018年6月，高盛成功贷出10亿美元的在线贷款，用户的最高无担保贷款额达到3万美元。

（2）GS Select。2018年7月，高盛推出了一个基于金融科技的线上平台 GS Select。用户可以用自己的投资账户组合作为抵押进行借贷，贷款金额从75000美元到2500万美元不等。这实际上是高盛的另一种贷款业务策略。

4. 支付与清算

支付业务是高盛主要关注的领域，高盛参与投资的公司主要有以下几家。

（1）MOMO。MOMO 是越南的支付软件，类似于中国的支付宝，其母公司 M-service 是越南最大的充值公司之一。2013年，高盛投资了 M-service。2014年，MOMO 作为独立应用推出。用户短信验证注册后可进行 P2P 转账、网购、线下支付等操作。在越南，拥有银行账户的人口比例较低，MOMO 与银行相关业务其实是互补品。随着电子支付的发展，越南中央银行于2015年开始发放相关牌照，MOMO 成功得到官方许可。目前，MOMO 在越南拥有500万名用户。高盛看中了其发展潜力，并于2016年进行跟投。

（2）Square。2014年，高盛投资 Square。Square 是一家移动支付公司，协助中小微商家使用手机信用卡付款，并凭此衍生出它的三大业务：Capital（商家借贷）、Caviar（餐饮配送）和 Cash（个人之间的支付）。其中，Capital 最为突出：通过分析商家的交易流水数据，Square Capital 向信用较好的商家提供信贷，短期小额信贷是主要的贷款类型。由于在系统中已经有商家的相关信息，因此获客成本大幅降低。Square 发展迅速，2015 年和 2016 年公司每季度毛利增长率达到 50% 以上。2018 年，Square 在美国上市。

（3）Nanopay。Nanopay 位于加拿大，它致力于为商家解决与支付相关的问题。Nanopay 还拥有 Mintchip，这是一种由加拿大皇家造币局打造的可以进行云交易的数字货币。Nanopay 在接手 Mintchip 后对其进行完善。消费者可以在商店用 Mintchip 进行支付，通过一系列社交工具信息完成发送和接收的连续过程。高盛在其 A 轮融资中投资了 1000 万美元。

（4）Veem。2018 年 9 月，高盛投资创业公司 Veem。该公司主要利用数字分类分账技术提高小企业支付效率，其业务模式主要是用比特币等数字货币汇款。正是因为其具有高速、便利、费用低等优势，加密货币处理了 50% 以上的总交易。Veem 的利润主要来自国家间的比特币套利，但数字货币交易的合规性和反洗钱也给公司带来了很大的压力。

5. 房地产

在美国资产管理规模最大的前十家银行中，高盛是唯一投资了地产类金融科技公司的银行。

（1）Cadre。高盛于 2015 年投资了房地产交易平台 Cadre。在 Cadre 上，投资者可以像在股票市场一样投资卖家挂出的商业地产，包括商店、百货大楼和写字楼。Cadre 创始人的意图是降低房地产市场的投资门槛，从根本上改变这类市场买卖的体验。

（2）Better Mortgage。Better Mortgage 是一家从事住房抵押贷款的线上借贷平台。高盛于 2017 年 2 月对其 1500 万美元的 B 轮投资进行领投。Better Mortgage 旨在通过深化客户需求为其提供更实惠、更便捷的家庭金融理财服务。在 Better Mortgage 平台上，客户可以迅速获得抵押贷款资产的报价，并在公司确认后即可获得贷款。通过使用数字技术，贷款的中间成本大大降低，消费者最终受益。

（四）公司转型后的业绩变化

综上所述，高盛从 2016 年开始利用金融科技开展零售银行业务，希望找到新的利润增长点,其中有几个关键举措。2016 年 4 月,推出 GS Bank 网上银行业务,该网上银行个人储蓄业务以低门槛和高利率为特色,门槛低至 1 美元且利率优势明显;2016 年 10 月,推出针对消费者的在线借贷平台 Marcus,这被看作转型拥抱金融科技的重要标志。目前 GS Bank 业务已并入 Marcus,Marcus 成为可以吸收存款和发放贷款的一体化数字金融服务平台。2017 年,高盛又推出另一网贷平台 GS Select,旨在向其客户提供担保贷款。这些"接地气"的零售银行业务是否给高盛带来业绩提升?为了回答这个问题,我们来分析高盛 2017 年的年度报告。

Marcus 和 GS Select 都属于高盛四大业务(投资银行业务、机构客户服务业务、投资与借贷服务、投资管理服务)中的投资与借贷业务。高盛 2017 年年报显示,自转型启动到 2017 年底,Marcus 总共发出了 23 亿美元的个人贷款。存款在 2017 年底达到 171 亿美元,增长超过 50 亿美元——相比 2016 年启动时有近两倍的增长。截至 2017 年底,Marcus 的存贷款业务为 35 万多人提供了服务,而为客户提供担保贷款的 GS Select 所服务的客户资产已经接近 4 万亿美元。

可以从表 6-4 中具体的财务数据来看高盛近几年的业绩变化。

表 6-4　　　　　　　　高盛四大业务税前利润　　　　　单位:百万美元

业务名称＼年份	2017	2016	2015
投资银行业务	3845	2836	3314
机构客户服务业务	2210	4754	1213
投资与借贷业务	3785	1694	3304
投资管理业务	1419	1134	1365
税前总利润	11132	10304	8778

资料来源:高盛2017年度报告。

从各业务营收构成可以看出,除机构客户服务业务外的其他三块业务相较 2016 年都有明显的增长。投资银行业务税前利润增长了 35.6%,投资管理业务增长了25.1%。最为亮眼的是投资与借贷业务，2017年税前利润是2016年的2.23倍。因为我们主要关注Marcus和GS Select的表现，所以我们着重关注其所属领域投资与借贷业务的经营业绩。下面分别对高盛投资与借贷业务的构成、净利息收入构成和利息收入来源作详细介绍（见表6-5、表6-6、表6-7）。

表6-5　　　　　　　　高盛投资与借贷业务经营业绩　　　　　单位：百万美元

业务收入＼年份	2017	2016	2015
权益性证券净收入	4578	2573	3781
债券和贷款净收入	2003	1507	1655
总净收入	6581	4080	5436
营业费用净收入	2796	2386	2402
税前利润净收入	3785	1694	3034

资料来源：高盛2017年度报告。

从投资与借贷业务营业收入的构成可以看出，2017年投资与借贷业务的总净收入为65.8亿美元，比2016年增长61%。权益性证券的净收入为45.7亿美元，占全年总净收入的69.56%。债券和贷款的净收入为20.0亿美元，比2016年增长33%。债券和贷款的净收入主要反映为利息收入的增加，这说明2017年高盛净利息收入显著增加。

表6-6　　　　　高盛净利息收入构成（按部门分）　　　　单位：百万美元

业务名称＼年份	2017	2016	2015
投资银行业务净收入	—	—	—
机构客户服务业务净收入	1322	1456	2472
投资与借贷业务净收入	1325	880	418
投资管理业务净收入	285	251	174
总净利息收入净收入	2932	2587	3064

资料来源：高盛2017年度报告。

从净利息收入的构成可以看出，2017年投资与借贷业务的净利息收入为13.25亿美元，增加了4.45亿美元，较2016年增长51%，相比2015年增长了3倍多。2018年，高盛投资和借贷业务的净利息收入为24.27亿美元，较2017年增长83.17%，利息收入将是高盛未来利润增长的关键因素之一。

表6–7　　　高盛利息收入来源（按业务分）　　　单位：百万美元

业务科目＼年份	2017	2016	2015
银行存款净收入	819	452	241
抵押协议净收入	1661	691	17
持有的金融工具净收入	5904	5444	5862
应收账款净收入	2678	1843	1191
其他净收入	2051	1261	1141
总利息收入净收入	13113	9691	8452

资料来源：高盛2017年度报告。

如果更加详细地分析利息收入的构成可以看到，2017年应收账款的利息收入为26.78亿美元，相较2016年增长45.3%，占全年利息总收入的20.4%。虽然我们无法分辨出这些利息收入中Marcus和GS Select贡献了多少，但是可以预见的是，Marcus和GS Select的应收账款在未来都将不断地给高盛带来利润。

三、高盛集团的金融科技发展展望

（一）高盛现有金融科技业务未来发展

1. Marcus

高盛通过创建Marcus希望从消费者数字金融业务中获得收入机会，这几年来，高盛一直致力于推动Marcus的发展。

首先，高盛在之前将GS Bank的存款业务划归给了Marcus，此举为Marcus提供了极其充裕的资金，也为其发展奠定了稳固的根基。其次，为了使 Marcus 项目进一步扩大和发展，2018 年高盛展开了一系列的战略性收购。2018 年 1 月，高盛吸纳了信用卡创业公司 Final 的整个团队，此次收购被认为是高盛进军信用卡业务的信号。同年 4 月，高盛直接收购了个人理财 APP——Clarity Money。此次收购将 Clarity Money 的原有客户转接入高盛的 Marcus，可以预见会扩大 Marcus 的产品和服务规模。这些收购还帮助高盛吸收了金融科技领域的优秀人才，为高盛带来了许多在工程、产品管理、风险、营销等方面经验丰富的专业员工，他们可以带领企业快速扩张和发展。据 CNBC 消息，2018 年 9 月，高盛已在英国推出 Marcus，在线吸收英国消费者存款。2018 年 10 月，高盛集团称，会将成立两年的 Marcus 从投资与借贷业务转移至其资产管理业务下，同时 Marcus 也将更名为消费者和投资管理部门。

从这些举措可以看出，高盛不仅致力于扩大 Marcus 平台的现有业务（储蓄和个人贷款），而且雄心勃勃，想要开发出更多新产品。可以预见的是，将 Marcus 的数字化功能与目前投资管理部门内部更为成熟的销售渠道和产品相结合，会打造出更多新颖的财富管理产品，客户群体和分销渠道的共享也会进一步加速 Marcus 的发展。

可以明确的是，高盛不仅仅希望 Marcus 是一个线上借贷平台，还希望它发展成为一家针对消费者需求从事多种业务的多元化金融服务公司。因此，高盛未来可能会持续收购优秀公司和吸收专业人才以拓展自己的业务范围。正如高盛的总裁大卫·所罗门所说，Marcus 已经在顺利运营个人存款和贷款业务以及财富管理和养老金业务，未来将会进军的领域可能有信用卡、支票业务、汽车贷款、抵押贷款、人寿和健康保险等。

2. Ayco

除 Marcus 外，高盛还有另外一个极具增长潜力的子公司 Ayco。Ayco 主要业务之一是与各公司合作，为公司员工提供投资建议、税务筹划及保险等服务，核心是帮助员工解决财务方面的问题。该平台 2017 年底已应用于 70 多家公司，2018 年底服务对象超过 38 万人次，《财富》排行榜中前 100 家大型公司中超过 55 家公司是 Ayco 的客户，可以预见 Ayco 未来能有明显的发展。

与其他业务相比，现阶段 Ayco 对高盛收入的贡献并不突出，但该业务被认为是未来重要的营收增长驱动力。同 Marcus 一样，Ayco 在 2017 年年报的致股东信中被提及，可见其战略地位。

Ayco 的增长潜力现在已经慢慢凸显。比如，Ayco 的服务公司就有谷歌，Ayco 将向谷歌在美国的员工提供财务指导服务。这使高盛能够接触到谷歌美国公司中的每一个人并获得相关信息，无论是高管还是普通员工。通过此次合作，高盛可以毫不费力就获取了丰富的来自优质客户的数据。随着 Ayco 服务公司的增加，Ayco 能获取的信息量相当可观，这将有助于高盛在日后改进服务、提升营销和开发新产品。

可以看出，未来 Ayco 和 Marcus 将能产生很好的协同效应，随着 Ayco 业务不断地扩展，高盛可以获得十分丰富的客户信息。Marcus 可以向 Ayco 服务的公司内的数百万名员工提供银行服务，这将极大地扩大其潜在的用户群。

在 2017 年 3 月，高盛发布的一则招聘广告显示，其正在寻找合适的程序员，为大众富裕阶层开发机器人投顾平台。此举说明智能投顾是高盛未来有意推出的服务。智能投顾面向的是中低端理财市场，针对可投资金额在 100 万美元以下的大众富裕客户，这不属于高盛原来服务的范围。众所周知，高盛的投资管理业务一向只服务高净值客户。如果未来高盛提供智能投顾服务，很有可能就是通过 Ayco 平台展开，接受过 Ayco 平台财务帮助的客户公司的员工是天然的非常好的智能投顾平台的潜在用户。未来高盛很有可能通过 Ayco 向大众富裕阶层提供财富管理服务，再次向全新的领域进发。

（二）未来重点技术领域

随着云计算、物联网、大数据、生物识别、区块链和人工智能等领域科技的快速发展，在世界各国普遍对金融科技的发展持积极态度的背景下，金融科技在全球范围内的影响会不断加深，未来金融的竞争力将从牌照、网点或规模转为科技。在这一浪潮下，高盛作为最早拥抱科技的金融机构之一，自然会继续推进 FinTech 的开发和运用，保持在金融创新中的强大竞争优势。根据上文对高盛现有金融科技业务发展的综合分析，再结合公司近期发布的未来投资发展规划，我们可以总结出高盛未来将重点发展与扩张以下三大技术领域。

1. 金融科技基础设施领域

金融科技基础设施是一个国家金融科技发展必不可少的硬件设施，主要涉及支付清算、资产交易、数据分析与管理、征信、登记托管等多个环节。许多国家和地区由于长期金融压抑等原因，金融科技基础设施严重落后，但发展空间很大，由此成为金融机构主要战略投资对象。作为金融科技领域投资的"领头羊"，高盛已经开展了对 FinTech 基础设施公司长期战略投资的全球布局。例如，高盛计划投资 Droit FinTech，这是一家场外衍生品交易系统供应商，以帮助企业利用云计算来降低向客户提供金融服务和产品的成本。

2. 风险控制技术领域

金融科技改变了金融，但并未改变金融风险的本质，甚至会在某些方面引致传统金融风险外的新型风险隐患的产生，如数据安全、代码和算法、隐私保护等方面的风险，因此各国在发展金融科技时都十分注重风险控制。早在 2016 年，美国货币监理署就提出了"负责任的创新"这一概念，强调金融产品及服务的创新应建立在持续有效控制风险的基础上，并对金融科技公司的资本金、流动性、合规风险管理、风险预案等提出了更高的要求。同年，美国财政部发布了关于 P2P 平台网络借贷的白皮书，提到了 P2P 平台风控体系和信用评级模型的构建。[①] 在政府监管机构加强金融风险防范的大背景下，金融科技行业已不再仅仅是增强自身风险控制水平以满足合规要求，而是转变思路，主动寻求与决策者和监管者的合作，开发风控科技

---

① DAN CRUZ. Opportunities and Challenges in Online Marketplace Lending[EB/OL]. https://www.treasury.gov/connect/blog/Pages/Opportunities-and-Challenges-in-Online-Marketplace-Lending.aspx.

和监管科技，在帮助提升监管效率、增强整个金融市场风险控制有效性的同时，也进一步拓展了自身业务领域，增加了收入来源。比如，高盛最近的专利活动就侧重于增强管理合规和监管风险、结构化数据发布和网络风险的监测和控制技术。可以预见，未来高盛在深化科技发展的同时仍将继续提升相关配套的金融风控技术。

3. 人工智能和大数据领域

与人工智能相关的技术在不断进步并已取得一些成果。比如，人脸识别技术与金融的结合已不再局限于反欺诈、解锁、授权与第三方支付方面，还拓展到了数据信息采集、金融系统征信监管方面；机器学习技术与数量化金融的结合也使智能投顾领域取得了长足发展。高盛官网透露，目前公司在人工智能领域的并购活动已呈现出两大趋势：一个是收购人工智能专业团队，吸纳更多人工智能领域的专家，为公司未来进一步发展作好准备；另一个是收购将围绕数据资产展开。这两大领域的结合将有利于高盛进行更高效的投资，跑赢市场，这是因为机器学习和读取大数据之后高盛可以开发算法来帮助投资经理在进行股票投资时获取信息优势、减少时间成本。事实上，高盛已经在试水用大数据和量化策略推出量化股票基金。①

（三）高盛集团金融科技发展战略与规划

前文对高盛金融科技未来发展作出的展望还仅仅是落脚于具体的技术领域上，接下来我们就将站在更宏观的角度对高盛金融科技的总体发展方向及战略思路作出合理的猜想。

1. 注重内部孵化，但不会放弃对金融科技企业的投资

在过去几年中，高盛在金融科技领域的投资非常活跃，但如今，它不断寻求金融科技人才来开发更多的科技新产品，从与金融科技企业的大量合作，主动向内部开发和孵化金融科技平台、增强自身科技实力转变，比如已经开始推出自己的智能投顾平台，而非使用通用平台。这不难理解，

---

① 朱丽娜. 在港首推散户认购基金 高盛资管欲借道拓展内地市场 [N]. 21世纪经济报道，2018-10-31.

因为高盛有着强大的资金和资源优势，在与金融科技企业的合作中也积累了大量的经验，但是高盛不会放弃拓宽自己在全球的投资版图。因为金融科技发展的国际化程度日益提升，拉美和东南亚金融科技公司快速发展，2017年东南亚地区金融科技企业融资比2016年增长了151%，但融资企业数仅比2016年增加5%；南亚网贷市场迅速发展，有望成为全球金融科技资本输入地。因此随着这些地区金融科技市场的打开，高盛也可能会加入投资的热潮中。那么高盛对于金融科技公司投资的战略布局是怎样的，其实早在2016年举办的金融科技大会上，公司高层就给出了答案——高盛对FinTech公司的投资与合作应以下面三点为目的：一是要有助于高盛提升核心业务能力；二是要能帮助高盛利用金融科技技术拓展新业务领域；三是要能与现有业务产生协同效应。①

2. 加强与他方合作，共建金融科技生态圈

随着金融市场的不断完善，各个主体间的联系日益紧密，金融市场不再是由一个个独立分割的市场组成，而是形成一个由各主体共建共享的生态圈。从现有业务看，高盛已经积极参与与其他方合作，抱着互利共赢的态度，利用自身雄厚的资本和强大的技术输出服务与技术来建立行业连接。例如，客户可以接入高盛所搭建的Marquee平台（一个包含数据管理、风险控制等多种功能的平台），使用其核心风险管理系统并享受数据分析、业务执行等方面的服务。平台的开放、技术的转移能有效提升客户的业务实力，但并不意味着削弱高盛集团的竞争能力和比较优势，相反，高盛通过赋能买方能与大量客户建立长期稳定的合作伙伴关系，最终实现互利共赢。此外，高盛还领衔多家金融机构一起打造Symphony，将它从内部通信软件变为金融资讯终端和分析工具，买卖双方客户可以在该平台上实现沟通、报价，行业间也可以实现资源共享。② 可以看到，金融科技生态圈的

---

① 亿欧智库. 走下神坛的高盛，能否依靠金融科技再创辉煌？[EB/OL]. 2017. https：//www. iyiou. Com/intelliSence/znsight59384. html.
② 李思琪. 大象转身，地表最强投行高盛开启转型之路[EB/OL]. https：//mp.weixin.qq.com/s/eyakcFVaLQiGx8HMMEohQg.

构建加快了高盛金融服务转型的步伐,其业务的深度和广度都有所拓展。

3. 金融产品更加多元化,目标客户延伸至中低收入人群

如今金融科技公司正在构建多元化成长模型,甚至将零售业务扩大至放贷、信用卡、养老金。与此同时,传统金融机构也在不断拓展业务范围,走向综合化经营。为了有效应对这些外部挑战和激烈的外部竞争,高盛将越来越重视消费金融产品的开发和"零售银行"业务的扩大。事实上高盛已经在研究以智能投顾平台为代表的消费金融产品,降低财富管理门槛,服务"大众富裕阶层"。而要成功扩大"零售银行"业务,就必须降低提供产品的成本,高盛通过与金融科技公司的合作为降低成本提供了技术支撑。比如,高盛利用金融科技实现了与各种征信机构和电子商务平台的一站式对接,由此获取了大量征信数据和先进的风控技术,建立了企业和个人的信用数据库,实现了全流程信贷管理系统的低成本应用。

4. 积极营造创新文化氛围

高盛正致力于金融科技的内部孵化和开发,因此必须积极改造传统企业文化,推动创新,构建新型企业文化。为了构建内部创新激励机制、营造创新文化氛围,2018年3月高盛启动了名为"GS Accelerate"的内部创新加速器。在该激励机制中,员工可以向公司提出申请,阐述计划运作的商业创意,随后公司对提出的申请进行多流程的筛选,最后筛选出的员工可以利用公司的资金重组团队实施创新方案。这项激励计划使高盛向"科技公司"转型迈出了一大步。日后高盛也将会继续打造企业内部创新氛围,实现科技与金融的大融合。

第七章　美国银行的金融科技发展现状与规划

摘　要

作为传统银行的翘楚,美国银行依托全球领先的数字银行平台构建了完善的金融科技发展框架。美国银行一直致力于用金融科技赋能传统业务,提高金融服务的效率以增加市场竞争力。从业务划分的角度上看,无论是传统业务还是新兴业务,都深刻体现着金融科技推动业务变革的行业特征。一方面,美国银行加大对人工智能、区块链专利、智能投顾等技术的开发;另一方面,积极推动传统银行业务的转型。在发展规划上,美国银行管理层高度重视金融科技,通过召开科技峰会加大与金融科技公司的合作,此外,也在密切关注区块链、机器学习与算法交易等技术的发展。美国银行全方位的发展战略、谨慎推进新兴技术的态度以及突出自身优势板块等特征,对中国银行业发展金融科技有较大的借鉴意义。

Chapter 7 The Present Situation and Prospect of FinTech Development of Bank of America

Abstract

As a leading traditional commercial bank, Bank of America has built a sound FinTech development framework relying on the world's leading digital banking platform. It has been committed using FinTech to empower traditional businesses and improve the efficiency of financial services to increase market competitiveness. From the perspective of business division, both traditional businesses and emerging businesses profoundly reflect that FinTech has transformed businesses of banks. On the one hand, Bank of America has increased the development of artificial intelligence, blockchain patents, intelligent investment and other technologies; on the other hand, it has also actively promoted the transformation of traditional banking business. In terms of development planning, the management of Bank of America pays high attention to FinTech. It increases cooperation with FinTech companies through holding FinTech summit. In addition, Bank of America is also paying close attention to the development of blockchain, machine learning, algorithmic trading and other technologies. There is a strong reference for China's banking industry to develop FinTech by studying the all-round development strategy of Bank of America, especially its prudent attitude toward promoting emerging technologies and highlighting its own advantages.

一、美国银行概览

（一）美国银行简介

美国银行的前身是美洲国民信托储蓄银行（美国美洲银行），再往前可以追溯到1904年的意大利银行和1929年的加利福尼亚美洲银行，在经过一系列合并后，于2002年在中国大陆更名为美国银行。美国银行是世界上最大的金融机构之一，服务于个人客户、中小企业、机构投资者、大型企业和政府，为全世界用户提供银行、投资、资产管理及其他财务、风险管理的产品与服务。公司主要涵盖四大业务板块，分别为个人金融、全球财富投资管理、全球银行与全球市场服务及其他。美国银行1976年6月5日在纽约证券交易所上市，是道琼斯工业平均指数的组成部分。截至2019年4月，美国银行总市值为18879.53亿美元，净利润为1887.40亿美元，在美国银行业排名第二，其总市值略高于国内的建设银行。图7-1统计了美国银行2018年主营业务收入的构成。由图7-1可知，主营业务收入主要分为利息收入和非利息收入，其中利息收入包括贷款及租赁、其他利息收入等，非利息收入包括投资及经纪服务、交易账户利润、银行服务收费收入、投资银行收入等项目。公司主营业务最大组成部分为贷款及租赁，占比为37%，投资及经纪服务等业务占比也较大，占主营业务收入的10%以上。

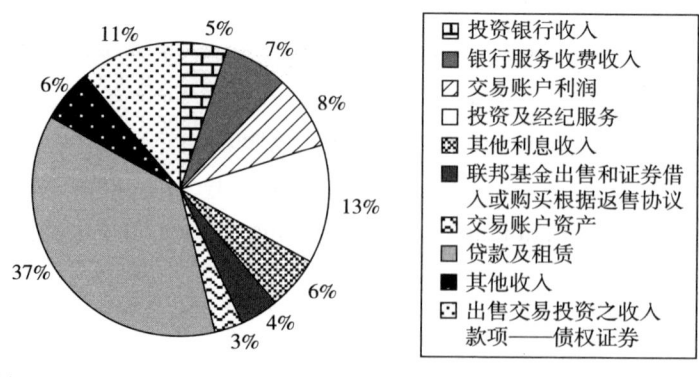

资料来源：Wind。

图7-1 美国银行2018年主营业务收入构成情况

（二）美国银行金融科技简况

随着技术进步和电子商务的发展，非储蓄机构越来越易于提供传统银行的服务和产品，传统金融机构在电子股票交易系统、市场借贷和支付等方面存在与技术公司激烈竞争的情况。在此背景下，传统银行在技术方面加大投入，在发展已有产品、服务的同时，也加大了依托于金融科技的网上银行、手机银行的投入。

如图7-2所示，截至2018年12月31日，美国银行约有16300台ATM，并拥有领先的数字银行平台（www.bankofamerica.com）。该平台拥有世界上最多的在线注册用户，已有3600万户活跃用户，其中包括约2600万户手机端活跃用户。从2014年到2018年，公司数字银行、手机银行活跃用户数都呈现稳定的上升趋势，反映出客户的使用偏好。大批量的活跃用户为美国银行发展金融科技提供了强有力的需求支持。此外，美国银行在ATM上安装了近场通信（NFC）阅读器，并贴有"Apple Pay"的LOGO标志，用户在提款时只需将智能手机靠近NFC，在收到PIN码提示并输入后便可进行取款操作。

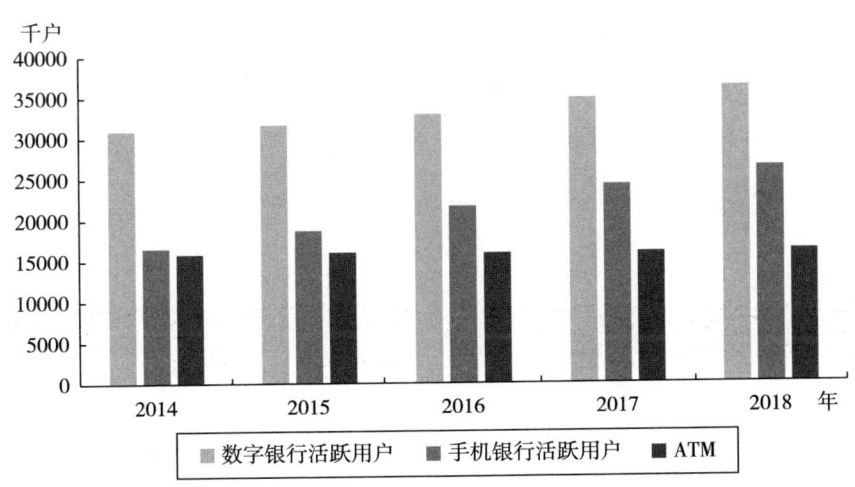

资料来源：根据美国银行年报整理。

图7-2 美国银行2014—2018年数字银行、手机银行、ATM数据

在区块链方面，2018 年全球区块链商业理事会（GBBC）在达沃斯经济论坛开展圆桌会议，讨论区块链技术的力量及其作用。美国银行 CEO Brian Moynihan 在论坛上发言："美国银行持有众多区块链专利，美国银行相信分布式记账与智能合约概念。区块链能实现更多电子化，还能跨越国界。"美国银行还与美林证券（Merrill Lynch）合作推出供客户交易的比特币衍生品，该比特币衍生品主要基于期货市场，与无本金交割远期（NDF）挂钩。据咨询公司 New Vantage Partners 的《财富 1000 强管理层年度调研》显示，截至 2018 年 4 月，财富 1000 强公司中，有 63.4% 的公司拥有 CDO（首席数据官），美国银行就是其中的一员。

二、美国银行的金融科技发展现状

（一）美国银行的区块链专利

对于银行来说，区块链技术可以用于加快交易，改进账目记录，简化后端功能，实现效率与安全的统一。以跨境交易为例，传统的支付方式需要 2~3 天，交易成本为转账金额的 6% 以上，而采用区块链技术可以实现瞬间的跨境转账，交易成本相比传统方式降低约 1/3。因此，全球主要银行都对区块链技术有所投入。

美国银行在区块链专利数量上全球领先。由于美国银行没有在报表中公开披露其专利数量，我们只能从其他渠道估计。事实上，美国银行区块链专利数量在全球主要银行和科技公司中排名第一，比排名第二的 IBM 专利数量多了近一半。

美国银行对于区块链技术持"矛盾态度"。一方面，50 多项的专利数量在全球银行业排名第一；另一方面，作为一家经营稳健的老牌银行，美国银行不希望自身业务卷入区块链尤其是加密数字货币的投机当中。美国银行禁止其客户使用本行发行的信用卡购买以比特币为代表的加密货币，并在 2018 年 5 月公开宣称比特币"令人不安"。同时，其旗下子公司美林证券是美国主要投行中少有的不向客户提供"投资比特币基金"服务的投行。

分析认为,美国银行本身并不热衷于区块链技术所带来的变革,因为变革意味着风险,尤其是在加密数字货币方面,一旦数字货币被普遍接受,银行"创造货币"的功能将受到巨大打击,其整个商业模式将发生重大调整。但是出于竞争压力和长期发展的目标,银行又不得不顺应区块链这一发展趋势进行一定的投资。如果未来区块链成为主要货币支付形式,有区块链相关技术储备的银行不至于被淘汰。

(二)企业应收账款的智能处理

2017年8月,美国银行宣布与一家名为 High Radius 的 FinTech 创业公司合作,将人工智能应用于银行的转账汇款业务,为客户提供智能化的应收账款解决方案。目前,该智能化解决方案已经广泛地应用于美国和加拿大的客户,预计未来还将推广到其他市场。在商业经营中,规模越大的公司对账负担越重,公司每天可能收到上千笔付款,但却不清楚收到的款项来自哪个客户,或者属于哪笔交易。因此,该智能应收账款解决方案旨在简化应收账款流程,降低银行大型客户的成本。

该智能解决方案通过 AI、机器学习和光学字符识别(OCR)技术的综合利用实现了直接对账,共分为以下三个步骤:第一步,付款人与交易识别,明确是哪位客户的哪笔应收款;第二步,从电子邮件和付款人门户网站等信息来源处提取汇款数据;第三步,将汇款数据上传到公司的信息系统,自动生成相应的发票和对账文件。此外,该智能解决方案还可以将自动生成的电子邮件发给未付款的客户进行催收;通过分析大量汇款信息,总结付款人行为,针对付款人的现金流进行预测。

(三)智能投顾

智能投顾是指人工智能在了解客户风险偏好等信息的基础上,通过算法优化产品选择,部分或全部替代人工提供的理财顾问服务。比起传统金融服务，新兴的智能投顾能够更好地满足客户"随人、随时、随地、随需"的需要。在智能投顾方面，美国银行采用了智能投顾与人工相结合的方式，目前的主要应用是 Merrill Edge Guided Investing。

Merrill Edge Guided Investing 于 2016 年 10 月推出，针对已退休客户的退休储蓄账户。系统会向客户征集其年龄、风险承受能力、投资目标和投资时间等信息，通过综合算法和人工顾问的理财技能，给出最终的投资建议。美国银行推出此项业务或许是迫于退休储蓄账户管理的成本压力，因为其承诺降低向退休账户收取的佣金。

对于在投资顾问领域引入人工智能，比如美国银行的 Merrill Edge Guided Investing 业务，并非完全没有争议。乐观的观点认为，智能投顾能够加速银行的战略转型，同时帮助吸引年轻客户；悲观的观点则认为，现行的技术并不成熟，使用机器人担任投资顾问会带来巨大的风险。另外，由于机器人反应简单、缓慢，通常只能理解规范化的语句，使用机器人顾问的客户体验并不愉快。

（四）智能虚拟助手 Erica

人工智能自诞生以来，技术和应用日臻完善，极大地促进了包括机器人、语言识别、图像识别、生物智能技术等领域的发展，其中不得不提的就是"人工智能 + 金融"的深度融合。人工智能赋能金融科技，改变了传统的金融生态并以此推动传统金融深刻转型。以美国银行为例，美国银行推出的智能虚拟助手 Erica 就是"人工智能 + 金融"的佐证。

Erica 于 2017 年推出，其名称灵感来自"I Am Erica"（America），旨在为美国银行 4500 万户用户提供智能服务、理财指导，成为用户"可信任的金融咨询师"。用户可以通过语言输入、手势操作等方式在美国银行移动 APP 中执行任务，查看历史交易、查找附近 ATM、修改个人信息等。此外，由于 Erica 智能虚拟助手的背景，可以在与客户的互动中增加对客户所需的金融服务的了解。例如，Erica 可以帮助用户查询信用评分、消费习惯，当客户存在消费过度行为时，Erica 能够提前预警用户的资金状况，并根据收入情况和信用等级等数据,为客户提出提高信用评级、节约资金使用的参考建议。

美国银行表示,随着客户日益增加的便捷移动服务需求,Erica 将人工智能、智能投顾、预测分析等技术相结合,成为智能虚拟助手。作为业界首批人工智能驱动的助手,Erica 通过对话、信息交互等方式帮助用户在手机端中完成一系列任务,提供随时随地的在线交易、信用评级和智能理财规划等服务。数字时代的客户需要"完美"的金融机构,而人工智能的发展也改变了银行业务和财务状况。美国银行将不断致力于提高客户体验的努力,随着诸如 Erica 这样的 AI 驱动开发工作的推进,美国银行将进一步开发数字工具以覆盖美国银行的所有业务。此外,在人工智能时代除了大量的数据、编程工作之外,还要进一步倾听用户的意见,让人工智能更有人情味,以便更好地满足和预测客户对未来的需求。

(五)无卡化交易

2016 年 1 月 29 日,美国银行和富国银行联合发布了一项新的研究,旨在让银行的 ATM 实现对 Apple Pay 的支持。这项研究在 ATM 上安装 NFC 阅读器,从而能够识别客户的苹果手机。当客户的 iPhone 手机靠近 ATM 后,手机屏幕上会出现验证界面,在验证完成后,用户即可对 ATM 进行操作,实现了 ATM 的无卡化交易。

目前,美国银行已有 5000 多台 ATM 支持无卡交易,占 ATM 总数的 1/3 以上,主要分布在经济较发达的加利福尼亚洲地区。无卡化交易极大地改善了用户体验,以取款速度为例,无卡交易的用户只需 10 秒就能取出现金,而传统的有卡取款需要 30 秒以上。另外,无卡化交易也避免了犯罪分子复制银行卡的风险,进一步增强了交易过程的安全性。

(六)金融科技变革下传统银行业务的转型

金融科技的迅猛发展改变了银行传统业务的载体,对银行传统银行业务的发展模式与方向选择产生了很大的冲击。以美国银行为例,无论是手机银行还是网上银行，其传统业务多多少少都有金融科技的"影子"。以账户类型分类，传统银行业务主要包括 Checking（支票账户）、Credit cards（信用卡账户）、Savings（储蓄账户）、Auto（汽车贷款账户）、Mortgage（抵押账户）、Refinance（再融资账户）、Home Equity（房屋净值账户）、Investing（投资账户）、Small Business（小企业贷款账户）。下面选取几个受金融科技影响较大的业务加以介绍。

1. 储蓄账户

储蓄业务是银行最传统的业务，如何让人工智能赋能金融科技，怎样促进手机银行层面下的储蓄业务的创新，这些都是美国银行一直在探讨的问题。美国银行推出的增益储蓄账户（Rewards Savings Account）就是其中的代表。该账户实现分层储蓄，当账户存入资金后，利率就有可能随着储蓄规模的增加而上升。此外，客户可以在日常消费中使用 Bank AmeriDeals 计划获得 15% 的现金回报，该现金直接存入用户的增益储蓄账户中。

2. 信用卡账户

定制化信用卡账户是美国银行手机银行的一大特色，其主要分为 Cash Rewards（现金奖励）、Travel Rewards（旅行奖励）及 Premium Rewards（优质奖励）。该业务可以帮助用户快速明确自身需求，用户可以添加两类账户，快速比较信用卡的优缺点。此外，美国银行通过 Erica 以及人工服务相结合的方式为客户提供定制化服务，在提交信用卡申请后，只需要 60 秒就能得到银行的审批结果。

3. 汽车贷款账户

汽车贷款账户的提出使汽车金融业务面临新一轮的革新。消费者能够在各地汽车经销商处搜索到数百辆汽车，估算每月付款金额并且在经销商访问之前申请贷款，而这一系列操作都可以通过一个手机应用完美解决。美国银行汽车贷款具有以下三个特点：一是免申请费，且最快在 60 秒内实现贷款申请和审核。二是锁定利率，30 天的锁定利率期给予投资者购车时间。三是当完成交易时，只要用户和银行确定了利率，就可以利用汽车贷款进行再融资或一笔新的交易。这些特点的实现，都依靠金融科技的极大发展，在提高效率的同时也保障了银行、用户自身的风险管理。

4. 投资账户

投资账户的提出，也是美国银行金融科技的应用，客户可以通过循序渐进的指导和灵活的工具将投资想法付诸实践。2008 年美国银行收购美林证券后，通过美林证券旗下的 Merrill Edge 在线经济服务推出了 Merrill Edge Guided Investing 服务。Merrill Edge 是一个专为资产在 25 万美元下的客户设置的基于网络平台的经纪服务项目。该服务推出的投资策略由美林证券的投资专家设计，涵盖了多样化的交易基金投资组合，用户可以通过线上平台获取投资、储蓄、金融等管理服务。到目前为止，该服务已经签约了 7000 余份有效合同。

投资账户通过智能投顾和专家咨询帮助投资者建立均衡的、分散的投资组合。在金融科技的支持下，用户可以在股票、ETF、共同基金、固定收益证券、期权等金融工具中自由选择。用户可以通过互联网轻易获得各金融工具独立的评级信息及研究报告，并且依据自身的投资历史信息、风险偏好、未来的投资回报需求快速筛选金融工具组合，实现投资账户的建立与运营。手机银行和网上银行提供多种资源，如实时数据更新以及方便操作的在线金融计算器等，帮助投资者作出正确决策。

5. 小企业贷款账户

小企业贷款账户的设立，为企业提供了集支票、储蓄、信用卡、借贷、商业服务、投资、交流学习于一体的全方位服务。通过该账户，企业可以从 Merrill Edge 计划中获取小企业银行业务解决方案、投资决策支持，能够将支付、发票及报告有效结合以提高企业运行效率，并且美国银行为小企业提供企业详细的信用记录及改善企业信用评分的方案。

作为传统银行的代表，美国银行在 2018 年 9 月 25 日宣布推出一个专门针对小企业借款人的在线借贷平台。美国银行表示，企业可以从该平台获得最高 25 万美元的信贷额度，且所有的服务流程都由网页或者移动设备上的数字平台实现。企业最快可以在 1 小时内完成申请业务，若通过审批，企业还可以在线查看和管理自身的融资细节。小企业在线借贷平台的推出，一方面，满足了企业多渠道与银行服务提供商进行互动的希望，响应了小企业客户的需求；另一方面，也可以看作传统银行业务的转型，是银行在金融科技浪潮下的积极响应。但是，其平台的背后依托大数据、云计算和人工智能的技术支撑，本质上还是"科技+金融"的结合。

三、美国银行的金融科技发展展望

（一）美国银行的管理层规划

美国银行 CTO 表示，他们每年大概会花 3 倍于正常运行基础设施的费用在研发和购买新兴技术方面。此外，美国银行计划将税制改革中的获益（约 5 亿美元）继续投资于移动银行应用的新功能，改造金融中心，并雇用更多专业人员。可以看出，美国银行在金融科技领域的发展速度较快，这与公司的管理规划密不可分。

虽然美国银行的 AI 技术逐步走向成熟，但是管理层普遍存在一些担忧。部分高管认为，只有更加了解客户才可能产生更加有效的执行力，直达目标根基；还有的高管希望人工智能可以在招聘环节产生积极作用，但是反对声音很高，反对者认为人工智能对决策可能存在无法预料的偏见；甚至有部分高管担心过多地投资于人工智能的开发，可能会导致美国银行的主营业务发生偏颇，变传统银行为 AI 公司。

从美国银行管理层的态度可以看出，虽然美国银行在人工智能等科技方面的投资仍占有相当大的分量，但是管理层始终抱有谨慎的态度，在大力发展金融科技的同时，注意部署的战略方向及安全性问题。

（二）美国银行风险管理对未来金融科技业务的影响

竞争的加剧导致美国银行的产品被迫降价，银行需要更多的技术投资来提高产品服务的质量。在此背景下，美国银行加大互联网服务及支付体系的完善，甚至在具有投机性或风险的领域需求产品（如加密货币）上也加大投入。因此，更具风险的发展方向与更加激烈的竞争及风险管控成为美国银行面临的重大问题。风险度的大大提升引起了美国银行管理层的高度重视，风险的增加与新技术的应用和利用互联网进行金融交易的不成熟平台有关。随着移动支付及金融科技的推广，未来安全风险也许会继续扩大。

由于自身的规模庞大，并且在金融服务业以及经济中处于影响地位，美国银行计划持续把敏感信息传输并存储在包括供应商和监管机构在内的第三方平台中。网络安全持续发展，控制系统、计算机、软件、数据的实践和网络免受攻击、破坏或未经授权的访问仍是美国银行的优先考虑事项。公司计划花费大量额外资源，以继续修改或加强保护措施，修复任何信息安全漏洞或事件，更好地为金融科技的施展提供平台。由此可以看出，美国银行未来的金融科技业务涉猎一定会更加广泛，但是受到的安全管控也会越来越严格。

（三）美国银行与金融科技公司的合作

美国银行在区块链领域的投入一直处于世界前列，足以见得美国银行对区块链技术的关注程度。美国银行区块链创新委员会于 2018 年 9 月 15 日正式加盟链得得（ChainDD）。美国银行将与链得得展开深度合作，通过媒体与社群、数据服务、教育服务三大业务板块产品深度覆盖北美区块链用户，并逐步向全球扩展。美国银行区块链创新委员会的主要成员 Catherine Li 希望美国银行和链得得携手共进，对区块链市场的发展起到探索和引领作用。

此外，美国银行也在网贷平台方面给予了厚本金融技术上的支持（厚本金融成立于 2014 年 12 月，是一家为网络出借人群和借款人群提供在线借贷信息撮合服务的专业互联网金融企业）。在厚本金融成立之初，银行派遣由多名技术人员组建的资深技术团队应对 5G 时代的到来。美国银行这一举动旨在在互联网金融行业稳健发展中发挥积极推进的作用。

在云平台方面，美国银行与 DocuSign 达成了合作关系。DocuSign 是一家基于云平台的自动化协议流程公司，该公司率先开发了电子签名，成为其自动化协议流程的核心部分。这个技术使各种规模的公司和行业都能在任何地方制作任何地方的协议、审批和交易数据。

(四)美国银行召开科技峰会

作为银行业的巨头,美国银行希望赶上创新大潮,并借助初创金融科技公司带来的新机遇,广泛接受金融服务领域的技术革新。美银美林技术创新峰会就是美国银行为了寻求良好合作伙伴而举办的峰会。这一峰会每年都在旧金山湾区召开,而且几乎不对媒体开放,只专注于为银行提供接触科技团队的机会。美国银行COO兼CTO Cathy Bessant表示:"金融服务领域的发展变化很快,很多金融科技公司对客户的需求都有独特的洞察。"[1] 美国银行渴求创新,愿意与他们合作。每年有300多家科技企业参加这一峰会,经过筛选,一部分企业有机会用45分钟的时间向美国银行来推销自己,最终由美国银行决定是否与其合作,这个决定一般在会后当场作出。

与此同时,其他银行业巨头也在寻找涉足金融科技领域的方法。一些巨头采用了推出实验室的方式,试图在实验中积极开展与金融科技公司的合作,并获得技术发展的优势。美国银行却没有采用这种方法,它们认为最好的创新金融服务来自深刻的理解,与客户密切联系,而实验室离客户太远,会产生一种隔离的感觉。

当然,美国银行的合作之路还有很多挑战需要面对。第一,美国银行应该与什么方向的初创公司进行合作,或者说,美国银行应该选择收购什么类型的科技公司。第二,在合作过程中,美国银行如何保持自己的竞争力与警惕性。第三,由于大部分与其合作的科技公司都是在无监管的条件下成长起来的,它们能否适应银行业的监管环境。美国银行对此的看法是将抢占市场份额排在保持创新的正确性之后,这也说明美国银行更注重创新的活力和拥抱科技的态度。

---

[1] 参见 https://www.leiphone.com/news/201808/yG8ZZghpBh9u96FC.html。

（五）美国银行区块链技术

区块链将深刻影响银行业的未来。首先，由于区块链具有去中心化的特点，中介的消除使价值转移的安全度更高，颠覆了金融体系的核心准则。其次，区块链技术也可以提高银行业的效率。比如减少交易时滞，降低操作风险，从而突破银行服务的"瓶颈"。与此同时，跨境的支付与结算所需时间也会缩短，客户征信与反欺诈的能力会提升，证券发行与交易更加便捷高效。最后，区块链是普惠的，它所带来的效益提升终将惠及每一位交易参与方。

截至 2018 年 8 月底，美国银行已申请了 53 项区块链专利，荣登发布于《知识产权日报》的"2018年全球区块链专利企业排行榜 TOP100"榜首。显然，从美国银行过去在区块链技术上所作出的努力来看，美国银行已经意识到了区块链技术在银行应用上的巨大价值。2018 年 10 月 5 日 CNBC 报道，美国银行估计区块链潜在市场将达到 70 亿美元。面对如此广阔的市场需求，美国银行将进一步推进其在区块链技术领域的研究。

但目前银行业仍处在区块链技术的窗口期，区块链技术对银行的作用如同一把"双刃剑"。因此据 Cryptoglobe 的消息，在短期内美国银行首席技术官 Catherine Bessant 似乎对区块链技术持"悲观"态度。因此在短期内，美国银行在区块链技术的研究仍然以探索与实验为主，在区块链技术尚未成熟之前也不做应用层面的研究。现阶段美国银行表现出些许矛盾的做法，一边以开放的态度密切关注加密货币的发展状况，一边又禁止客户使用信用卡购买加密货币。可以肯定的是，美国银行愿意顺应时代的潮流寻求自保，但绝不轻举妄动。区块链对银行业产生实质性的影响究竟要到何时才能够体现，还需要长期的观察与等待。"区块链＋金融"模式落地之后美国银行在该领域的成就如何，让我们拭目以待。

（六）机器学习与算法交易

在美国三大银行中，美国银行是首家在发表的货币研究中包含对机器学习见地的机构。摩根大通虽然已经研发了外汇领域的机器学习应用，但没有在报告中体现使用情况。富国银行则更愿意相信基本面的研究策略，而不是算法。由此可见，目前美国银行在该领域稳居行业领先地位。

2018 年 7 月，美国银行的外汇策略师运用另类数据和机器学习的技术帮助客户达成交易，这在全球尚属首次。虽然算法交易并不是新生概念，比如量化基金也曾使用机器学习技术分析数据。但随着智能投顾的进一步发展，美国银行也必然不会放弃这项技术能够带来的潜在收益。当计算机的数据处理由机器学习进行驱动时，其作出的推断与预测波动性小，抗干扰能力更强，从行为金融的角度来说能够打破"人"的不理性，减少"羊群效应"。实践证明确实如此，以 2018 年 6 月的意大利政治动荡为例，动荡发生后，金融市场受到很大干扰，牵连着整个欧洲金融环境都受到消极预期的影响，但与此同时，以机器驱动的算法仍然冷静且谨慎，保持着高度理性，不受干扰。

对于为何将机器学习应用首先纳入外汇策略分析中，美国银行的策略师 Alice Leng 表示："由于外汇市场有多种驱动因素，不同因素在不同时期发挥着主要作用，使投资人很难从外汇的历史数据中吸取教训，因此我们正在尝试用另类数据和机器学习的方法推动外汇的智能化交易。"在未来，美国银行将尝试在更多的投资领域应用机器驱动的算法，也会尝试让更多的投资者接触到智能投顾，从而在这场科技浪潮中获得更多的收益。

四、美国银行金融科技发展启示

（一）金融科技全方位、多层次、宽领域的发展

作为美国传统银行的翘楚，美国银行在金融科技的深刻变革下表现强劲，加大对新型业务的投入，如云计算、智能投顾、区块链等开发。与此同时，美国银行并未将这种金融创新与传统业务完全脱离，相反，美国银行更积极用金融科技赋能传统业务，提高金融服务的效率，增加市场竞争

力。在个体客户、中小企业、机构投资者等客户层面,在投资、资产管理、中介服务等业务层面,积极推进金融科技与业务的深度结合,实现全方位、多层次、宽领域的发展。

当前,一些金融机构刻意拉大传统业务与金融创新的距离,偏离传统的业务渠道,大量追求所谓的金融创新,并认为两者是互斥的关系,进而引发大量的金融乱象。借鉴美国银行的发展思路,回归本源,重新审视传统业务与金融创新的关系,积极用金融科技赋能传统业务,才能实现两者的深度结合。此外,全方位、多层次、宽领域的发展思路拓宽了银行未来转型的思路,如何既涉及多领域的金融创新,又保持自身的优势板块,这是美国银行金融科技的发展对银行业的第一个启示。

(二)谨慎推进新兴金融科技的发展与应用

在新技术方面,美国银行"谨慎推进"的态度是对银行业的第二大启示。诚然,新兴技术的发展与应用会造成银行同时涌入,争取优势地位,毕竟谁都不想在新一轮竞争中被淘汰,但诸如加密货币这一类的金融科技创新带有争议性,处理不当会变成欺骗行为,甚至使整个金融体系混乱,此时若不计后果地开发这些技术很可能导致不好的结果。对比特币的态度,美国银行采取一种"矛盾"的做法,既关注区块链技术本身,掌握大量专利,同时又在区块链技术还未成熟之前,不多做应用层面的开发。这种"谨慎推进"的态度使美国银行既掌握了技术主动权,又保持足够的金融风险管理的思维。

(三)加快与第三方支付合作,保持在线金融服务优势

美国银行加快与第三方支付的合作,保持在线金融服务的优势以适应金融市场的发展趋势,这是美国银行金融科技的发展对银行业的第三个启示。传统上,人们普遍认为第三方支付平台的兴起抢占了传统银行市场的支付中介市场,在金融科技的推进下,传统银行应利用科技优势加强支付中介职能,重占支付中介市场。而美国银行"反其道而行之",加快与第

三方支付的合作，研究开发 NFC（近场通信）支持的 ATM，支持 Apple Pay 等移动支付服务。这说明在当前金融业态下，传统银行应该转变以往独占市场的老旧观念，加快与互联网银行、金融科技公司、第三方支付平台的合作，提高整个金融市场的运行效率。只有在良性竞争中，传统银行才能实现更加完美地转型，更好地拥抱金融科技。

　　此外，美国银行为 6600 万个个人和小型企业提供便利服务，而其拥有的 3600 万个活跃用户（在线注册用户）及为其发展金融科技提供了可靠的用户支持。在积累用户的过程中美国银行明确自身定位，始终保持在线金融的服务优势，形成了完善的手机银行及网上银行的框架体系。一方面，银行应该加强用户的积累，提高"传统用户"到"金融科技下新型用户"的转换率，为自身发展金融科技提供用户支持；另一方面，银行也要明确定位，突出自身优势板块，发挥长处，保证银行主营业务收入的持续稳定增长。

第八章　富国银行的金融科技发展现状与规划

摘　要

富国银行作为美国商业银行的后起之秀，凭借强大的零售业务能力在次贷危机中实现跨越式发展，跻身美国大型商业银行之一。在科技发展浪潮带来的机遇和挑战之下，富国银行通过将 VR 技术与金融服务相融合及与 Apple 进行线上合作提供 24 小时服务等方式，规划实现更加丰富多彩的零售交互渠道和模式。与此同时，富国银行也加强了在智能数据、无缝支付及身份管理等方面的布局与规划。富国银行在加强自身原有优势的基础上提升科技软实力等战略值得我国银行业参考。

Chapter 8　The Present Situation and Prospect of FinTech Development of Wells Fargo

Abstract

As one of the leading commercial banks in the United States, Wells Fargo, with its strong retail banking business ability, has achieved leapfrog development in the sub-prime mortgage crisis and has become one of the largest commercial banks in the United States. Under the opportunities and challenges brought by the wave of technological development, Wells Fargo plans to achieve more diversified retailing interactive channels and modes by integrating VR technology with financial services and providing 24-hour services online with Apple. At the same time, Wells Fargo has also strengthened its layout and planning in intelligent data, seamless payment and identity management. On the basis of strengthening its original advantages, Wells Fargo's strategy of enhancing its soft power in FinTech is worthy of reference for China's banking industry.

一、富国银行概览

富国银行始建于1852年,经过100多年的发展,从一个小小的社区银行成长为世界级银行。截至2018年底,富国银行总资产总计约1.9万亿美元,设有约7800个营业分点,在37个国家和地区设有办事处,规模总量庞大。富国银行凭借强大的零售业务能力曾在次贷危机中实现跨越式发展,跻身美国大型商业银行行列,但近年来其传统优势越来越不明显,并且丑闻不断,危机重重。零售业务是此前银行受到金融科技冲击最严重的业务领域,因此,利用金融科技的前沿成果进行应用和改进,也成为目前富国银行业务转型的重要目标之一。

(一)发展历程

成长期(1852年至20世纪80年代):从快递公司向社区银行转型。富国银行的前身是富国公司,是一家在美国西部提供货币与金钱有关服务的快递公司。在美国"黄金潮"期间,富国银行在客户群中建立了良好的声誉。1905年,富国公司剥离银行相关业务并成立富国银行,定位是社区银行。从20世纪60年代起,富国银行通过收购当地银行,成功扩展业务范围,成为加利福尼亚州的区域性银行。

发展壮大期(20世纪80年代至1994年):成功转变为跨州经营的地区性银行。富国银行在此期间收购100多家金融机构,拓展了业务收入来源,开始在加利福尼亚州及周边州进行经营。

飞速发展期(1995年至2008年):完成向全国性银行的转变。自20世纪90年代以来,美国进一步放松了银行业跨州经营的监督与管理,借助政策放宽这个有利条件,富国银行相继收购了包含第一洲际银行、西北银行、美联银行在内的大中型银行,由此完成了从地区性银行到全国性银行的飞跃,这可谓一场华丽的蜕变。

整合提升期(2009年至今):银行业务整合时期。自2009年起,富国银行开始与美联银行进行业务整合,包括业务整合、网点整合及员工整合等方面，累计共撤销网点2000多个，实现了净利润的连续攀升。

（二）经营策略

1. 坚守传统商业银行业务，以社区银行业务为银行主要特色

与摩根大通、花旗银行等向投资银行业务发展的银行不同，富国银行始终坚守在传统商业银行的业务上，并且传承了成立至今一直在做的社区银行业务。通过近年来的业务整合过程，富国银行形成了以社区银行、批发银行为主，财富管理为辅的业务结构与体系。其中，社区银行业务贡献了绝大部分收入（50%以上）。

围绕社区银行业务，富国银行基于"收入－费用＝利润"公式开发了四大业务模型——密度模型、交叉销售模型、效率模型、投资模型，保证社区银行业务的稳定进行（见图8-1）。

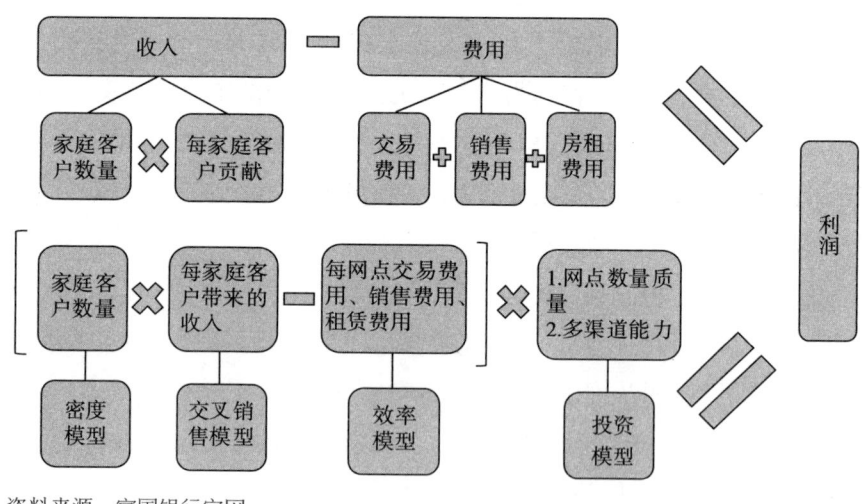

资料来源：富国银行官网。

图8-1 社区银行业务模型

2. 并购扩大规模，深耕国内市场

从富国银行的发展历史来看，该银行扩大业务规模所采取的主要手段是并购，通过并购手段完成了地区银行到全国性银行的成长。同时，不同于美国其他大型银行，富国银行的并购范围集中在美国国内，反映了它以国内市场为核心的业务发展方向。同时，富国银行针对并购模式提出了六大准则：（1）企业文化兼容；（2）较强的可操作性；（3）利于维护客户关系；（4）内部收益率要求15%；（5）充分认识潜在风险；（6）三年内实现并购增值。六大准则为富国银行的并购发展模式保驾护航，而富国银行深耕国内市场的明确目标为并购发展提供了方向，两者相辅相成，互为补充。

（三）业务特点

1. 以传统存贷款业务为主

富国银行坚持传统商业银行发展路线，其传统存贷款业务占总资产的比率维持在50%以上（见图8-2），存款占总负债的比率始终维持在70%以上，明显高于同业水平。

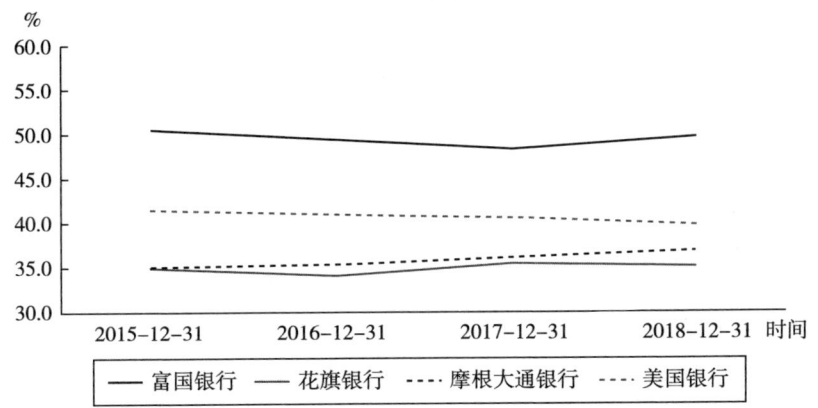

资料来源：Bloomberg。

图8-2 富国银行存贷款业务占总资产的比率高于同行水平

2. 以零售业务为主

由于富国银行以社区银行业务为主营业务的经营战略，其零售业务发展迅速，因此，富国银行的主要服务对象是个人和小微企业，个人贷款业务占比很高（见图8-3）。

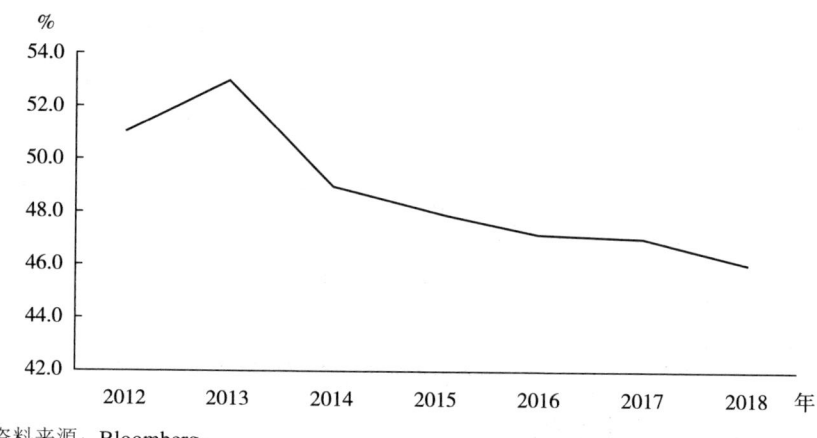

资料来源：Bloomberg。

图8-3 富国银行个人贷款占比

二、富国银行的金融科技发展现状

金融科技给银行业带来了深刻的影响。在此大背景下，富国银行选择了主动拥抱金融科技浪潮。富国银行对金融科技的投入主要包括智能数据、身份管理、无缝支付、交互渠道等方面。

（一）智能数据

1. 数据的建立

富国银行目前拥有8300个国内营业网点、13000台ATM，服务客户超过7000万个。如此庞大的业务量所产生的数据也是海量的，业务数据的处理与分析对于这样一个坚持以社区银行为主营业务的庞然大物来说显得尤为重要。富国银行的领导者深谙其理，所以富国银行无论是对于数据库的建立、海量数据的管理还是数据分析模型的设计等环节，都走在世界银行业前列。

2. 富国银行数据的分类、储存与分析

富国银行资料来源丰富，数据量庞大。银行所接收的数据不仅包括所有客户的个人资料、信用流水等数据，同时还涵盖客服音频、网上商店、电子银行等相关数据，时间跨度达10年以上。

海量数据需要有效分类与存储。早在20世纪90年代，富国银行就已经开始针对不同数据进行数据库的建立，并试图利用信息技术搭建一个可以整合全行数据的信息平台。以社区银行、批发银行及财富管理为主线，富国银行旗下开展了80项不同的业务，通过十几年的攻关，目前富国银行已实现了不同业务线无壁垒式的数据收集，以各个地方网点为单位建立数据库，并将数据进行分类及标准化后送入中央集中数据库中。为了满足数据库的容量要求并保证数据传输的速度，富国银行与SAS、Teradata、Oracle等多个数据平台建立联系，依托各大数据平台进行数据的存储。

各级地方网点累积的数据传输至中央信息平台后，将基于特定的应用程序和模型对原始数据进行进一步处理，并根据其不同的数据类型引进现代化的量化分析框架对数据进行深层次价值挖掘，以获得有利于银行业务的信息。数据挖掘已经广泛渗透于富国银行的日常业务中。目前，富国银行已经开发出包括审批模型、风险定价模型、营销模型、风险预警模型、额度管理模型、客户贡献度模型、客户流失度模型在内的涵盖贷前、贷后及后台运营的一系列数据分析量化模型，为银行在风险管理、客户服务质量等方面的提升作出了巨大的贡献。

3. 大数据分析为银行业务带来实在价值

大数据具有四大属性：数量、速度、种类及价值。对于银行业来说，如何利用数据的前三大属性来创造价值是现阶段面临的主要问题。相较其他银行，相对更加完备的大数据分析体系为富国银行带来了更多的价值。

从金融风险管理的角度来说，针对贷款的系列数据分析有效降低了富国银行的信用风险。截至2018年底，富国银行拥有1.29万亿美元的存款额，贷款额达到0.95万亿美元，而银行的不良贷款率仅维持在0.73%的水平。信用评分卡是基于统计学相关理论通过数据分析技术找出历史上贷款客户的个体特征和其信贷表现的相关性，同时利用其规律来评估贷款申请人可能的信用风险的一种信用评估机制。以富国银行的信用评分卡为例，该银行通过信用评分卡计量贷款人信用风险，涵盖数据收集、模型分析、战略选择和指标评估等环节。特别是富国银行会根据贷款的需求变化对信用评分卡的测评项目进行更新换代，以确保评估标准的时效性。一个典型的例子是富国银行基于信用评分卡的数据分析，从2007年第一季度就开始紧缩授信、降低贷款额度，比同行提早了近一年，有效地降低了美国金融危机带来的负面影响，成为美国唯一一个受次贷危机影响小且在危机期间完成跨越式发展的大型商业银行。由此可见，大数据战略有效提升了富国银行的金融风险管理效果，保障了银行业务的稳定发展。

从提高服务质量与效率的角度来说，基于客户的数据分析不仅大大简化了富国银行的业务流程，提高了办公效率，同时为客户带来更高质量的业务服务。以支票业务为例，每天富国银行都有大量的支票兑付或存取的业务需求，巨大的承兑工作增加了前台柜员的负担，也降低了业务效率。为此，富国银行基于数据分析技术开发出ATM风险模型，该模型可实现ATM对自动支票的程序化兑现或存储流程。该模型能在短时间内自动鉴别支票是否合规，并决定支票能否变现或存储，从而提高银行的决策效率。目前富国银行约98%的支票通过ATM模型自动检验并完成承兑工作，剩余2%有潜在问题的支票交由后台工作人员人工审核，极大地提高了银行的业务效率和客户服务质量。

4．富国银行的数据转型之路

随着银行多年来的发展，富国银行已经将所有数据组织到不同业务和职能部门中，因此它们可以以不同方式管理数据。但近年来，富国银行领导者也认识到它们需要以一致和标准化的方式管理银行所拥有的数据，所以富国银行正在寻求数据的有效管理办法。由此，富国银行提出数据转型项目（Data Transformation Program）作为它们大数据战略未来的发展方向。该项目的目标是利用技术手段将银行现有数据及产生的新数据以同步方式进行连接，使银行可以自由访问及使用所有数据，以了解客户行为，提高客户服务，并根据分析结果实现产品创新以开发潜在客户。

该项目主要分为三个部分：数据战略、数据管理基础架构和平台的现代化及数据利用。

数据战略主要是指通过技术手段将数据进行类型划分、记录和储存，并以标准而统一的元数据形式输入中央集中数据平台的流程。

数据管理基础架构和平台的现代化主要是指设计并完善用于储存各级网点数据的中心数据平台，打通各个数据库之间的数据传输壁垒，实现对全行数据的整体管理、组织和利用。

数据利用则涉及现代化数据环境中的数据分析和模型开发。富国银行正在与技术合作伙伴共同建立一整套完备的数据分析框架 TOM 模型（Analytical Target Operating Model），并尝试将 AI 领域的机器学习、自然语言识别等技术引入量化模型的应用中，从而提高模型的评估精准度。

现阶段数据战略相关建设已经完成，其他两部分仍在开发中，包括建立基于 Hadoop 的未来数据环境及构建更为先进的量化模型和分析技术框架等。

该项目将帮助富国银行拥有高度组织、强大且结构化的数据，并能通过数据的挖掘更好地了解客户群体的行为特点，为金融产品创新提供思路，同时提高其管理各类风险的能力，为银行的未来发展保驾护航。

富国银行将企业目标定位为给客户提供下一个金融产品。的确，富国银行先进的大数据战略为其风险管控和业务拓展创造了诸多机会。在未来，数据分析特别是与交叉销售模式的结合将为富国银行的发展注入新的活力。

（二）身份管理

2017 年富国银行 CEO 蒂姆·斯隆在 FinTech Ideas Festival 大会上曾声称传统的密码已经过时，我们的身体会成为新的密码。这或许不是蒂姆·斯隆的心血来潮之词，因为富国银行的确已经在使用生物特征识别技术鉴定用户身份这条道路上走了很远。

传统的身份识别方法主要基于账户名和密码的组合，然而这种身份识别方法比较烦琐，而且无法识别账户名和密码被伪造或被窃取的情况。近年来，生物特征识别技术大有取代传统身份识别方法的趋势。所谓生物特征识别技术，就是利用客户固有的生理特征（如指纹、声音、面部特征等）或行为特征（击键速度与准确度等）来鉴定客户的身份。生物特征识别技术验证速度快、准确率高、安全可靠，能给客户带来更好的体验。正因如此，生物特征识别技术引起了各界的广泛关注和高度重视，这其中就包括银行业。

事实上，大型银行很早就开始研究生物特征识别技术了，但一直没有将其大规模投入使用。这主要有两方面原因。首先是技术层面的原因：早期的模型不够完善，可能无法识别"白噪音"的影响，如，当用户感冒了，早期的语音识别模型可能就无法准确识别用户的语音。更重要的原因是，要在用户的设备上实现生物特征识别，银行还需要为用户提供必要的软硬件，这项成本实在过于高昂，令银行无法负担。然而，随着生物特征识别技术的不断发展，许多技术难题已经得到克服；而智能手机的普及和发展，也给生物特征识别技术带来了很大的发展空间：如今许多智能手机配备了精良的摄像头、麦克风和指纹识别设备。自此，生物特征识别技术的识别准确率和成本效益比开始进入合理区间。

1. 富国银行的生物特征识别技术

富国银行是美国最早研究生物特征识别技术的银行之一。最初，富国银行开展了一项语音识别项目，以确定呼叫富国银行客服中心的客户身份。之后，随着移动端的高速发展，富国银行进一步加大了在生物特征识别技术上的投入，以期能将其应用于富国银行的移动端 APP 中。富国银行主要研究四大生物特征识别技术：指纹识别技术、面部特征识别技术、语音识别技术和眼球扫描识别技术，并已成功将这些技术应用于富国银行的手机银行 APP 中。其中，富国银行的眼球扫描识别技术尤其值得一提。

富国银行的眼球扫描识别技术由富国银行和密苏里州的初创公司 EyeVerify（现已被蚂蚁金服收购）合作开发，该技术原本用作军事用途，最初的构想来自一位密苏里大学的教授。使用眼球扫描识别技术登录时，客户打开应用程序并选择眼球扫描登录选项，然后移动手机摄像头以使眼睛在手机屏幕上的一个长方形里居中，之后客户会被引导向侧面看，从而露出眼睛一侧的血管。设备会自动扫描客户眼白中的血管图案，这种图案不会随着时间而改变，并且像指纹一样独特，进而完成客户身份识别。整个过程只需几秒钟——实际上，这个过程原本所需要的时间更短，以至于客户认为身份识别过程太快，让他们不知道发生了什么，于是富国银行不得不延长了身份识别的时间，让客户明白自己已经登录成功。目前，富国银行仅为少数企业用户提供眼球扫描识别登录选项，这些企业需要调度的资金量大，面临的风险也相对较大。未来，随着眼球扫描识别技术的成熟，富国银行将大规模推广使用该项技术。

除眼球扫描识别技术以外，指纹识别技术、面部特征识别技术和语音识别技术也已经应用于富国银行的手机银行 APP 中，客户可以根据自己的需要与偏好选择生物特征识别登录方式。正如富国银行为其生物特征识别技术创造的口号所言："你是独一无二的"（There's no one else like you），通过生物特征识别技术，富国银行能更准确地判断独一无二的你。

富国银行生物特征识别技术的安全性也有一定保证。富国银行并不储存客户的生物特征，而是通过生物特征加密技术将客户的生物特征与一个密钥绑定在一起。这样，即使相关数据被窃取，不法分子也很难从中恢复出原始生物特征图像。

2. 富国银行目前的身份识别体系

然而，现在的生物特征识别技术还没有完善到可以完全取代传统的身份识别方法。一种比较好的方式是将两者结合起来使用。富国银行当前的身份识别体系就结合了传统的身份识别方法和生物特征识别技术。

目前，富国银行为大众客户提供的身份识别体系主要包括以下四个方面：

一是独一无二的账户名与密码（Unique Username & Password）。

二是高级访问（Advanced Access）。当客户进行某些高风险操作（例如，给一个先前从未进行过交易的账户转账）时，系统将会要求客户输入一个一次性的密码以核实客户身份。

三是登录时的两步验证（2-Step Verification at Sign-On）。开通此服务的客户在登录富国银行网上银行或手机银行时，除输入账户密码外，还将被要求输入手机验证码以完成登录。

四是生物特征识别（Biometric Authentication）。iPhone 用户可通过指纹和面部识别登录（Touch ID and Face ID for iPhone），安卓用户可通过指纹识别登录（Android Fingerprint）。

以上身份识别体系的前三点可以归类为传统的身份识别方法，而第四点则为生物特征识别方法。值得注意的是，富国银行向大众客户提供的生物特征识别方法主要包括指纹识别和面部特征识别，而不包括眼球扫描识别和语音识别，富国银行目前仅向部分企业客户开放这两项功能。

3. 富国银行身份识别体系的发展方向

富国银行 CEO 蒂姆·斯隆曾将生物特征识别技术列入他所认为的能改变银行业的五项新兴科技之一。生物特征识别技术是目前富国银行身份识别体系的核心与主要发展方向。虽然富国银行已经建立起了以指纹识别技术、面部特征识别技术、语音识别技术和眼球扫描识别技术为核心的生物特征识别技术体系，但该体系很不完善。富国银行下一步将主要从以下两方面完善该体系：

第一，继续改进现有生物特征识别技术，以期实现现有技术的大规模使用，并提高识别准确率。例如，眼球扫描识别技术还很不完善，当用户处于非静止状态或光线较暗时，其识别效果很差，这在一定程度上限制了它的使用范围。如果能够得到持续改进，眼球扫描识别技术的识别准确度将进一步提高，并将获得更大程度的推广，而不再仅服务于部分企业客户。

第二，探索其他生物特征识别技术。例如，探索通过客户的键入速度与准确度来识别客户。富国银行始终以客户需求为导向，坚持创新以更好地满足客户的需求。可以想见，未来富国银行必将继续加大在生物特征识别技术中的投入。

（三）无缝支付

1. Zelle 介绍及发展历程

Zelle 的前身是 ClearXchange，最初是富国银行、摩根大通银行和美国银行于 2011 年联合开发的一款银行间即时转账系统，三家银行的用户可以实现跨行无手续费转账。6 年之后，ClearXchange 正式将名称改为 Zelle，与此同时，美国其他银行也陆续支持这一转账系统。这些加入 Zelle 转账系统的各大银行都逐渐开始设计并推出官方 APP 内使用 Zelle 转账的功能。目前，已经有超过 150 多家美国金融机构的客户可以通过这一渠道进行跨行即时转账。

从富国银行和 Zelle 的官网上对 Zelle 的介绍可以看出，客户使用 Zelle 给其他人即时转账，只需三步简单的操作。第一步，使用电子邮箱或者手机号码在富国银行官方 APP 或 Zelle APP 上进行注册；第二步，输入收款者的姓名及手机号或邮箱；第三步，输入转账的金额，收款者就能收到一个解释如何完成收款的通知。整个流程十分方便快捷，而且所有在美国拥有银行账户的人都能成为收款方。

2. 与常见转账方式对比

目前美国其他 P2P 支付转账方式包括：写支票（包括 online bill pay）；同一银行的用户之间转账，如 Chase Quickpay、BOA transfer 等；自动清算所系统转账（Automated Clearing House）；汇款（Wire Transfer）；通过第三方平台，如 Paypal，Venmo、Google Wallet、Square Cash 等。

上述几种方法中，速度较慢的转账方式比如支票，需要 2~5 天才能到账，手机银行 APP 转账的方式也需要处理一两天才可用。速度较快的转账方式比如自动清算所系统转账，客户在使用时需要知道路由号码和账户号码两串很长的数字，而且需要两天左右时间建立账户联系，同样在转账成功后还需要等待 2~3 个工作日才能变成可以使用的状态。所以从效率上来看，支票和自动清算所系统太低，而且还存在安全隐患。

在后来逐渐涌现了许多第三方支付的平台，包括 PayPal、Venmo 等。这些第三方平台支付的共同之处在于，钱大多是暂时存在这些 APP 里的，需要客户将资金提现到银行账户里，并且与自动清算所系统转账类似，也需要至少两天时间处理完才可用。

与其他 P2P 支付转账方式相比，Zelle 系统的最大优势就在于，银行间账户的转账可以不通过第三方中转,直接进入收款人账户,而且无任何费用的支出。同时,如果收款方和转账方所使用的账户所在银行是支持Zelle的,那么转账的钱款可以立即成为可用余额。

3. 存在问题及发展前景

虽然Zelle在转账效率上具备优势,但是毕竟发展时间较短,目前还存在一些问题。美国著名杂志《消费者报告》最近对包括Apple Pay、Venmo、Cash、Facebook和Zelle在内的五款支付软件在安全性、隐私性、支持便捷性等五个因素进行了全面对比,同时对各因素分别赋予权重进行综合打分,得出了最终的比较结果(见表8-1)。

表8-1　　　　　　　　第三方支付软件评分表

服务商	身份验证	数据安全	数据隐私	用户支持	覆盖程度	综合评分
Apple Pay	A	B	A	B	C	76
Venom	B	C	E	A	A	69
Cash	C	B	E	B	A	64
Facebook	B	B	E	E	A	63
Zelle	C	E	E	A	C	50

注:A~E分别依次代表由好到差的五个评价等级。
资料来源:Consumer Report。

综合评分结果主要是基于对五个因素方面的相关APP运行数据的分析,数据采样区间为2017年12月到2018年6月。其中身份验证因素评估了用户可用来防止欺诈和错误的途径;数据安全因素评估了加密设计、身份验证、风险监控、长期安全性和漏洞报告等方面。数据隐私因素分析了数据控制、数据保留和删除、数据采集、默认隐私和数据使用等方面。用户支持因素关注服务提供商的错误解决策略,找到应用内帮助的便捷程度,以及服务提供商确保他们持有的资金是否有存款保险作为保障。覆盖程度因素会考虑软件是否会限定支持特定银行账户或特定移动设备。

结果显示:Apple Pay在综合评分中排名第一,尤其是在支付认证和数据隐私两个方面得分较高,而这两项因素都是客户使用支付软件的关键考虑因素，毫无疑问，Apple Pay 目前在第三方支付领域是当之无愧的霸主；Zelle 的综合评分排名垫底，在赋权较高的数据安全和数据隐私方面的表现低于平均水平，虽然 Zelle 转账效率很高，但是因为缺乏对异常支付的保护而让分数受到了很大的影响。而 Zelle 在用户支持方面却表现很好，根据《消费者报告》的解释，Zelle 在应对用户遇到的问题时，具备很好的问题解决策略，用户在日常使用中能在 APP 中很方便地获取支持。

Zelle 背后的网络运营商表示，《消费者报告》的分析存在一些缺陷。因为《消费者报告》这项测试是基于公开的运营数据进行分析的，进而 Zelle 后台的数据安全和数据隐私实践的元素没有被包含在考虑因素中，导致其在数据安全和数据隐私方面得分较低。与此同时，这次测试的版本是 Zelle 的独立运营版，并非目前大约 150 家美国金融机构使用的版本，测试结果代表性不强。

近年来，使用 P2P 支付的用户数量已经呈现出迅猛的增长态势。面对日益增长的市场空间，结合其他 P2P 支付软件的优劣势分析，Zelle 可以在以下几个方面加以改进以增强自身竞争力。

（1）加强安全性。可以学习 Apple Pay 要求用户对每一笔付款进行确认的模式，使用户享受到他们提供的最高级别的安全保护。其实提高安全性并不会牺牲太多转账效率，用户也许只需要几秒钟，比如输入预先设定的 PIN 码。

（2）提醒用户确保收款人信息正确。由于 Zelle 转账类似于现金交易，所以在转账流程中，在转账方发出最终的支付指令之前，软件应当设置多次提醒，提请用户再次确认收款方的相关信息是否正确。

（3）专门开发用于商业目的 P2P 服务。目前大多数应用程序禁止商业用途，所以 Zelle 应当专门开发针对商业用户的支付服务，这方面可以参考 Square Cash 和 PayPal 的经验，它们都独立开发了 for business 的版本。

Zelle 由 Wells Fargo、BOA、Chase 三大巨头开发的 ClearXchange 转身而来，可以称得上家世显赫，如此强大的背景带给 Zelle 所向披靡的市场号召力，在短时间内获得了全美其他各大银行的支持。毫无疑问，Zelle 背后的银行巨头和完善的运作体系让其他银行很快加入了这一转账体系，这样不仅方便自己的用户即时跨行转账，而且还有助于开拓自己的客户群规模。但是这对于其他第三方支付平台而言，无疑是一个巨大的挑战和威胁。所以在近期，其他各大第三方支付服务提供商也将推出跨行即时转账的服务与 Zelle 抗衡，最终到底谁是赢家，我们拭目以待。

（四）交互渠道

1. 富国银行零售业务销售渠道概述

富国银行是一家以传统存贷业务和其独具特色的社区业务为主要盈利模式的银行，它在美国大型商业银行纷纷转入投资银行业务发展大军的同时，逐渐明确了其以零售业务为主打的经营模式。

在零售业务方面，值得注意的是，长久以来富国银行利用"商店化"的销售渠道形成了它强大的销售优势和强大的交叉销售能力。在此基础上，富国银行还通过大力发展其网络银行处理系统，发展出线上线下包括网站、网上银行和物理客户服务中心等多层次的销售渠道。

富国银行极其重视自身的交叉销售战略，主要通过一系列考核制度和标准推动经营战略的实施。它的交叉销售主要利用的还是庞大的社区化银行实体，利用物理网点建立"社区金融服务店"等方式直接与社区居民互动，重视对庞大客户资源的全方面利用，连接各种渠道拓展金融服务。

但是，富国银行这种传统零售渠道和交互渠道给它带来巨大优势的同时，近年来却开始出现积重难返的弊端。虽然富国银行仍然坚持物理网点永不会消亡的观念，但传统线下交互渠道优势逐渐下降，特别是与其零售业务交叉销售相关的负面新闻时有发生。2016 年富国银行陷入虚假账户丑闻，捆绑销售、强制销售的现象不断，破坏了其长期以来的良好银行形象，对自身发展带来了极大的不良影响。

因此，在日益严峻的形势下，富国银行在尽力保持其利用物理网点和交叉销售的经营战略优势的同时，近年来也开始积极拓展金融科技在其零售业务中的运用与发展，拓展线上交互渠道，以解决目前零售业务存在的诸多问题和隐患。

2. 零售业务在金融科技方面的创新举措

近年来，新科技金融势不可当，即便物理网点极其发达、传统业务占主导的富国银行，在零售业务方面也不能故步自封，如紧紧跟上技术潮流，在富国银行传统的社区服务、商店化的线下销售的基础上，通过开展VR技术与金融服务的融合以及与Apple进行线上合作提供24小时服务等方式，实现更加丰富多彩的零售交互渠道和模式。

（1）VR技术引入。

VR即虚拟现实技术，是一种新型人机交互手段，利用最新传感技术和计算机图形系统，提供一种身临其境的三维环境氛围，从而给体验者提供一种虚拟、直观和具有可沉浸感的另类体验。

随着VR技术快速推进，VR技术当下已经逐渐显示出与电影、游戏、社交等行业的融合趋势，很多行业的领头公司都开始采用VR技术进行推广宣传和客户体验。而金融业向来与前沿科技技术能实现较快速的对接，以银行为代表的金融服务巨头也开始引入VR技术与金融机构的交互，希望能通过虚拟现实技术更好地将金融产品推广给各类消费者。这类可穿戴设备也是在很多传统交互方式的基础上的创新，体现了当下对个性化和智能化的追求和推崇，成为银行等金融机构与客户的新一代交互入口。

目前来看，VR技术与金融服务的交互主要体现在以下三个方面：

一是交易过程虚拟化。互动的模式不再仅仅局限在物理网点与银行员工的接触以及电子银行、电话等联系方式，通过提供虚拟化的交流和互动渠道，可以实现银行网点区域和时间限制的突破，这就为真正实现24小时全方位银行服务提供了很好的平台和途径。

二是支付结算场景化。这一点目前如蚂蚁金服等做得表较出色，如VR Pay，可以更好地利用动作等快速实现购买、支付和结算等服务。

三是数据分析形象化。关于银行等提供的金融产品，通过VR技术的应用可以将复杂的数据图表转换成动画、3D等更为形象可观的方式，有助于用户的理解和体验，从而增强产品信息处理的效率和价值。

富国银行目前主要工作是第一种类型，将 VR 技术融入新的金融服务中，以加快金融科技的探索和发展。富国银行数字实验室的相关开发人员利用自身相关设备，加快对 VR 技术的展示、体验和开发。同时，富国银行已经与 Facebook 合作，通过使用 Facebook 推出的 Oculus Rift，可以通过模拟技术实时完成客户和银行员工的互动和交流，极大限度地提高银行业务服务的质量和效率。

富国银行的 VR 技术运用依照的是 Facebook 这个平台，同时通过技术与其自身具体业务的结合，突破富国银行传统的营销模式。虚拟现实场景的应用可以在零售业务上大展拳脚，为客户提供即时专项的金融服务，将金融产品采用更加可视化的途径展示给消费者，同时可以调动人体感官营销效用，增强客户参与感，更好地把握现有和潜在客户市场。扩展 VR 技术这个重要的互联网接口，也是拓展富国银行未来客户群体基础的十分具有前景的途径之一。

（2）与 Apple Business Chat APP 新型合作。

Apple Business Chat，即苹果商务聊天，是苹果公司推出的新功能，在推出时就实现和多个单位进行商务合作。富国银行与苹果公司一同推出此款新应用形式，显示出富国银行对线上线下全方位销售交互渠道的重视和投入。

事实上，苹果公司推出 Business Chat 时，一定程度上参考了腾讯推出的微信的成功案例，试图通过实现客户与商家的实时沟通，打造成为一个全面的信息和社交网络服务平台。Business Chat 通过利用苹果公司的 Messages 和相关程序，拓展聊天功能。客户可通过 Safari、Spotlight、Siri 的地图等任何一个途径访问 Business Chat 程序，完成与商家沟通、付款和其他拓展性操作和服务。

富国银行同苹果公司一同开展 Business Chat 新功能，消费者可以通过 iMessage 与富国银行相关客服代表直接线上交流，根据双方的意愿进行支付等复杂的银行业务操作及服务类型。同时，利用 Apple 平台也可以实现信息保密等安全性保证，高效、快捷、安全地进行银行服务产品的互动和整合。

富国银行之所以成为 Business Chat 的合作单位,也是希望能利用 Apple 这个广阔的平台,使线上渠道成为富国银行零售业务和社区业务的新的交互渠道。在物理网点客流量显著下降的背景下,庞大的线下交互实体很有可能慢慢成为富国银行这个银行巨头的限制,往日优势不再,因此富国银行也是希望除了具有巨大优势的线下物理网点,还能利用技术变革,抓住当下线上交互渠道的发展契机,克服线下网点固有的地域限制、办公时间限制等弊端,更好地实现随时随地地提供服务,发挥当代先进银行全面、便捷、高效的优势,从而使富国银行在当下积重难返的不良处境中拓展零售业务新的交互渠道,重新恢复其在传统零售业务和交叉销售等方面的优势地位。

Business Chat 也属于人工智能 API 的业务范畴,包括图像识别、面部识别等多功能途径,拓宽富国银行的客户服务途径,在传统交互基础上拓展新的沟通形式。除此之外,富国银行还通过开放自身 API 的途径拓展自己的服务渠道,共享银行和第三方之间的数据,以 API 等形式开放给各类 APP 场景,实现新的引流和服务模式。

3. 新零售业务方向金融科技创新的发展前景

富国银行零售业务已经展现出与金融科技相互融合的发展趋势,交互渠道拓展加速,但不可避免的是,由于新技术的开发和应用都具有一定的发展周期,所以其中有部分隐患和风险值得引起注意,现阶段还存在一些关键问题需要解决。

在 VR 技术运用上目前存在一定的安全性和技术性隐患,比如本身存在一定应用性缺陷,使用者可能会产生"头晕目眩"等不良症状,同时还可能存在用户隐私和交易信息安全性威胁等风险,不能比较有效地保证客户群体利益安全性问题,所以目前只属于小众应用。

并且,无论是与 APP 商业合作还是自身开发 API,富国银行的初衷是拓宽银行的交互渠道和途径,提高服务质量,但有利于消费者的主观动机很有可能在互相开放信息和数据的方式下出现一些隐私和安全问题,因此,关于 API 相关的业务拓展风险应该引起业界的重视和探讨。

零售业务下的金融科技技术拓展目前还未成为富国银行零售行业和物理网点交互销售的重点方向之一，但其隐含着巨大市场和发展潜力，这也是富国银行看中 VR 技术等金融科技在其传统零售业务的重要因素。与富国银行进行合作的 Facebook 等在对待虚拟现实和金融服务融合方面的态度也比较积极，双方均认为这是未来很重要的一个技术领域。因此，要实现"虚拟 + 金融"真正融合还需要一定的时间和技术准备，但金融 VR 产业及 API 相关的业务很有可能在未来实现大规模爆发和运用，未来可期。

（五）富国银行金融科技成果

富国银行在以上四个方面都进行了金融科技的研究与创新，在实际应用方面富国银行也研究开发了一款 APP——Greenhouse，在这款应用里体现了金融科技改变传统方式的一些想法和应用。

该应用中自带两个账户——存款账户和支付账户。存款账户主要是通过存入资金来为定期账单预留出足够的金额。支付账户通常附带借记卡，主要用于日常消费。在支付账户中客户可以自行分类规划支出满足日常生活需求，但是客户也可以通过估算每周支出限额等设置来由银行对客户的日常支出进行分类规划使其更加合理。这时银行就需要依据客户积累的日常消费数据及客户相关偏好等智能数据同时利用人工智能相关分析从而对账户进行资金的配置满足客户需求。在存款账户中，每当客户有存款进入时，应用都会提醒客户提前将其存入账单和支出。客户需要选择添加资金的账单，然后使用滑块将钱转入账单中即可，这种转入并不是不可更改的，客户可随时更改为账单和支出预留的金额，但是若客户没有及时存入足够的金额以满足支付需求，应用将会进行提示，到期日仍然不满足则可以选择部分付款。基于美国人过度负债的习惯，富国银行的这款新应用是一种新的银行方式，可以帮助客户管理账单和支出，使客户可以按时付款，保持日常支出与目标一致，同时也可随时了解现金流和费用。简而言之，它可以帮助客户了解自己的资金、日常消费以及剩余的支出，使客户可以便利地享受到账户管理的服务。除了应用自带的账户外，这款应用支持信用卡、借记卡等绑定并进行管理。

Greenhouse 还可满足客户的移动支付需求，使用该应用可以向几乎所有拥有美国银行账户的公司和个人付款，便捷的移动支付给客户带来了极大的便利。在实际操作中，客户只需要提前将结算信息录入账单中，在账单到期日前几天，应用将会发送付款提醒至客户，付款时客户只需选择将要支付的账单直接付款即可，避免遗忘和操作简单也是这款应用的亮点之处。除此之外，Greenhouse 应用程序也支持使用电话号码或电子邮件地址向 Zelle® 的人汇款，但是使用这种方式时，富国银行加强了对于客户支付的安全性保护，客户只能在向认识和信任的人汇款时使用 Zelle。这款应用充分体现了富国银行在无缝支付方面的创新。

除了满足基本的消费支付及转账还款功能外，Greenhouse 还开发了理财功能，客户可将暂时闲置在账户中的资金投资于多样化的理财产品。并且富国银行基于客户对风险的偏好程度、客户的资产状况、客户对于收益的要求及客户的支出等积累的智能数据以及机器学习人工智能这些科技手段针对不同的客户制定个性化的理财方案，不仅大大地减少了银行的人力成本，并且这种智能方式和个性化的方案使投资更加合理有效，从而为客户提供更加优质的服务，并且充分展现了富国银行交叉销售的王牌策略。

三、富国银行的金融科技发展展望

随着时代的发展，科技的进步正在慢慢改变着我们的生活。金融的发展进步一向与科技进步密不可分，当下金融科技无疑是金融领域备受关注的热门话题。在传统金融机构领域，金融科技既给银行业带来巨大的生存与业务冲击，同时给这个传统行业带来了巨大的发展前景。如何利用互联网及信息数据提升金融服务的质量与效率，则成为全世界众多银行苦苦思索以及不断探索创新的动力源泉。

富国银行曾凭借强大的交叉零售业务一举完成从社区型银行向全国性

商业银行的华丽转变，但是近年来其传统优势下滑，未来发展空间有限，并且伴随着一系列负面新闻，因此富国银行需要利用金融科技对零售业务进行创新与改造使其焕发出新的活力，通过 VR 技术与金融服务的融合以及与 Apple 进行线上合作提供 24 小时服务等方式，富国银行规划实现更加丰富多彩的零售交互渠道和模式。

与此同时，富国银行也加强了在智能数据、无缝支付及身份管理等方面的布局与规划。在智能数据方面，富国银行提出数据转型项目作为它们大数据战略未来的发展方向。无缝支付则是对 Zelle 及 Greenhouse 转账支付安全性、隐私性以及便捷性等方面进行进一步的探索。在身份管理方面，富国银行将继续改进现有生物特征识别技术并探索其他生物特征识别技术，从而使身份识别变得更加高效准确。

实 践 篇

第九章　花旗银行的金融科技发展现状与规划

摘　要

花旗银行作为美国大型传统商业银行，在遇到高新技术对银行业变革的挑战时，并没有墨守成规，而是积极发展金融科技，以期更好地服务客户并巩固行业地位。为此，花旗银行开发支持移动支付的手机软件，推广可以高效认证的语音识别系统，创设基于大数据的分析平台，积极开展区块链应用尝试等。根据花旗银行在金融科技领域的发展现状，本章将花旗银行金融科技业务分为电子支付、生物识别、大数据、区块链四个主要板块，并且对花旗银行的风险投资在金融科技领域的规划布局进行介绍。

Chapter 9 The Present Situation and Prospect of FinTech Development of Citibank

Abstract

As a large traditional commercial bank in the United States, Citibank does not stick to the old rules when confronts with the transformation of the banking industry caused by high-tech. Instead, it actively develops FinTech in order to better serve clients and consolidate its position in the industry. To this end, Citibank has developed mobile phone software to support mobile payment, promoted the voice recognition system that can be effectively authenticated, and created an analysis platform based on big data, as well as introduced Citico coins into the blockchain. According to the development of Citibank in the field of FinTech, this chapter divides the FinTech business of Citibank into four main modules: electronic payment, biometric identification, big data and blockchain, and introduces the planning and layout of Citibank's venture capital in the field of FinTech.

一、花旗银行概览

(一)花旗银行简介

花旗银行(Citibank)是花旗集团属下的一家零售银行,其主要前身是1812年6月16日成立的纽约城市银行(City Bank of New York)。花旗银行成立初期,专注于美国国内的市场发展。1894年,花旗银行成为美国最大的银行,在国内市场形成垄断优势。从20世纪50年代开始,花旗银行借助马歇尔计划,在欧洲进行大规模的投资,经过近两个世纪的发展、并购,花旗银行在"到达任何地方,提供全能服务,服务每个客户"(Go Everywhere, Do Everything, To Serve Everyone)全球化战略的指导下,成为一家在全球近百个国家及地区设有分支机构的国际大银行。2018年,花旗银行净收入708亿美元,净利润达180亿美元。花旗银行具体业务分布如图9-1所示。

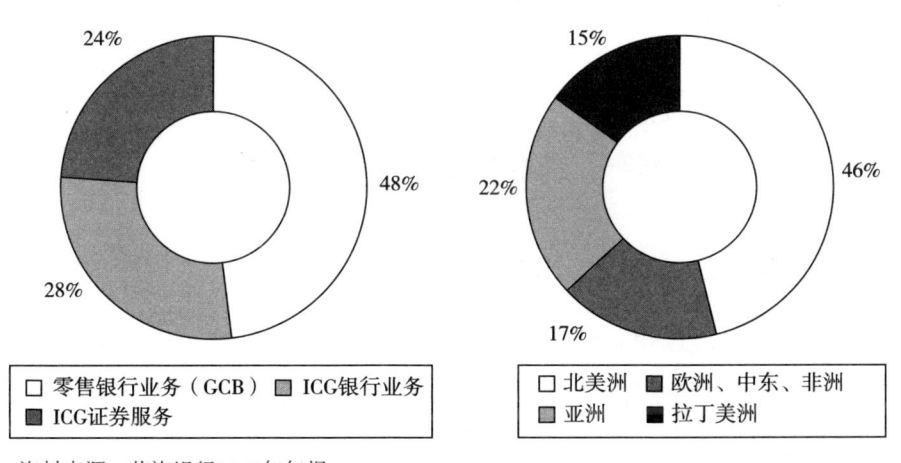

资料来源:花旗银行2018年年报。

图9-1 2018年花旗银行净收入占比

目前,花旗银行业务主要分为零售银行业务(Global Consumer Banking)和机构对公业务(Institutional Clients Group),客户主要分布在北美洲、拉丁美洲和亚洲。截至 2018 年 12 月 31 日，零售银行业务共约 4230 亿美元资产、3070 亿美元存款。机构对公业务收入主要来自固定收益、股权市场一级投资银行业务等服务佣金。截至 2018 年 12 月 31 日，机构对公业务已经遍布 98 个国家。凭借 80 个市场的交易大厅、63 个市场的清算托管网络及与 400 个清算系统的对接，花旗银行已经形成了全球最大的金融基础设施之一，平均每日流量已达约 4 万亿美元。[①] 图 9-2 为花旗集团银行类业务的分类。

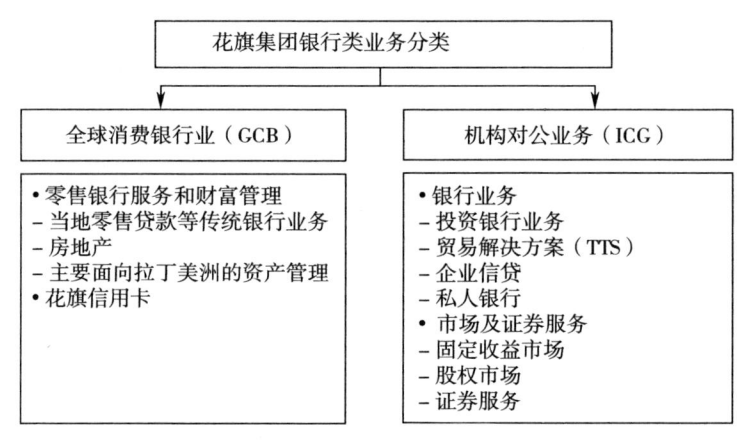

资料来源：花旗银行2018年年报。

图9-2　花旗集团银行类业务的分类

（二）银行业务的数字化战略

花旗银行在全球银行业中一直是创新引领者，其数字化战略长期持续且较为激进。花旗的首席创新官带领团队制定了创新项目的分类体系："核心式创新"是现有产品的改造升级项目；"延伸式创新"是扩展新市场及提升现有资产利用率型项目；"颠覆式创新"主要指与科技初创企业合作获得颠覆式金融技术和全新业务。花旗各业务部门都在积极推进金融创新，成

---

① 相关数据来源于公司年报。

效显著。

零售银行业务（GCB）方面，花旗银行大力发展手机等线上服务，并凭借数字业务的扩张取得 GCB 的顺利增长，2017 年，花旗银行全球数字移动用户量保持了两位数的增长。

信用卡方面，花旗银行积极注入数字技术。2016 年，花旗银行与万事达支付公司合作，推出全渠道电子钱包：花旗支付（Citi Pay）。利用万事达公司的 Masterpass 数字技术，花旗银行的客户可以在 33 个国家利用花旗支付进行随心所欲的购物等交易。2017 年，花旗支付在新加坡、澳大利亚、墨西哥开通了水电煤的支付功能，更加便利了客户的生活。

花旗银行在财富管理领域的数字与网络转型已实行多年。2013 年，花旗银行凭借技术优势，将各分支机构的占地面积减少了 1/3。2017 年，花旗银行将 ATM 网络扩大一倍，成为美国本土最大的 ATM 网络持有者。

机构对公业务方面，花旗集团也一直积极部署创新。在付款方面，花旗推出的资金和贸易解决方案（Treasury and Trade Solutions，TTS），为全球的跨国公司、金融机构和公共部门组织提供了一套行之有效的综合现金管理和贸易融资服务。作为全球领先的现金解决方案，TTS 提供了付款、应收账款、流动性管理、投资服务和营运资金多方面的解决方案。2017 年，TTS 推出 APIdriven 方案。通过这一方案，96 个国家的花旗银行客户可以直接将自己的债券平台和企业融资平台与花旗对接，从而降低潜在风险。

花旗银行与纳斯达克合作，开创性地将区块链与银行业务相结合，集成全球网络 API 技术，通过分布式的账本管理支付指令，实现了直通式的支付处理和自动对账。花旗与安联财险合作，成功将区块链技术运用于国家间现金转移的保险项目。

机构对公业务的其他方面，花旗的数字化同样贡献巨大。Citi Payer ID 的推出，使 44 个国家的机构客户可以以更高的效率管理营运资金；花旗威林支付服务加强了 60 个国家的跨境自动清算能力，也提供了 135 种货币和 195 个国家的相关支付服务。

现在，花旗银行还在努力通过光学字符识别推动集团后台办公的创新，以期提高效率，为客户提供更佳的体验。

花旗银行的数字化能力得到了业界的普遍认可，曾被《环球金融》（*Global Finance*）评选为"最佳数字银行""亚洲最佳企业/机构数字化银行""亚洲最佳个人数字化银行"大奖（2016），被《欧洲货币》（*Euromoney*）评选为世界最佳数字银行（2017），在美国客户满意度指数上蝉联客户满意度第一。

二、花旗银行的金融科技发展现状

（一）花旗银行移动支付——Citi Pay^{SM}

Business Insider 的高级研究服务 BI Intelligence 的一份关于移动支付的报告指出，在 2020 年之前，美国的移动支付预计将以每年 80% 的复合增长速度增长。BI Intelligence 统计，67% 的 Android 用户和 56% 的 iOS 用户每周使用手机进行移动支付。在移动支付大潮下，众多银行推出了自家的移动钱包。花旗银行也不甘落后，于 2016 年 11 月推出了 Citi Pay^{SM} 移动支付服务。这个服务类似于 Apple Pay、Android Pay 和 PayPal，花旗银行客户首先将花旗银行信用卡和借记卡信息上传到 APP 中。通过使用该 APP，客户可以在任何安装有近场通信技术（NFC）设备的实体商店进行购物，该技术可实现智能手机和 NFC 设备之间的无摩擦支付。客户只需将手机靠近设备的传感器即可完成支付，而不用完成刷卡的烦琐操作。

花旗银行还与 Mastercard 合作，允许 Citi Pay^{SM} 客户使用该平台作为支付方式，从而在 33 个国家（地区）进行网上购物。Citi Pay^{SM} Masterpass^{TM} 是一款智能数字钱包，可让客户在不与商家分享信用卡信息的情况下结账。当客户在网上购物时，可以通过使用唯一的数字号码替换客户的真实卡号来保护信用卡信息。

（二）花旗银行手机 APP——Citi Mobile APP$^®$

在美国，收发支票相当普及，而花旗银行针对这一需求在手机上作出了创新。在 APP 发布当初，Citi Mobile APP® 就具备了识别支票功能。用户可以通过使用手机对持有的支票进行拍摄，从而在 APP 中把支票存入账户。

2016 年 12 月，花旗银行对旗下的 Citi Mobile APP® 进行了重大更新。更新后的 APP 结合了银行、财富管理和资金流动功能，并提供一套先进的服务和身份验证功能。该应用程序功能由花旗全球消费者银行旗下的花旗金融科技部门开发。Citi Mobile APP® 为 Citigold 客户量身定制了如下功能：（1）多样化的登录功能。客户可以选择五种身份验证模式，包括指纹识别、语音识别、面部识别、PIN 码及传统密码。（2）即时服务。"点击呼叫"功能使客户能够立即与他们的客户关系经理、财务顾问或 24 小时服务中心联系。（3）资金转账。客户可以在花旗银行账户、支票账户和经纪账户之间实现无缝转账。（4）交易与投资。客户可以通过 APP 买卖股票、ETF 和共同基金，实现即时交易。客户还能够在 APP 上申请开设经纪账户。

2017 年 10 月，Citi Mobile APP® 针对客户推出了丰富的投资功能：（1）股息再投资。客户可以在 APP 的股息再投资界面（DRIP）中加入符合条件的证券。一旦客户选择加入，此功能可帮助客户自动将现金股利投资于证券，而不是在账户中闲置。（2）基金筛选。基金筛选功能帮助客户作出有关其交易的明智决策，并使他们能够按照资产类别、业绩表现和费用标准搜索共同基金和 ETF。（3）投资搜索。在输入证券关键字（例如，股票代码或公司名称）后，屏幕上可以显示关于该证券的交易信息，包括所有人的交易活动、账户的交易状态等。（4）业绩可视化。增强的可视化功能使客户能够即时跟踪其投资组合的业绩。

2018 年 3 月，Citi Mobile APP® 推出了新功能：（1）财务管理工具。新的 360 度财务观点功能允许客户了解自己的账户（包括非花旗账户）中的财务状况。该功能满足了消费者必须使用第三方财务管理应用才能查看所有银行账户的需求。消费洞察功能还能让客户跟踪自己的月收入和支出，并设定目标，让他们了解自己的消费习惯。花旗银行是美国第一家提供此功能的银行，并且在业界首创，它还允许非花旗客户连接他们的非花旗账户并使用应用程序的所有功能。（2）开户和账单。增加了 APP 内开户功能，允许用户在几分钟内从 APP 中开设新的花旗账户。另一个名为 Bill Power 的功能允许应用用户更轻松地查看自己的所有账单，而不仅仅是他们使用花旗银行卡支付的账单。

花旗集团于 2017 年 6 月加入 Zelle Network®。Zelle Pay 是一个 P2P 支付网络，能够提供 PayPal、Venmo 和 Popmoney 等竞争对手无法提供的便利。客户不必将其银行账户与第三方支付企业相关联，而且资金直接在银行账户之间转移。由于 Zelle Network® 直接与银行合作，资金在银行账户之间的转移是免费的，并且可以在几分钟内撤回。花旗客户只需要在 Citi Mobile APP 中输入对方账户的注册电子邮箱或者手机号码，即可通过 Zelle 支付网络完成转账，转账不需要任何费用。2016 年，Zelle Network® 的金融机构处理了 1.7 亿多笔的 P2P 支付，总交易额达到 550 亿美元。随着花旗的加入，该网络预计将通过参与机构的移动银行应用程序覆盖美国约 8600 万名消费者。

（三）下一代的 ATM——Citibank Express

早在 2013 年 1 月，花旗银行就开发了新一代的 ATM——"花旗银行快车"（Citibank Express）。所有需要在传统营业网点办理的业务都可以在该 ATM 上操作完成，包括开设账户、申请贷款和信用卡等。实际上，该 ATM 还使银行卡的即时发放成为现实，客户"立等可取"，不再需要漫长的审核和邮寄过程。该 ATM 还具有在线连接银行业务、视频沟通和生物识别身份的功能。客户可以在 PC 端或手机上启动一项交易，然后在 ATM 上完成交易。

三、生物识别技术应用

生物识别技术，是指通过高科技手段，利用声学、光学等传感器将生物信号转化为数字信号，再由计算机进行整理、储存形成个人独特的识别特征。生物识别的实质是利用人体固有的生物特征，进行个人的身份鉴定。

鉴于人类的生物特征通常具有唯一性且终身不变，生物识别认证相对于传统认证方式具有较大优势。花旗银行在综合各种生物识别技术的优劣后，选择以语音识别为发展重点并在实践中应用。语音识别系统提取个人语音模式，据此来验证客户身份。公司通过新兴的数字化技术为客户提供了便捷的银行服务，显著提升了客户体验。

（一）花旗银行的语音识别应用

1. 语音识别推出背景

近年来，银行交易趋于虚拟化，越来越多的客户选择非面对面的方式办理业务。传统上验证客户身份的方式要求客户提供 PIN 码及回答安全验证问题。显然，对客户来说记住冗长的数字编码并回答多个问题无疑会心情沮丧且效率低下，严重影响客户体验。此外，对于花旗银行来说，维持一个对客户进行身份验证的庞大客服团队也需要一笔高昂的费用。为了更好地服务客户、节约服务成本，花旗银行选择引入语音识别技术。

2. 语音识别系统应用

花旗银行的语音识别技术可以即时判断客户身份，同时相对于易于复制造假的指纹，声纹信息是独特唯一且难以被逆向仿造的，安全性更高。在上线语音识别技术前，每通电话平均需要额外 45 秒的时间用来验证客户身份，而语音识别技术可以在客户阐述服务需求的同时自动完成身份验证，验证时间不超过 15 秒。相对于传统方式，新技术可以减少 66% 的验证时间，[①]甚至完全省略单独的安全验证过程。

基于不同区域客户群体间的细微差别，花旗银行选择亚太地区作为试点，尝试推行语音识别技术。花旗银行的亚太银行零售业务团队积极与地区监管机构联系并密切协作，以期能够实现企业和政府的共同目标。

2016 年 5 月，花旗银行在中国台湾首先推出了语音识别系统。该技术

---

① 资料来自花旗集团网，https://blog.citigroup.com/2016/07/transforming-our-client-experience-in-asia-with-voice-biometrics-authentication。

可以在不到传统验证方式 1/3 的时间内完成客户身份校验。在中国台湾取得初步成功后，花旗银行又陆续在新加坡、澳大利亚、中国香港、马来西亚、菲律宾和印度等地成功推行了语音识别技术。2017 年 3 月，花旗银行宣布已经为 100 多万名银行零售客户提供了该项技术支持，这一突破也使花旗银行成为第一家在亚洲实施语音识别技术的金融服务公司。此外，亚太地区的成功还为花旗银行在全球市场推广语音识别技术提供了可借鉴的经验。花旗银行预计，其有望在接下来的 3 年内为 300 万名客户提供语音验证服务。

（二）花旗银行对其他生物识别的应用

1. 指纹识别

除语音识别外，花旗银行还对指纹识别技术有所涉猎。2016 年底，中国香港的花旗银行客户可以通过 iPhone 的 Touch ID 指纹扫描系统登录它们的移动银行应用程序，这使花旗银行成为第一家使用这种生物识别技术来实现移动端股票交易的公司。

2. 复合生物识别

花旗银行还尝试了使用多种生物识别技术综合验证客户身份的模式。同样在 2016 年底，花旗银行测试了一种生物识别的移动应用程序，其将银行、财富管理和资金流动功能结合在一个程序上。为保证账户资金安全，该程序为用户提供了包括指纹、语音、面部识别、PIN 和密码在内的五种身份验证方式进行多重校验。在成功登录后，用户只需使用账号即可买卖股票、ETF 和共同基金，并与全球范围内的账户进行相互转账。此项由花旗金融科技公司（Citi FinTech）开发的程序为客户带来了更加便捷的使用体验。

四、大数据与云计算应用

（一）在线大数据分析平台——Citi Velocity Clarity

花旗银行在 2017 年 6 月推出了 Velocity Clarity，这是一个在线大数据和分析平台，也可称作智能投研平台。借助这个平台，客户可以使用一系列仪表板监控分析有关其投资的数据,包括投资组合分析、估值、净资产价值、交易对手风险、国家风险敞口和交易量,轻松浏览能够满足其需求的内容。该平台是全球性的,主要服务于花旗银行托管和基金服务客户,澳大利亚、新加坡和中国香港的花旗银行率先推广。Velocity Clarity 在以下三方面体现出金融科技的优势。

1. 基于花旗银行私有云的大数据体系

新平台的核心是在花旗私有云环境中运行的大数据体系。它使用 Hadoop 和基于 Java 的编程框架来支持大型和复杂数据集的存储和检索,利用自然语言、机器学习整合提取"大数据湖"(Big Data Lake)进行传统基本面研究,用基于规则的程序实现投资监控和遵从策略的自动化处理,可在突发情况出现时及时警报。这一数据平台可称为"数据即服务"(DaaS),通过一系列应用程序编程接口(API)访问,从不同数据源调取大量信息,汇聚到"大数据湖"。这些接口能够从花旗产品、客户自己的数据以及第三方服务提供商的数据无缝集成信息,用户只需点击几下即可与桌面软件和第三方系统数据无缝连接。Clarity 与花旗银行研发的市场研究交易平台 Citi Velocity 完全整合,使用户能够获得花旗银行的整个数据、分析、研究和执行服务的单一入口点,在 2018 年整合来自 Prime Finance 和花旗外汇业务板块的数据。图 9-3 展示了花旗银行 Velocity Clarity 的数据交互结构。

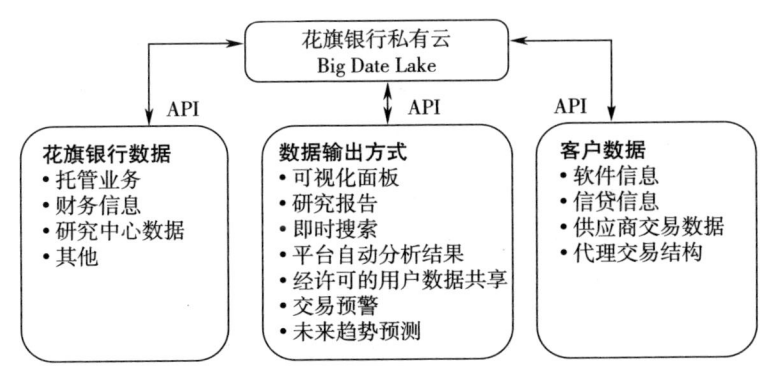

资料来源:花旗银行官方网站。

图 9-3 基于花旗银行私有云的 Velocity Clarity

2. 机构客户的快速决策方案

Citi Velocity Clarity 的推出转变了花旗银行的机构客户为机构客户（如保险公司、投资经理、退休基金和主权财富基金）访问和分析数据的方式。与普通的金融客户端软件不一样，客户可以使用工具在实时准确的数据上运行自己的查询操作、自助服务，而不是等待网站生成标准"预制"报告。在金融分析工作中，许多实时数据分析结果在呈现报告时已经失去了时效性，而 Clarity 在必要的时候可以使用正确的数据策略立即执行交易。这样的功能为机构客户带来显著的效率提升和商业价值。

3. 完全交互式操作与智能视图

Clarity 的前端利用了业界最佳的商业智能设计实践，将固有的非结构化数据模型动态转换为结构化商业智能视图，以便更直观地展示给投资者，从完全交互式仪表板，到图形拖放报告编写器，到人性化的 API 链接创建，一直到人工智能和预测分析。API 接口与分析引擎、商业智能工具和预测分析结合使用，可以抓住任何为我们所用的数据趋势和数据关系。用户也可以将自己制作的可视化面板或面板部件设定为可分享，在商城里供他人浏览下载。

（二）应收账款对账解决方案——Citi SmartMatch

随着支付方式日趋多样化，企业在应收账款对账时遇到了难题。客户开具了全部发票，但往往由于商品破损等原因没有付全款。由于难以获得核对发票所需的汇款信息，企业在现金管理工作上存在滞后难题，申请现金时受阻。花旗为这些难题提供了解决方案。

2018 年，花旗银行与 HighRadius 公司合作推出了一套企业收付款解决方案——Citi SmartMatch。HighRadius 是一家主打基于云的综合应收账款的软件公司，此次合作是继花旗风险投资公司在 HighRadius 进行的战略性投资之后达成的。

这款产品升级了花旗银行已有的应收账款对账解决方案。花旗银行的核心交易银行具有完善的基础设施和全球 90 多个国家的实地业务，能够使客户交互性地管理资金业务，拥有大数据收集优势。Citi SmartMatch 利用 HighRadius 专有的人工智能和机器学习技术及自己研发的专利，将开放式发票与公司收到的客户付款相匹配，极大地提高了花旗银行现金申请流程的效率和自动化程度。对于信息不完整的汇票，SmartMatch 可以利用光学字符识别技术识别并匹配客户的历史汇款数据，自动填写不完整的信息；只有当系统无法自动匹配时，企业账款管理人员才会进入特定页面核查、补充资料。手动密集型流程被自动化取代，从而降低银行成本。SmartMatch 方案也可帮助客户缩短现金回收期，优化营运资金，快速了解收付款异常情况，提高运营效率。

五、区块链应用

（一）花旗银行区块链和花旗币

花旗银行近年来一直是研究区块链领域领先的银行，专注于其在集团内部开展区块链发展探索。近年来，花旗银行在区块链技术方面做了很多努力，2015 年 7 月，花旗银行表示已开发三种不同的区块链及花旗银行自己的加密货币——花旗币（Citicoin）。

但之后花旗银行发行区块链产品的进程却比较缓慢，一个最大的原因是受到监管方面的制约。用户在银行账户间传送加密数字货币，难以对其是否发生"洗钱"等非法行为进行监督，而美国的反洗钱法对相关的惩罚非常严厉。因此，包括花旗集团在内的很多金融机构对加密货币的态度较为保守。2018 年 2 月，花旗银行禁止所有的美国客户使用信用卡购买加密货币。其他大型银行，如摩根大通银行和美国银行也在当时发布了类似的公告。

（二）与纳斯达克区块链、IBM LedgerConnect 合作

2017 年 5 月，纳斯达克和花旗银行宣布建立伙伴关系，宣布了一项新

的综合支付解决方案，该解决方案使用分布式账本技术记录和传输支付指令来实现自动对账。支付交易包括通过花旗银行的 CitiConnect® 区块链平台和由 Nasdaq Financial Framework 提供的 Linq 平台之间的链接自动处理跨境支付。这一合作创造了一个开创性的机构银行解决方案，将区块链技术与花旗的全球金融网络紧密结合，交易者可直接从纳斯达克 Linq 平台使用 CitiConnect® for Blockchain 和花旗银行的 WorldLink® 支付服务进行全球支付，提高了操作效率，并可在区块链上实时核对支付活动。尽管在花旗银行的交易中利用纳斯达克区块链交易的只占一小部分，但这一成就是花旗银行真正进行区块链整合拓展中重要的里程碑。

2018 年 7 月，花旗集团和巴克莱银行宣布将参与一个新的 IBM 区块链应用 Ledger Connect 的试运行。这个应用程序旨在为银行提供一个平台来处理 AML/KYC 合规以及贷款抵押品管理。

花旗银行还大量投资提供区块链解决方案的创业公司。2017 年花旗银行与肯尼亚的 Safaricom 合作以开拓当地市场。在肯尼亚有 80% 的人拥有手机，但只有 40% 的人拥有银行账户。未来，他们的手机将作为电子钱包对接花旗银行的区块链付款和汇款系统。它将跨越传统的银行体系，以更低的成本服务更大的人群。

六、花旗银行风险投资

花旗银行对未来金融科技领域的布局与规划主要在于其设立的风险投资公司。花旗银行采取一种战略投资的战略，成立自己的风险投资公司，以风险投资公司的名义来投资创业公司，未来与创业公司达成战略性合作，把创业公司的技术、产品或服务等资源整合进花旗银行内部，从而为客户提供更好，更具创新性的产品和服务。

（一）花旗银行风险投资基本介绍

花旗风险投资公司（Citi Ventures）（以下简称花旗风投）在 2010 年 1

月由花旗银行首席创新官 Debby Hopkins 在美国加利福尼亚州帕罗奥图成立，在 2010 年 7 月进行了第一次风险投资。

花旗风投在金融科技领域的投资非常活跃。据 CB Insights 称，从 2015 年中期到 2016 年第三季度，花旗银行与桑坦德银行在金融科技投资数量方面位列全球所有银行之首。2017 年中期，花旗风投在金融科技投资数量方面跻身美国十大银行之首，在其之后是高盛和摩根大通。

截至 2018 年 12 月，花旗风投已经对 48 家公司进行了投资。成功退出的项目有 10 个，其中上市退出的项目有 2 个，分别是电子签名平台 DocuSign 和电子支付公司 Square。如图 9-4 所示，花旗风投投资的创业公司集中在五个领域：（1）金融服务与技术：银行和金融服务领域的新兴趋势和商业模式；（2）数据分析与机器学习：使用大数据来提高效率；（3）商业与支付：通过提供创新产品和新的支付手段，更好地吸引消费者；（4）企业安全与 IT 服务：解决新的安全威胁和欺诈，并构建灵活的 IT 基础架构；（5）客户体验与营销：更有效地获取、留存、吸引和服务客户，同时在所有渠道中实现卓越的客户体验。

（二）花旗银行风险投资案例分析——Anaconda

Anaconda 成立于 2012 年 1 月，拥有 600 多万名用户，是世界上最受欢迎的 Python 数据科学平台。Anaconda Enterprise 是一个人工智能/深度学习（AI/ML）支持平台，使团队能够开发、管理和自动化 AI/ML 和大数据科学。它允许团队从一个数据科学家扩展到数千个协作团队，从一个服务器扩展到数千个节点，从而进行模型培训和部署。美国的大多数金融机构在使用这个数据平台进行 Python 或者 R 的教学，包括汇丰银行、摩根大通银行、巴克莱银行，以及保险方面的 USAA。

2018 年 6 月，Anaconda 向花旗风投定向发行了可转换债券，募集了 500 万美元。花旗风投董事总经理兼风险投资联席负责人 Ramneek Gupta 表示，凭借其在 Python 上的开源机器学习平台，Anaconda 能够在管理、协作和可扩展性方面推动花旗银行快速成长。花旗银行一直在努力创建技术模块，以推动在众多功能中广泛采用机器学习，对 Anaconda 的投资正好有助于这一点。一些银行机构使用 Anaconda 的软件进行压力测试，而花旗将把平台用于反洗钱和信用评估。未来，该平台也有望适用于风险分析贷款决策和资金管理。

（三）花旗银行风险投资的其他尝试

除了对外进行投资以外，花旗风投还通过内部鼓励创业、建立创业孵化器和设立高校合作计划提升自己的创新能力。

1．内部创业计划——D10X^{SM}

D10X^{SM} 是花旗银行内部基于风险投资和创业原则的员工创业计划。该全球计划授权花旗员工构想、测试和推出新的业务解决方案来鼓励内部创业。D10X^{SM} 创业方案分为三个流程：（1）设想。花旗银行的员工发现客户面临的关键问题，并探索利用花旗银行的竞争优势解决这些问题的新方法。（2）验证。通过与客户沟通和作出相应的假设检验，花旗银行员工提出解决方案并验证商业模式。（3）实现。D10X^{SM} 把花旗银行员工提出的解决方案推向市场，解决客户的痛点并给花旗银行创造新的收入增长机会。在这期间，花旗银行员工可以获得来自花旗银行的关于市场进入、产

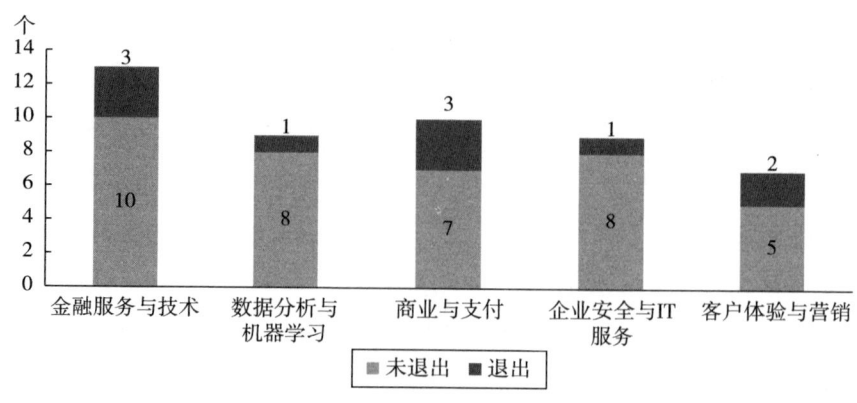

资料来源：花旗银行官方网站。

图9-4　花旗风投已投项目汇总（截至2018年12月）

品管理和新业务创造方面的支持，包括来自企业家团队的教育和指导。截至 2018 年 1 月，有 200 多名员工积极参与近 100 个内部 D10X^{SM} 创意计划，自 Citi Ventures 推出 D10X^{SM} 以来，已有 1500 多名员工参与其中。

2．孵化器——Ventures Studio

Ventures Studio 是花旗风投的孵化器，负责开发产品和服务，为人们、企业和城市带来经济活力。Ventures Studio 的具体方法论如下：（1）了解。了解影响人们、企业和城市经济活力的核心宏观趋势，并确定花旗银行可以参与推动变革和创造增长的领域。（2）合作。与花旗银行内部和整个外部生态系统广泛合作，共同开发解决问题的专业知识和协作方法。（3）创建。孵化出新的解决方案，以应对潜在挑战和机遇。

3．高校合作计划——CUPID

CUPID 项目将来自顶尖大学的学生融入花旗银行的创新活动中，为花旗银行及其客户共同创造产品和服务。参与 CUPID 项目的学生能够接触到花旗银行的创新活动，同时帮助创造最前沿的新的解决方案。CUPID 项目使有才华的学生能够与公司合作，解决复杂的现实挑战，并加强花旗银行与顶尖大学的关系。CUPID 项目有两种课程：（1）战略项目。大学生在获得课程学分的同时，与花旗银行团队合作，开展关键创新计划。（2）编程马拉松。学生开发功能原型和商业模型，以生成和测试新概念。自该项目于 2017 年启动以来，CUPID 计划已在 17 所大学校园内招募了 350 多名学生。CUPID 团队开发并支持了 15 个新产品创意、6 个功能原型和 4 个业务单元项目。

七、花旗银行的金融科技发展展望

2016 年 3 月，花旗银行内部的研究部门 Citi GPS 出版了一份极度悲观的研究报告。该报告标题为"数字化颠覆"（Digital Disruption），报告的核心观点是：突破性的变革正在到来。Citi GPS 表示，目前金融科技公司夺走了 90 亿美元的业务，虽然与银行业每年的业务量相比占比很小，但花旗银行的分析师预测，在 4 年后，金融科技公司的收入将跃增 10 倍，超过 1000 亿美元。到 2023 年，金融科技公司将占据北美消费银行服务市场 17% 的份额，达到 2030 亿美元。

如前文所述，花旗银行作为全球银行业的创新领导者，在电子支付、生物识别、大数据、区块链四个领域已经作出了很多尝试：开发支持移动支付的手机软件，推广可以高效认证的语音识别系统，创设基于大数据的分析平台，推出花旗币来涉入区块链等。除了已有新业务外，花旗银行对未来也有布局，于 2010 年设立了风险投资公司，专门用来投资金融科技领域有前景的创业公司，未来将与所投公司形成战略性合作，为花旗银行的客户带来更卓越的产品和服务。不仅如此，花旗风投还通过内部鼓励创业、建立创业孵化器和设立高校合作计划提升自己的创新能力。

从花旗风投的投资布局中，我们不难预计花旗以后的发力点。从目前已投资的项目来看，花旗风投的投资标的以科技公司居多，预计未来花旗银行可以整合科技创业公司的先进技术，在人工智能、深度学习等方面领先于其他大银行。另外，花旗风投在企业服务方面也有布局，表现在企业安全与 IT 服务、客户体验与营销这两个领域的投资还不少。而企业服务领域总体以创业公司向 B 端提供 SaaS 服务（Software-as-a-Service，软件即服务）为主，因此未来花旗银行可通过低价获得已投创业公司的 SaaS，在提高效率、降低成本方面领先于其他竞争对手。

花旗银行全球消费银行业务 CEO Stephen Bird 曾用生物学术语比喻银行业的现状：“我将之描述为灭绝阶段。在灭绝阶段，要么你能够快速适应，并且形成新形式的竞争态势，不然只能销声匿迹。”这是一场花旗银行或者说所有银行正在进行的达尔文式的适者生存斗争。就当下花旗银行已做的尝试和改变而言，花旗银行正在适应，未来值得期待。

实 践 篇

第十章　汇丰银行的金融科技发展现状与规划

摘　要

作为全球最大的银行及金融服务机构之一，汇丰银行积极拥抱技术创新，在变化的格局中勇于接受挑战并积极改变自我，尤其自2016年以来积极布局金融科技领域。汇丰银行目前已深刻认识到金融科技在未来竞争中的重要性，将其提升至战略层面，在提高未来竞争力的行动方面着重强调了对技术的投资。一方面，汇丰银行任命技术咨询委员会，帮助汇丰银行抓住利用人工智能、生物识别、数据链和数据科学的机会，重点关注汇丰银行如何利用技术创新、打击网络犯罪和利用其全球基础设施；另一方面，汇丰银行也重新配置和改进了移动和网上银行平台，以提供可扩展的基础模块。在金融科技举措方面，汇丰银行主要通过对金融科技企业进行直接投资、与第三方进行合作、自主技术研发三种途径全面布局金融科技产业。加大对金融科技的投资和发展也为汇丰银行能更好地参与全球竞争打下了坚实的基础。

Chapter 10 The Present Situation and Prospect of FinTech Development of HSBC

Abstract

As one of the world's largest banks and financial service institutions, HSBC actively embraces technological innovation, adapts to the changing environment. It now has a deep understanding of the importance of FinTech, and highlights investment in technology in actions to improve future competitiveness. On the one hand, HSBC appointed a technology advisory committee to help HSBC seize the opportunities of using artificial intelligence, biometrics and data science, focusing on how it utilizes technological innovation, combating cybercrime and leveraging its global infrastructure; on the other hand, mobile and online banking platforms have been reconfigured and further improved to provide scalable infrastructure. The increasing investment and development in FinTech has laid a solid foundation for HSBC to better participate in global competition.

一、汇丰银行概览

汇丰银行起源于 1865 年于香港成立的香港上海汇丰银行有限公司,是目前全球最大的银行及金融服务机构之一。通过零售银行及财富管理、商金融、环球银行及资本市场以及环球私人银行四大环球业务,汇丰银行为 3800 多万名客户提供服务,集团业务网络遍及欧洲、亚洲、中东及非洲、北美洲和拉丁美洲,覆盖全球 66 个国家和地区。

在大数据、人工智能、区块链、云计算等领域创新科技层出不穷的今天,金融科技的浪潮席卷全球。在这场改变传统金融业态的革命浪潮中,汇丰银行积极拥抱技术创新,在变化的格局中勇于接受挑战并积极改变自我,尤其自 2016 年以来积极布局金融科技领域。

汇丰银行全球流动性与现金管理负责人 Mark Evans 于 2016 年发表的相关报告《抓住全球金融科技机遇》(*Harnessing the FinTech Opportunity*)将金融科技的发展分为三个阶段:第一阶段,新兴金融科技公司享受开拓传统银行无法满足的巨大市场的"蜜月期";第二阶段,传统银行积极介入发展浪潮,投资金融科技企业的"回应期";第三阶段,冷静审视金融科技发展前景,传统金融业与新兴科技互利共进的"成熟期"。

二、汇丰银行的金融科技发展现状

(一)正在执行的战略

1. 应用金融科技的独特优势

汇丰银行的商业网络覆盖了世界上最大、增长最快的贸易走廊和经济区。超过 50% 的客户收入来自国际知名的企业和个人,业务横跨 66 个国家和地区,涉及全球 GDP、贸易和资本流动的 90% 左右。它独有的国际网络和为全球客户搭建桥梁的能力值得瞩目,这一高价值的优势在地理范围和客户范围上都十分突出，因此能够最大限度地满足客户多样化的金融需求，提供风险管理和流动性成本的有效控制方案。汇丰银行一直以来致力于提供全球范围内一致的、高标准的服务，帮助全球范围内的客户进行贸易和投资，同时涉及现金外汇和证券领域，专注于国际金融市场。

基于其全球范围的知识和专业分享，我们可以发现汇丰银行自身的独特定位，即以为各国客户和企业提供必要的联系并促进跨越国界和地理区域的可持续增长为目标。"全球范围""沟通联接"是最频繁出现的字眼。一方面，汇丰现存的跨国经营能力和广泛的人际网络使其有更加突出的优势来应用金融科技，能够发挥最大的效用；另一方面，出于持续发展和维护客户长期关系的战略及业务增长关键考虑，汇丰银行在未来将有更加迫切的转型需求和利用金融科技实现上述目标的愿景。

2. 战略定位

近期汇丰银行发布的最新战略表明，在经历了一段重大的银行转型期后，它正在重新关注增长，目标是增加客户数量，占领市场份额，并在一定基础上增加收入和利润。同时将采取行动，以提高未来的竞争力，包括投资技术。

其战略定位中重提增长，并在提高未来竞争力的行动方面，着重强调了对技术的投资。这里提到的技术在后文会有详细的阐述。值得关注的是，汇丰银行目前已深刻认识到金融科技在未来竞争中的重要性，将其提升至战略层面。

同时，战略定位中还提到，未来将进入亚洲、中东和拉丁美洲的高增长、发展中市场，将它们作为长期提供高增长的平台，并积极充分地为自己的客户发现世界各地的金融机会。可以想见，进入亚洲等人口密集区域十分需要金融科技的植入，密切客户间网络和加强与汇丰银行的联系，同时有助于通过大数据等形式发掘潜在需求和投资机会，更好地服务客户，实现长期增长的目标。

3. 战略重点

2018年6月，汇丰银行制定了一系列新的战略重点，以提高收入、利润增长和股东回报，并加强对客户的服务能力，主要包括以下八项内容。

（1）加快亚洲业务的发展，聚焦中国香港、珠江三角洲、东盟和亚洲的财富，包括保险和资产管理，成为支持低碳经济和中国主导的"一带一路"倡议的主要银行。

（2）完成英国 Ring-Fenced 银行的建立，增加抵押贷款市场份额，扩大商业客户群，改善客户服务。

（3）从国际网络中获取市场份额并提供增长。

（4）扭转美国业务。

（5）提高资本效率，将资本重新配置到更高回报的企业。

（6）通过效率提高创造增长和技术投资的能力。

（7）通过进一步提高投资技术和数字能力，提高影响力以及提高行业领先的金融犯罪标准来改进客户服务。

（8）简化组织和投资未来技能。

从上述八项战略重点可以看出，汇丰银行极其重视亚洲的业务拓展和国际网络对它的裨益，同时，资本效率和技术投资显得尤为重要。这些目标的实现均需要深入广泛地利用金融科技，这反映了汇丰银行试图通过技术投资抢占金融科技高地的雄心。

4．高管阐释

分析完汇丰银行的应用优势及战略重点，我们也可以从其高管的演讲谈话中捕捉汇丰银行目前应用金融科技的理念及未来发展趋势。

"我们使用数字技术，让我们的客户与我们银行变得更简单、更好、更快，同时保障客户资金与数据的安全。汇丰银行正在与领先的科学家和公司合作，利用下一代技术。汇丰银行的做法是建立一个战略创新投资团队来探索创业环境，确定那些能给我们提供可以使用的技术的公司，投资于这些公司可能是很好的投资。

"我们相信，当我们同时作为投资者和客户时，我们从新公司获得更多的价值，他们从我们之间的关系中获得更多的价值。这对于培育技术创新至关重要，这种技术创新对于提高金融市场和系统的效率，以及改善整体客户体验都是必要的。由初创企业或技术巨头引入的创新和工作模式对传统金融机构来说并非存在威胁。它们是更好地满足客户需求的机会。"[①]

从高管的这一系列阐释中，我们可以发现，汇丰银行目前面对金融科技的冲击，主要采取的是投资初创企业和团队的方式，而客户和投资者可享受这些领先的金融科技服务。

5. 风险防范

对于银行而言，在追求收入和利润增长的同时，也应当注重风险防范，实现风险和收益的平衡。基于此，汇丰银行也正在不断努力改进侦查和预防金融犯罪的方法，并探索有助于建立现有能力的技术。打击金融犯罪是能够从创新中受益的关键领域，汇丰银行也正在和一些金融技术公司合作并投资，让这些公司帮助其实现这一目标。

在未来几年，汇丰银行的目标是通过规模化使用所有可用的数据，并应用先进的分析方法和人工智能来显著改进其金融犯罪风险的管理方法。

这将帮助银行克服当前全行业金融犯罪风险管理方法中一些固有的局限性，之前的方法使用少量可用信息，并导致大量虚假警报。被称为"情报主导型金融犯罪风险管理"的新方法将有助于逐步提高打击金融犯罪的有效性，并制定旨在领导金融业的新标准。

今后汇丰银行将更快、更准确地检测可疑活动和风险评估。它将产生洞察力，可以利用自身信息，并提供给执法机关，建立其有效防止金融犯罪的系统。这将有利于汇丰银行的客户和整个社会。

6. 机构设置

为了更高效切实地推进发展利用金融科技的工作，汇丰银行于 2018 年任命了技术咨询委员会，其中包括来自美国、中国、印度和以色列的高级技术专家和企业家。该委员会将帮助汇丰银行抓住利用人工智能、生物识别、数据链和数据科学的机会，并重点关注汇丰银行如何利用技术创新、打击

[①] 汇丰集团首席信息官 Darryl West 在 2017 年 7 月 11 日于中国香港召开的 RISE 技术大会上谈到银行与金融科技的关系。

网络犯罪和利用其全球基础设施。

委员会将每季度召开一次会议，就汇丰银行与 IT 基础设施、数字机会、网络安全和创新技术相关的技术和数字战略提供咨询和指导。重点包括以下三个方面。

（1）干扰。由技术驱动的客户行为和企业设计的变化，金融技术的新趋势，以及新技术的产品创新所带来的机会。

（2）网络。使用生物识别技术获得数据和系统安全访问的最佳实践，数字身份的发展。

（3）基础设施。关于大规模技术基础设施改造和平台的建议，关于保持敏捷性和促进创新的见解。

"技术咨询委员会是帮助我们采用使汇丰银行更简单、更好、更快地服务于全球 4600 万名客户和 25 万名同事的技术的关键。在过去几年中，我们已经取得了重大进展，包括最近通过触摸 ID、语音 ID 和面部识别，以及通过我们参与贸易金融中连锁经营概念的第一个证明，成为全球最大的生物特征识别金融服务用户。我们还在英国、印度和中国建立了技术实验室，并与包括伦敦的艾伦图灵研究所和香港应用科学技术研究院有限公司等主要机构签署了合作关系。"[1]

专为应用金融科技而设置的技术咨询委员会凭借其强大的专业能力和前瞻性，将有效地使汇丰银行站在金融科技的最前沿，以此应对其对传统商业银行和投资银行业务的冲击，保障了它未来切实执行有关金融科技发展的战略决策，从另一个角度反映出了汇丰银行管理层对于金融科技的重视和警惕。

---

[1] 汇丰集团 CEO John Flint 于中国香港阐述集团战略 [EB/OL]. [2019-04-07]. http：//www.FinTechnews.org/the-future-of-FinTech-opportuniy-or-threat/.

（二）聚焦亚太地区拓展

1. 市场环境分析

汇丰银行的研究报告指出，数字用户的使用正在迅速增长，特别是在亚洲。到 2020 年，亚洲 17 亿个数字银行消费者的潜力正在改变，客户行为往往由非传统参与者主导。同时，移动端已经成为主流的分销渠道，当前的战略增长重点仍然是引人注目的。

智能手机普及率迅速增长，在许多亚洲市场超过 75%，区域平均增长率为 37%，2014—2015 年增长率达 41%。数字银行的使用持续快速增长，中国香港和新加坡的受访者中，超过 90% 使用网上银行功能。在数字渠道内，移动端迅速超越网上银行的用户量，正不断渗透增长。

2. 进行中的实践

目前，汇丰银行已经重新配置并继续改进了移动和网上银行平台，以提供可扩展的基础模块。汇丰银行推出了一个跨 27 个市场的移动应用程序，新网上银行平台支撑着数字计划，并有一个强大的开发特色管道，汇丰银行正在投资珠江三角洲的数字主导增长计划。这一系列的实践目标主要分为以下三点。

一是数字转型。增强数字平台和服务能力、加速跨地区部署、改进支持的数字操作，从而简化用户交互体验。

二是产品和服务自动化。优化端到端客户操作流程，实现销售和服务交易的自动化、直通处理，从而提高效率和生产力。

三是简化渠道。提供方便简捷的多通道能力，通过自助销售实现客户授权、优化分支和联络中心足迹，从而增强用户体验。

3. 未来愿景

汇丰银行的研究报告中关于未来愿景主要分为四个重点：

一是可视化。提高客户体验，增加员工使用平板电脑和移动应用程序的效率，增加客户的参与度和客户理解度，使用软件可视化工具。

二是数据。使用细节个性化客户体验，了解他们的行为，全面分析客户数据，了解其行为、偏好和趋势。

三是对话。无缝开展双向对话，允许服务和销售的渠道成为面向每个客户进行谈话的一部分。

四是聚焦亚洲。在中国香港、珠江三角洲地区设立研究机构和创新中心，并与微信 AI 开展合作，支持移动账户服务。

数字从根本上改变了银行与客户的互动方式，向所有客户提供了个性化对话的机会，以支持他们广泛的个人需求。它使汇丰能够迅速应对外部变化，并与主要合作伙伴一起探索新的商业模式，也使客户能够更积极和及时地与银行对话。

（三）专利及创新技术

1. 专利情况

从已对外公布的专利申请情况来看，汇丰银行实际持有的技术专利比较少，其中大部分是在 2011 年前后申请的，包括一些清算系统和技术的专利。汇丰银行对技术的拥抱主要体现在投资技术公司和与第三方合作上，自身研发比较少。汇丰控股及其附属公司的申请专利数量如图 10-1 所示，近几年汇丰没有大量公布专利申请。

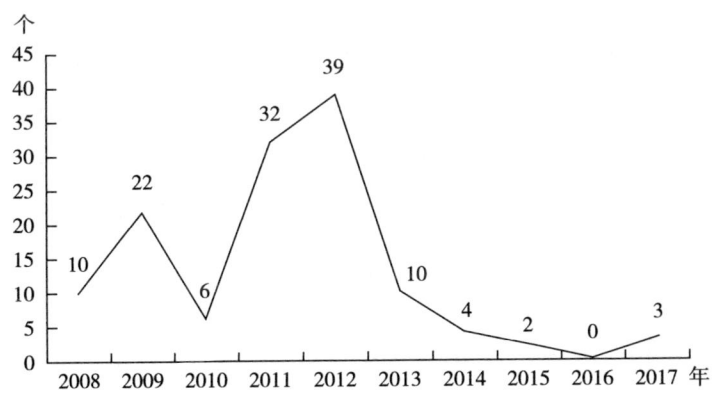

资料来源：Innojoy 专利库。

图10-1　年度申请专利数量

从全球分布来看，汇丰银行在美国申请的专利数量最高，如图10-2所示。

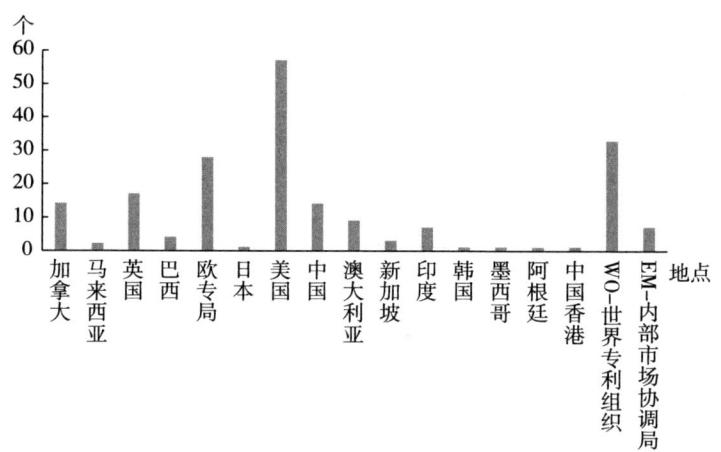

资料来源：Innojoy专利库。

图10-2　汇丰专利地域分布

2．创新技术与应用

面对金融科技对商业银行的业务模式和盈利能力的影响的不确定性，汇丰银行提供电子化解决方案的团队正在积极寻找金融科技领域的商机，对传统模式进行不断的改进和突破，提升汇丰银行在该领域的竞争力。使用创新金融科技还可能带来金融犯罪风险，并且这种风险还未被完全掌握。汇丰银行正在强化先进分析技术的使用，提升自己的风险管理能力。为了应对金融科技对传统业务模式的不利影响和提高风险管理能力，汇丰银行正在积极涉足金融科技领域。以下是汇丰银行正在探索的金融科技创新技术以及应用的三个案例。

（1）生物识别。生物识别技术主要应用在移动支付中，能够简化甚至改变支付流程，促进移动银行业务。用户在通过汇丰银行的移动应用程序HSBCnet Mobile管理小额交易时，指纹识别技术为他们带来了极大的便利性和高级别安全性。用户已经将移动应用程序当作银行业务通信的主要渠道。2017 年，HSBCnet Mobile 使用量增长了 38%。截至 2017 年 12 月，汇丰银行的指纹识别服务 Touch ID 已经登录 35 个市场。这项服务为 HSBCnet Mobile 贡献了 30% 的英国客户新增下载量和 40% 的澳大利亚新增下载量。较早接触生物识别工具的汇丰银行已经开始研发实时操作中的面部和语音识别。移动支付引发了设备间的交互支付的新概念，付款流程已经发生根本性变化。

（2）分布式账本技术（DLT）。"分布式账本其实是一种跨越多个站点、国家或机构的数据库"[1]，一般来讲是公开的。数据按照发生的先后顺序被连续记录在一个账本里，但不是存储在区块里。只有当赞同参与方达到一定数量后，记录才能添加在账本中，相当于投票通过后才能更改账本。"分布式账本就是一个可以在多个站点、不同地理位置或者多个机构组成的网络里进行分享的资产数据库。这里所讲的资产可以是金融，可以是法律意义上的，也可以是物理实体或信息化的。每一个参与方都会获得真实账本的一个副本，只要有公私钥以及签名即可访问和维护。区块链技术是分布式账本的底层技术。"[2] 相比区块链技术，分布式账本技术意义更广泛，因为它可以穿透应用层、业务层及底层技术层。分布式账本技术能创造出超出加密货币的新应用场景。

汇丰银行与其他银行及技术合作伙伴参与了新加坡金融管理局（MAS）主持的 Ubin 项目。该项目于 2016 年推出，讨论分布式账本技术在支付和证券清算方面的应用。2017 年该项目发布了基于分布式账本技术的新加坡内数字货币支付技术文档，预计 2019 年底实现新加坡元的数字化支付。汇丰银行还与全球其他中央银行推进即时总额结算系统（RTGS）。如果该分布式系统开始运作，在金融生态系统中不再需要清算的中央基础设施，因为流程和数据分布在 DLT 网络的参与者之中。基于 DLT 的 RTGS 系统降低了日常成本和资源消耗，并消除了中央银行作为整个金融生态系统中心

---

[1] 长铗，韩锋，等.区块链：从数字货币到信用社会 [M]. 北京：中信出版社，2016：1-2.
[2] 邹均，张海宁，等.区块链技术指南 [M]. 北京：机械工业出版社，2016：131-141.

的单点故障风险。参与该项目，汇丰银行能及早应对新加坡元数字化之后的各种全新挑战。

（3）智能银行。不同于包括网络银行和手机银行等移动业务形式的虚拟银行，智能银行有物理营业网点。在智能银行网点甚至无人银行网点办理业务的客户将享受到便捷性和新颖的人机交互体验。客户办理业务的流程主要有三步：智能机器人取号排队、人脸识别身份匹配、屏幕显示排号顺序等待。通过两台超级柜台、一台外币兑换机、一台人脸识别 ATM，普通银行业务均可无人化进行。通过人脸识别匹配技术进入设施，戴上 VR 头设体验 VR 咨询，这便是 VR 咨询及 VIP 咨询服务。实际上这种智能网点汇集了一些较为成熟的技术设备，通过在银行业务中的组合应用来进行形式上的创新，做到无人化和便利化。

汇丰银行的业务中心向财富管理业务转移时，会继续依赖物理网点。汇丰银行除了开发 HSBCnet Mobile 移动应用程序，还拓宽硬件设备技术渠道。以汇丰电子科技（中国）公司为例，该公司自主生产和销售各类银行通信和办公系统，主营远程监控设备、仪器仪表、网络通信设备、数码产品、电源分理器、智能通道槽、排队叫号系统、计算机软硬件的研发与销售。该科技公司已经与工商银行、农业银行、中国银行、建设银行、交通银行等大型银行开展长期深入的合作关系。

（四）技术渠道

综观汇丰银行应对金融科技对传统金融行业冲击的各项举措可以发现，汇丰银行主要通过对金融科技企业进行直接投资、与第三方进行合作，以及自主技术研发三个途径全面布局金融科技产业。

1. 金融科技企业直接投资

汇丰银行积极面对自身难以解决的技术问题，在科技研发和数据分析领域投资近 20 亿美元。直接投资金融科技初创企业使汇丰通过互相合作，弥补自身的不足。

同时，汇丰集团行政总裁范宁（John Flint）于 2018 年 6 月表示："2018

年至 2020 年汇丰将转变策略，从降低转为成长，预计将在核心亚洲市场投资 150 亿~170 亿美元"，体现了汇丰对于发展金融科技业务的决心。

Quantexa 是汇丰银行投资初创科技公司的典型案例。创建于 2016 年的 Quantexa 是一家人工智能软件公司。其依赖人工智能所开发的软件可以扫描并分析电话号码、地址、公司董事和新闻报道等海量非结构化信息，从中寻找与洗钱相关的蛛丝马迹。2017 年，Quantexa 接受汇丰银行和 Albion Ventures 共 330 万美元的资金，并就此与汇丰银行开展合作。汇丰银行曾经因非法融资账户受到了数十亿美元的罚款，如今在与 Quantexa 的合作中，这个问题得到了逐步解决，为汇丰银行节约了相应成本。未来，借助诸如 Quantexa 的人工智能技术，汇丰银行在打击非法融资方面将取得进展。

2. 第三方合作

汇丰银行能够正视自身在金融科技领域的技术局限性，乐于积极通过第三方合作解决技术问题。通过与金融科技初创企业的合作，汇丰银行的服务有了不同层面的改变，汇丰银行能够提供各种崭新工具和应用程式，为客户提供更方便的银行服务。

（1）Money Catcha。在与金融科技初创企业 Money Catcha 开展合作的过程中，基于双方的合作伙伴关系，澳大利亚汇丰银行帮助处理家庭贷款信息的区块链平台——Homechain 和针对金融企业合规管理的区块链平台——Regchain 进行加密安全性测试。区块链技术上的合作可以使汇丰银行大大提高房屋贷款审批的效率，加快风险识别监控的速度。

（2）R3 公司的 Corda 平台。2018 年 5 月，汇丰控股通过为食品和农业巨头嘉吉集团（Cargill）出具信用证使用区块链技术完成全球首笔基于区块链技术贸易融资交易。此次 Cargill 集团从阿根廷出口大豆到马来西亚交易通过 R3 公司的 Corda 平台实现，一改以往国际贸易需大量纸质文件的弊端，实现无纸化改革，使交易流程更为简捷。这样的突破将会改变动辄近十万亿元规模的贸易金融行业，汇丰银行与 R3 公司的技术合作，使其在此领域取得先发优势。

（3）Tradeshift。Tradeshift 是一家拥有先进网络动态发票系统的电子发票公司。汇丰银行与 Tradeshift 的合作可使汇丰银行客户通过下载 APP 更轻松便捷地在网上管理账户，并与供货商建立网上联系，较传统方式具有节约时间、简捷方便的特点。

（4）Pariti。与 Pariti 的合作使汇丰银行在英国的零售银行客户可以下载由汇丰银行和初创企业 Pariti 共同开发的应用程式——HSBC SmartSave 在日常生活中化整为零地进行储蓄。

3. 自主技术研发

除了简单地直接投资和第三方合作，汇丰银行同时着力开发技术端。其有优秀的科创团队专职研发新平台和新产品，并通过与高校合作进行人才引进，在金融科技的发展浪潮中引领同业潮流。

（1）精英计划引进人才。为引进人才，协同集团的金融科技布局，2018 年汇丰银行与中国知名高等学府华南理工大学、西安交通大学合作开展"汇丰金融科技精英计划"高校合作项目。汇丰银行希望通过该精英计划培养兼具金融基础和科技技能的未来金融科技领域专家，并为其未来计划在亚洲增设的金融科技相关岗位提供充足且优质的人才储备。

（2）研创实验室。2016 年 11 月，香港上海汇丰银行有限公司和香港应用科技研究院成立汇丰—应科院联合研发创新实验室。汇丰—应科院联合研发创新实验室位于香港科学园内的应科院，研发团队来源于应科院，而实验室的配套软件和硬件则由资讯科技提供。凭借汇丰在亚洲的国际网络和应科院的研究能力，汇丰希望以此促进未来可应用于金融企业的科技开发研究，诸如人工智能中文字识别、生物行为识别、大数据分析、区块链、网络安全、人脸识别和互联网金融等。

此外，汇丰银行还积极与全球学术和研究机构建立了伙伴关系。其中，汇丰银行与图灵研究所展开的数据相关合作有望对集团产生一定的商业价值。

（3）软件开发公司。2006 年汇丰成立了汇丰软件开发（广东）有限公司，作为汇丰银行四大环球科技中心之一，公司雇用了 3000 多名员工，绝大多数为大专及本科以上学历的人才。公司主要从事软件系统开发、设计、维护、技术转让、技术咨询服务，为汇丰银行全球各事业部及职能部门的银行业务及自动化办公提供全面的端到端技术支持，公司的服务范围广泛，服务地区覆盖美国、英国、加拿大、中国香港等全球 67 个国家和地区。成立十多年来，软件开发公司以卓越的实力和行业竞争优势为汇丰银行提供强有力的技术后盾，双方相互依存，协同发展，共同为汇丰银行金融科技领域的突破创新作出努力。

三、汇丰银行的金融科技发展展望

（一）汇丰银行对发展金融科技的布局

汇丰银行作为全球最顶尖的跨国银行，改善客户体验、为广大客户提供方便快捷的服务一直是其努力的方向，而使用前沿科技能使这个目标更快更好的实现。为此，汇丰银行成立了许多科技团队，进行新产品、新技术、新平台的研发，取得了不少成果。尽管如此，汇丰银行高层也清晰地意识到自身的不足，正视那些无法凭一己之力解决的问题，而投资金融科技初创企业，通过初创企业的科技研发和业务开拓与自身业务的有机结合，正是汇丰银行弥补自身不足的重要途径。汇丰银行投资了许多家金融初创企业，其中最具代表性的企业获得显著成果的有 Tradeshift、Pariti、Quantexa、Money Catcha、R3 及 Payme。

1. 汇丰银行借助 Tradeshift 提供供应链金融服务

银行最重要的作用是服务于实体企业日常经营活动的资金需求，而其中最重要的就是供应链贸易中的资金需求，即提供供应链金融服务。在供应链的运营过程中，从原材料、能源的采购、产品的加工到产成品的销售环节都涉及资金的流入和流出，而大部分时候资金的流入和流出在时间和金额上并非匹配，因此就会形成企业的资金缺口，其中最典型的情况就是下达订单和支付货款之间存在的资金缺口、接收货物到销售回笼资金之间的压力及库存商品管理时的资金需求。此外，企业的应收账款经常会出现坏账、呆账的情况，资金不能按时、按量收回会加剧资金压力，因此，为了保证企业现金流的流畅循环，供应链金融逐步发展成了银行业的重要业务领域。

Tradeshift创立时是一家动态发票管理公司，它使客户能将不同格式和形态的发票直接转化为表单数据存储在自己的系统中，降低了录入成本。大型企业可以通过支付固定费用来使用该系统，并授权他的供应商免费使用该系统来管理交易，同时根据软件提供的实时汇率来选择最优付款时间，这种模式便于该企业与供应商快速交易，协助交易双方建立信任促进贸易。此外，Tradeshift无缝接入汇丰银行、美国运通和中国宜信等公司的系统，充分利用其结算和授信系统，一站式提供虚拟卡、动态折扣、区块链支付等付款选项，给予客户在自筹资金和银行贷款之间选择支付方式的建议，优化企业运营资金管理和扩大盈利。这促进了汇丰银行贷款业务的发展，加强了银行和客户之间的关系，开拓了新的客源，改善了企业的运营状况。

2. 汇丰银行通过Pariti拓展服务种类

近年来，千禧一代长大成人参与到社会活动中，他们的特点和影响力不容忽视。千禧一代最大的特点就是低储蓄、高消费，为了帮助千禧一代偿还信用卡债务，Pariti应运而生。

Pariti于2014年在伦敦成立，是一家专注于个人财务管理的公司。Pariti与汇丰银行合作开发了一款名为SmartSave的个人金融服务APP，它将消费者所有的银行卡、信用卡和储蓄等账户信息都集中到一款软件上，每日更新账户的收支情况，根据客户的信用卡透支情况和借款成本进行财务预测，管理账单和零钱，帮助客户制订详细的消费计划和还款计划，加强消费管理，提高财务能力。

此外，Pariti还计算消费者所有类型的债务，如果债务成本超过某个限度，就会为其推荐成本更低的贷款进行债务置换，降低债务成本。2016年，该软件在汇丰的2000位客户中试行，根据汇丰银行统计的结果，该APP成功地为每位用户每月节省了63.17英镑的支出，并提高了他们的财务健康状况，为汇丰银行带来了新的贷款和其他服务需求，使客户与银行关系更加紧密。

3. 汇丰银行和 Quantexa 联手打击洗钱活动

2012 年 7 月 25 日，墨西哥金融监管部门称，汇丰银行墨西哥分行因没有防范贩毒集团通过该行洗钱，被监管部门罚款 3.79 亿墨西哥比索。随后，汇丰银行与墨西哥及其他国家监管机构和解，支付了 19 亿美元的费用。汇丰银行在合规方面的失误使其遭受了惨重的损失，因此，近年来汇丰银行不断地加强内部合规控制，成立于英国的初创企业 Quantexa 正是反洗钱的"专家"。该公司主要利用实时网络解析和 AI 登记将海量的数据结合在一起，能够分离和筛选大量财务交易，并从中辨识可疑交易行为。该技术将有助于汇丰银行更有效地防范金融犯罪，让客户安全得到保障，并获得可操作的情报来打击金融犯罪。此外，通过使用 AI 技术进行反洗钱工作也可以节省大量的成本，改善后台营运效率。英国监管机构的相关数据显示，英国银行业每年需要投入约 50 亿英镑打击金融犯罪，而 Quantexa 这项技术的应用将使汇丰银行的利润得以提升和业务合规性得到改善。

4. 汇丰银行与 Money Catcha 开展关于区块链平台的合作

在数字化席卷全球的今天，贷款审核领域具有很大的发展空间。传统的贷款审核不仅耗时耗力，还面临信息欺诈的额外风险。汇丰银行澳大利亚分行在此方面紧跟时代脚步，在 2017 年 10 月开展与初创企业 Money Catcha 的合作，探索利用区块链技术提升贷款审核的效率与安全性。

Money Catch 是澳大利亚的一家开发区块链平台的初创企业，其开发了两个区块链平台——Homechain 和 Regchain，用来为金融机构发放家庭贷款提供更高效、快速、安全的解决方案。一笔家庭贷款从申请到放款，在传统金融的方法下平均需要 42 天，而 Homechain 平台可以将其缩短至 5 天。在 Homechain 平台上，所有的工作都在一个系统里进行，实现全自动化处理。当然，在信用评估与贷款决策的期初环节，Homechain 平台可以有人工介入。这样可以使金融机构为贷款的决策提供导向并增加金融机构对自动决策的信心。Homechain 平台还可以提升安全性，利用 API 获取并验证数据可以消除欺诈风险和操作风险。Regchain 平台用于风险监控和合规工作，当风险超出金融机构的风险限制时可以发出预警，帮助制作监管报告以应对澳大利亚的监管要求。

汇丰银行澳大利亚分行与 Money Catcha 开展合作，在试点项目中测试 Homechain 和 Regchain 两个区块链平台，评估它们在贷款调查过程中提供数据的能力及所提供数据的可信度。如果项目取得成功，汇丰银行将在很大程度上提高在澳大利亚发放家庭贷款的效率，降低贷款成本，并提升安全性。

5. 汇丰银行利用 Corda 平台的贸易融资业务创新

Corda 是一个由区块链创业公司 R3 研发的分布式记账平台。2017 年 8 月，包括汇丰银行在内的 11 家银行在此平台上开发了贸易融资应用，不仅可以改善信用证流程，消除纸质化，还能在加快贸易融资速率的同时降低交易成本。2018 年初，汇丰银行与 ING 宣布，它们已成功在 Corda 平台上实现一笔大豆贸易融资交易，通常 5~10 天才能完成的文件交换在 Corda 平台上只需要 1 天。汇丰银行表示，在数字化以后，出口商品的时间可以缩短 44%，出口成本可以降低 31%。这一技术将为进出口企业降低成本，为银行带来繁盛的贸易融资业务。

6. 汇丰银行的电子支付 APP——Payme

为了在电子支付领域占有一席之地，汇丰银行于 2017 年初推出了个人对个人转账的手机应用 Payme。Payme 是类似于支付宝的一种转账平台，个人只需要 Facebook 账户或手机号就可以注册使用。使用 Payme 可以实现零手续费、零等待时间的实时转账。Payme 账户的余额可提现到银行卡中，且提现到本地银行卡不收取手续费。2017 年 Payme 在一次更新中加入了指纹支付功能，2018 年加入了二维码支付。此外，Payme 还具有社交功能。虽然 Payme 起步较晚，但其功能已基本能满足人们的需要。

2018 年的香港资讯及通信科技奖上（HKICT Awards），汇丰银行的 Payme 获得了"金融科技大奖""新兴解决方案和金融科技安全金奖"。2018 年 7 月，汇丰银行称 Payme 的用户量已达到 100 万个。如今的香港电子支付市场主要由阿里的支付宝、腾讯的微信、苹果的 Apple Pay、谷歌的

Google Pay、三星的 Samsung Pay 和汇丰银行的 Payme 瓜分。除汇丰银行外，其余几家公司全部是科技行业的巨头。作为传统商业银行的汇丰银行能与科技巨头展开电子支付的竞争，足以说明汇丰银行对金融科技持有非常积极的态度。

汇丰银行行政总裁王冬胜认为，越来越多的大型银行正在着手成立相应的研发实验室，它们将作为银行的内设智库以促进金融科技在银行内的应用，必定会为银行的发展带来新的气象。此外，银行也会在未来与更多的初创企业合作和共同开发项目，两者并非势不两立的对手。同时他指出，银行和金融科技初创企业之间有着巨大的合作互补空间，银行拥有广大的客户群体、稳固的基础设施和雄厚的资产，并且对于监管要求烂熟于心，相比之下具有较强的市场优势和合规优势，而金融科技初创企业则能提供打破陈旧思维的理念和专门的技术，快速适应市场变化，二者结合会带领行业走上创新之路。

汇丰银行高层一致认为，大型银行和金融科技初创企业不应该搞对立的竞争，而是促进双方优势互补资源共享，寻找更多的合作空间，为优化金融服务和提升客户体验作出努力，引领行业跨入新纪元。

（二）规划与展望

依据汇丰银行创新策略部的观察，金融服务在 FinTech 的冲击下有两次大的浪潮。第一次浪潮发生于 2008 年至 2015 年，以现代的资讯架构（云端运算、开源码、API 等）、通信技术（3G/4G 通信、智能手机）及大数据（社交网络、数据分析）等作为基础科技，降低科技领先的新创公司进入金融服务领域的门槛，启动敏捷式开发的规范，也带给银行获利的压力；而网络革命及 APP 经济的诞生，造就了广泛的金融服务通道。第二次浪潮在 2016 年至 2020 年主导金融服务将以区块链、AI、数字身份认证与生物识别等尖端技术，彻底改变供应链以及工作的本质。面对第一波浪潮的冲击，汇丰银行建立起了一个金字塔式的行动计划（见图 10-3）。

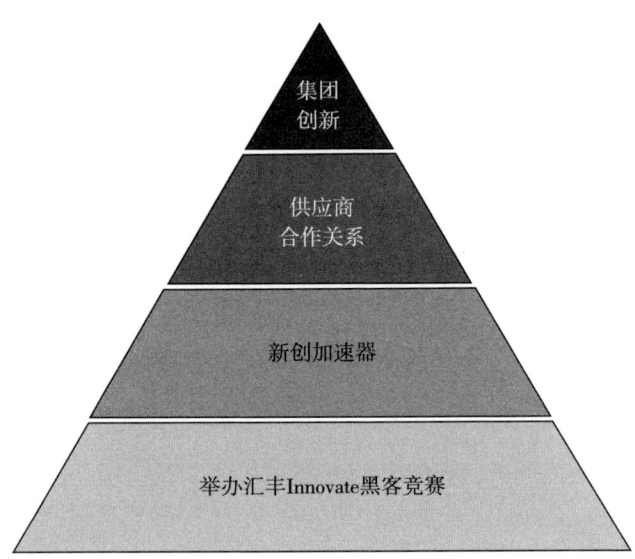

资料来源：汇丰银行官网。

图10-3　汇丰银行建立的金字塔式的行动计划

首先是集团创新，汇丰银行在集团内成立了一个两亿美元的创投基金投资金融科技事业，并依据公司业务发展转型的需要，加大对 Tradeshift、R3、Symphony 等金融科技公司的投资。其次是加强与供应商的合作关系，以大额战略采购的方式与大型 IT 供应商进行合作。再次是创立加速器，比如联合埃森哲管理咨询公司，并集合英国主要的金融机构、天使投资人及创投公司的力量，成立 FinTech Innovation Lab 加速创新事业，已经培育出了 Finsuite、Paykey 及 Undo 等一大批金融科技企业。最后是在企业内部举办 Innovate 黑客竞赛，鼓励员工创新，从中角逐出优胜方案并加以实施。

在第二波金融科技浪潮中，汇丰银行认为其将创造许多新的市场机会，因此该公司积极规划提升其服务内容，其董事会已在 2016 年 4 月通过应用新技术的行动计划，并且成立了新的科技顾问委员会，将会从五个方面推动科技应用（见图10-4），并对董事会就资讯基础架构、数字机会与威胁、网络安全及开创性科技等议题提出建议。

实 践 篇

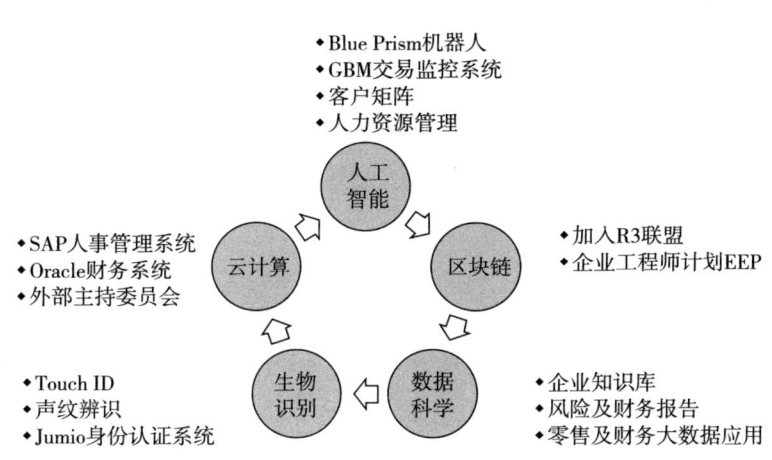

资料来源：汇丰银行官网。

图10-4 未来金融科技应用

总而言之，金融科技为银行业未来的发展带来了挑战，但同时带来了更多的机遇和新的视野，为传统银行业开辟了一条全新的发展道路。汇丰银行前瞻性地加大了对金融科技的投资和发展，这将为汇丰银行成千上万的客户带来更多的好处，也为汇丰银行更好地进行全球竞争打下了坚实的基础。

第十一章　巴克莱银行的金融科技发展现状与规划

摘　要

作为英国乃至世界范围内举足轻重的传统商业银行的代表，巴克莱银行在金融科技方面取得了很大的进步，这缘于巴克莱银行自身积极应对金融科技浪潮的态度。目前，巴克莱银行已启用 RISE 加速器项目来鼓励初创科技企业，将人工智能应用到客户服务中来提升满意度，成为英国首家开设电子货币账户的银行，利用区块链技术和云技术更好地管理个人信息与价值，并用大数据等技术不断改进和拓宽自身业务体系。在可预见的未来中，随着资本市场基础设施的更新和支付及数据应用的发展，巴克莱银行将会在监管、区块链和人工智能方面有更快速的进步。

Chapter 11 The Present Situation and Prospect of FinTech Development of Barclays Bank

Abstract

As the representative of traditional commercial banks in the UK and even in the world, the Barclays has made great progress in FinTech, which is attributed to its positive attitude in coping with the FinTech wave. It depends not only on its domestic financial environment, but also on the supportive policies of the British Government. At present, the Barclays has launched the RISE Accelerator Program to encourage start-up technology companies to apply artificial intelligence to customer service to improve satisfaction. It has become the first commercial bank in the UK to open an E-money account, using blockchain and cloud technology to better manage personal information, and constantly improving and expanding its business using the big data technology. In the foreseeable future, with the development of capital market infrastructure and the payment and data application, the Barclays will make rapid progress in terms of regulation, blockchain and artificial intelligence.

一、巴克莱银行概览

（一）巴克莱银行简介

1. 巴克莱银行

巴克莱银行成立于 1690 年，有 300 多年的历史，但它未被时间淘洗而是逐渐壮大。作为英国本土的五大行之一，其在英国国内规模仅在汇丰银行之后。巴克莱银行一直致力于业务的不断扩展与创新，它领先于全世界推出了第一台 ATM，并分别于 1966 年和 1987 年发行了英国第一张信用卡和第一张借记卡。巴克莱银行已经进行了多次公司收购，1918 年收购 London and Provincial 银行，1919 年收购英国亚麻银行，1975 年收购 Mercantile Credit，2000 年收购 Woolwich，2008 年收购雷曼兄弟公司北美业务。巴克莱银行在纽约证券交易所和伦敦证券交易所上市，是富时 100 指数（FTSE 100 Index）的成分股。

无论是在规模上还是在资历上，巴克莱银行在英国银行业中的话语权不容小觑，这也就意味着巴克莱银行对于金融科技的态度很大程度上会影响到整个英国传统银行业。面对金融科技的挑战，巴克莱银行拿出了一贯的革新态度，积极应对挑战，在许多方面作出了创新的举动，这些应对措施贯穿了其业务条线的方方面面。

2. 巴克莱银行业务概览

如今的巴克莱银行以英国为中心，向全世界主要国家的 4800 多万个用户提供包括个人银行、企业银行、财富管理、投资管理、投资银行等金融服务。从巴克莱银行 2017 年年报中可以看到，巴克莱银行具体业务分类如图 11-1 所示。

环球零售及商业银行服务（GRCB）。在 2017 年利润表中零售业务占据其总收入的 51.78%。GRCB 的主要业务包括英国境内的商业银行、零售、信用卡、环球零售及投行业务。巴克莱银行在英国的零售银行业务服务客户大约为 1500 万户，拥有超过 1700 家分行；其商业银行业务的客户群体

实 践 篇

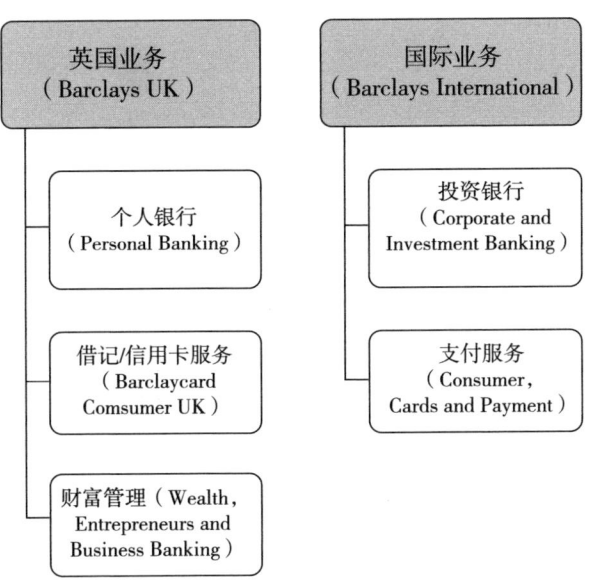

资料来源：巴克莱银行2017年年报。

图11-1 巴克莱银行的主要业务部门结构

是年营业额100万英镑以上的机构；其信用卡业务进行消费贷款，对零售商办理卡业务付款，同时向英国政府和企业客户发行信用卡和付款卡。

投资银行及投资管理业务（IBIM）主要包括全球投资、财富管理及资本业务。巴克莱资本（Barclays Capital）是一家环球投资银行，其主要业务是向大型机构、企业及政府客户提供各种解决方案，并通过这一服务来满足他们的财务要求和风险管理需求。巴克莱全球投资（Barclays Global Investors，BGI）主要负责提供投资管理产品及服务。巴克莱财富管理（Barclays Wealth）主要负责为全球高净值及中介客户提供私人银行、资产管理、股票经纪、离岸银行、财富结构及财务计划服务。

此外，值得一提的是，巴克莱银行已在其网站上罗列出归属于金融科技部门的具体业务，主要包括卡网络（Card Networks）、电子钱包（eWallet Providers）、支付服务（Payment Service Providers）、电子货币发行（eMoney Issuers）、外汇经纪（FX Brokers）等。

233

（二）柯达时刻——来势汹汹的金融科技

1. 必要性：金融科技对传统银行提出的挑战

因为没有及时抓住数码相机的大趋势，曾经的相机巨头柯达遗憾地没落了，而今传统银行业的"柯达时刻"即将到来，如果传统银行业仍然没有对金融科技的革命性意义给予足够的重视，并且采取相应的对策来适应（避免）这种情况，它们终将成为"路人"。

人力成本的节省。与传统金融业相比，金融科技擅长以机器取代人，从而减少了大量的人力成本，这对人力成本较高的英国来说是一个挑战；此外在简单的交流沟通或提供服务上，机器都可以表现得令人满意。这意味着如果传统的银行业再不改变它们的服务方式，它们将会面临极高的管理费用，从而在竞争中失去优势。

金融去中介化。金融科技更注重点对点的交流模式，从用户体验来说，这有利于了解分析客户的偏好，从效率角度来看这有利于节约时间，可以说收益良多。但这就意味着，对银行的金融中介角色提出了很大的挑战。

金融科技企业风生水起，PayPal、比特币、深蓝、区块链……这些公司由于具有以上提到的显著优点，无一不在挑战银行在传统金融的地位，而传统的银行业因为其臃肿的内部结构与严格的监管，面对这些挑战的时候多少显得力不从心。对于银行来说与客户的信息交互极其重要，而这恰恰是现代科技最为突出的一大优点——现代科学技术使交互过程简捷，能更好地满足客户心意，创造了一个更为和谐高效的交互环境，人们可以足不出户实现交易，这是传统银行业所无法实现的。因此，传统银行亟须改变。巴克莱银行显然意识到了这一点：巴克莱银行的前 CEO Anthony Jenkins 在欧洲金融技术会议上说道："现在我们将看到银行业开始'柯达时刻'的可能性——对越来越多的客户来说，银行变得无关紧要。为了避免这种情况的发生，银行必须通过思考创新，来加快转型。"他还指出："'各种不同的银行业务和金融服务'将会被创建，这些技术一方面会带来更高的效率，另一方面也会给银行带来生存危机。"巴克莱银行 2017 年度总结中提到：

"我们把科技作为拓展全球业务的重要驱动因素,尤其是在市场业务条线,我们会持续在这方面进行投资。"①

2. 可行性:传统银行业如何利用金融科技

从硬件角度来说,英国作为老牌资本主义国家在科技发展的道路上处于领先地位,许多先进技术最先出现在英国。2016年英国金融科技产业的收入已经超过了66亿英镑,有约6.1万名金融科技从业人员,政府为金融科技提供了5.54亿英镑的专项投资,其中90%直接投入了银行业,此外在税收上也为金融科技企业/项目提供优惠,这就为金融科技的实践提供了良好的条件和基础。人工智能是促进金融发展极为重要的一环,其通过与金融业态的深度融合,衍生出了众多的有关应用,如智能投顾、长尾营销、量化交易、智能客服、身份识别、征信反欺诈、风险定价等。人工智能在风险控制、运营维护、消费零售、决策支持及网点转型等领域发挥着日益重要的作用,加快了商业银行的智能化转型。如表11-1所示,2016年,安永公司针对金融生态圈的四大重要因素对世界各个金融科技中心进行评分,最终得出结论:伦敦拥有最好的金融生态圈、政府支持等资源,仅在资金等方面次于硅谷。

表11-1　　　　　　　　世界金融科技中心评分

国家(地区)	人才	资金	政府支持	需求	总分
英国	2	3	1	3	9
美国(加利福尼亚)	1	1	6	2	10
美国(纽约)	3	2	7	1	13
新加坡	4	7	2	6	19
德国	6	4	5	5	20
澳大利亚	5	5	3	7	20
中国(香港)	7	6	4	4	21

注:1分为最高分,7分为最低分。
资料来源:安永2016。

---

① 转引自 Barclays PLC Annual Report 2017。

从社会角度来说，在英国国内针对金融科技的讨论早已不绝于耳，几乎所有的主流金融杂志媒体都对金融科技有过报道或讨论，传统银行早已意识到金融科技的重要性。学术界也在助力英国金融科技的发展，伦敦大学、帝国理工学院等都与金融科技公司有着紧密的合作。

从监管角度来说，英国政府设立金融行为监管局、英格兰银行审慎监管局等监管机构，以及"P2P金融协会""科技城市""创新金融"等行业协会对金融科技企业进行管理。但整体而言，其管理较为宽松，努力营造支持性环境。此外，在2015年11月英国政府率先提出"监管沙盒"（Regulatory Sand Box）计划，这个计划的优势在于它不仅节约了上市所需要的时间，从而减少机会成本，也有利于产品创新更好地面向市场。

从实践角度来看，英国许多银行已经尝试在各个方面进行实践与操作。斯塔林银行（Starling Bank）开放了应用程序编程接口（API），为客户提供更为开放的账户体系和点对点的服务，比如免费转账、外汇贷款及抵押贷款等多项服务；劳埃德银行（Lloyds Banking）利用大数据对客户活动进行广泛覆盖，对按揭、公开户和贷款等十大核心流程进行数字化改造，大大提高运营效率；汇丰银行用生物识别技术来验证客户身份等。

二、巴克莱银行的金融科技发展现状

（一）Rise加速器项目

为了与科技企业建立密切的联系，迅速将创新产品转化为大规模商业运营，打造金融生态圈，2016年，巴克莱银行启动了一项名为"Rise"的加速器项目，为金融科技初创公司提供孵化服务。除了巴克莱银行总部的所在地伦敦，其他国家也有巴克莱银行Rise加速器的身影。例如，2016年，巴克莱银行宣布与Zone创业公司合作，推出在印度孟买的孵化器——Rise Mumbai。

Rise加速器提供的服务主要为以下四个方面：（1）对符合条件的金融

科技初创公司提供免费办公场地和所需的匿名数据；（2）巴克莱设有一个约250人的内部设计团队，用于帮助金融科技初创企业改善组织形式，找到业务重点；（3）为金融科技初创公司提供框架分析，帮助解决技术是否值得商业化运营及如何应用的问题；（4）为金融科技初创企业提供与大企业合作的电子平台。同时，巴克莱银行可以将感兴趣的创新项目放入 Rise 加速器中优先进行孵化。目前，巴克莱银行已挑选出 Safello、Atlas Card 和 Blocktrace 这三个与区块链相关的金融科技初创公司，加入 Rise 加速器中。

除此之外，巴克莱银行关注金融科技领域，积极开展金融科技相关投资，希望将相关技术应用到其各个业务平台。2018年9月，巴克莱银行参与了金融科技开发平台 Beacon Platform 的 A 轮融资，该平台主要用于财务软件系统开发人员开发企业级集成数据和财务分析。

巴克莱银行与金融科技企业展开投资合作，积极参与金融科技初创企业的孵化，有助于在科技化的浪潮中抢占先机，提前在大数据、云技术、区块链、人工智能、开放 API 等方面进行战略布局，在自身的业务中更好地运用此类技术，以在未来激烈的市场竞争中取得优势。

（二）人工智能

人工智能主要包括语音生物识别技术、机器学习和智能机器人技术等几大应用场景。巴克莱银行将这些技术运用到了日常的业务活动中。

1. 语音生物识别技术

语音生物识别技术包括指纹识别、视网膜扫描、面部识别和语音识别，不少商业银行已将该技术应用于相关业务的安全认证中。语音生物识别技术的应用不同于传统的密码认证保护，是商业银行安全认证方法的一个巨大进步，这些技术对于客户来说也更安全、更方便。巴克莱银行的联络中心采用该项技术来识别客户的声音，语音识别技术给巴克莱银行和客户双方同时带来了便利。一方面，客户无须回答任何安全问题就可以快速被银行安全系统识别；另一方面，语音识别技术有助于联络中心节省即时通话时间，提高工作效率。

2. 智能机器人

智能机器人可以自动执行重复性任务，并快速完成如数据提取和清理等日常工作，从而帮助银行提高效率并降低成本。目前，巴克莱银行已经在财务部门使用智能机器人来实现坏账准备流程的自动化，每年可以节省约1亿美元。此外，巴克莱银行在南非的子公司ABSA正在试用一种人工智能驱动的聊天机器人（Chatbots）来回答客户发布在巴克莱银行应用程序上的简单提问。这些聊天机器人本质上是个人助理的计算机程序，它们利用人工智能通过书面或口头文本模拟对话以解决客户在线上应用中提出的问题，以便客户的问题可以及时解答，对银行本身来说，也减少了客户服务方面的人力成本。随着聊天机器人更加广泛地使用，巴克莱银行表示将会添加反馈循环系统，以帮助银行的客户服务团队了解最常见的问题及帮助他们改进基础服务。

人工智能在巴克莱银行日常业务中的应用有助于改善客户的用户体验，节省时间，提高服务效率；同时可以降低人工的使用，有效降低营运成本。巴克莱银行首席设计和数字运营官Derek White在访谈中指出："目前，人工智能已在一些业务领域得到应用，如客户服务中心、在线上为客户挑选产品等，随着人工智能逐渐推广，消费者也逐渐适应了这些应用，起初人工智能的作用可能只是协助开户或者账户服务，但是慢慢地它就会深入金融生活的方方面面。商业银行曾经是商业和个人发展的中心，回到商业和个人金融的中心，也是巴克莱银行继续努力的方向。"

（三）电子货币

电子货币被巴克莱银行在其网站上列示为金融科技部门的具体业务之一，由此可见巴克莱银行对开发数字货币业务的偏好。

巴克莱银行特有的加速器项目使其成为全球第一个与数字货币创业公司Circle合作的大型银行。Circle公司是2013年在美国波士顿成立的数字货币创业公司，其开发的社会支付应用（Social Payments APP）支持用户在手机上快速进行国内和国际支付,并支持跨币种汇款。2016年,巴克莱银行与 Circle 公司合作,为其提供英镑银行账户以及与英国任何银行账户间汇款的基础设施,从而允许消费者之间进行快速转账支付和买卖数字货币,同时它们考虑给新客户提供账户的风险客户是否可以承受。此前,Circle 公司已经获得了英国最高的金融监管机构——英国金融市场行为监管局所颁发的电子货币许可证,从而使平台用户可以进行国内及国际支付,甚至通过比特币进行跨币种汇款而无须附加费用。巴克莱银行与 Circle 公司的这次合作被英国财政部称为英国通往全球互联网金融中心的重要里程碑,有助于英国奠定其在全球的金融地位。

2018年3月,全球最大的数字货币交易所 Coinbase 宣布与巴克莱银行达成合作,[1] 此前 Coinbase 也已经获得了英国的电子货币许可证,这成为发行电子货币并在英国提供便捷的法币交易服务同时为其客户的资金提供更好保障的必要前提。巴克莱银行也成为首家为其开设账户的英国银行,简化了英国加密货币投资者的交易流程,用户可以用英镑在 Coinbase 上充值,降低其支付国内英镑的成本。电子货币作为数字金融行业一项不可或缺的基础设施,将引领金融科技领域迈向新的高度。

(四)区块链

区块链技术作为继互联网科技之后的颠覆式创新和前沿性技术,早已受到了金融科技领域的青睐。谈及区块链,就不可避免地要提到 R3 区块链联盟,其成立初衷就是为银行提供探索区块链技术渠道和建立区块链概念性产品。与比特币区块链属于共有区块链不同,R3 区块链本质上属于一种私有链,且共识过程可受预选节点控制,从而具有部分去中心化、可控性较强、数据不默认公开、交易迅速等优点。2015年9月,巴克莱银行作为创始成员加入 R3 区块链联盟,目前全球范围内已有数十家国际银行金融机构加入,以将区块链技术更好地应用于金融领域。

---

[1] 参考 http://www.techweb.com.cn/world/2018-03-15/2645762.shtml。

2016年，巴克莱银行开始高调地开发区块链技术，其中最为亮眼和实用的就是在其孵化器项目中与以色列区块链初创企业Wave公司合作的贸易融资测试，用数字化文档来实现更快速的文件传递。二者的合作催生了全球第一笔利用区块链技术进行结算的贸易。该笔交易的总贸易金额为10万元，传统的信用证结算方式需要7~10天，而运用区块链技术用时还不到4小时。在区块链技术搭建的记账和交易平台下，该手段通过安全网络来加密传递、追踪交易方的文件，从而免去了第三方认证的烦琐环节。这种操作利用区块链大大缩短了交易的时间，避免了可能产生的损失和诈骗等缺陷，与当前程序复杂的信用证贸易方式相比具有明显的优势和替代性。

区块链技术解决了信息不对称所导致的信任难题，用基于互联网大数据的加密算法创设的节点构建信任和共识机制，通过分布式传播、分布式记账和分布式存储，形成去中心化、稳定可靠的数据库，更好地管理信息和价值。在区块链行业快速发展的时代，金融行业也看重其安全、便捷的特点，在不断研究区块链技术并进行相应的专利申请。对于包括巴克莱银行在内的商业银行等金融机构来说，区块链技术也成为数字货币最理想的技术架构。

2018年7月，美国专利商标局（USPTO）公布了巴克莱银行提交的关于区块链的两项专利申请。其中一项是加速加密货币转账过程的区块链平台，即运用区块链技术简化交易流程、加速资金转移；另一项专利申请则是直接生成一个区块链来完成数字货币从支付人到接收人的转移，同时用公钥加密和记录整个交易过程，确保这一过程的安全性。两项专利都旨在把分布式账簿技术应用于安全的数据操作和数据验证、存储，利用区块链来加速交易，并提供更可靠的验证形式，在保证账户安全的基础上提升运行效率。

此外，巴克莱银行也在致力于开发智能合约模板。智能合约具有自动化、强制化的特点，基于可信的不可篡改的数据，可以通过计算机自动执行一些预先定义好的规则和条款，同时可以通过智能合约中"可编程的脚本"避免自动化、格式化操作所带来的风险，进行适当的脚本修改，帮助其提高风险管理能力。巴克莱银行业一直在关注智能合约语言的创新，希望借助其网络，获得更多的市场份额来开发智能合约，从而开发出可以用于全球金融的区块链技术，实现跨银行的业务合作。巴克莱投资银行首席技术官 Braine 表示，巴克莱银行设想了一个世界，"有各种各样的职能合约语言可以在多个平台上创建实施，包括 R3 的分布式账本、Corda、[①] 公有链和区块链联盟"。当智能合约发展完善时，由于智能合约已经放入分布式账本中，银行就会自动下载并将法律合约存储在 Corda 平台中，这样，去中心化的存储库可以使合约各方面对同一套法律文件，从而免去了每家银行都要查看自身储存库中合约模板的烦琐性。

（五）云计算

云计算及相关技术通过将银行的工作量转移到云端进行管理，可以有效降低银行 IT 的运营成本。相较于 AI、区块链等概念，其提出较早。云计算技术是金融科技众多应用的基石，目前已趋于成熟。

巴克莱银行在云计算技术的诸多应用方面，走在了欧洲的前列。2015 年 9 月，巴克莱银行与 AccessPay 合作为企业客户提供额外的连接渠道，用以支持全球、区域内以及国内支付与先进管理的复杂性。巴克莱银行是英国第一家提供这类业务的银行。具体来看，该连接渠道是首个基于云计算的银行应急支付服务接入渠道。这项基于云计算技术开展的新服务将允许巴克莱银行的企业客户在无法访问其主要渠道时，获得管理付款的特别渠道。用户可能因为安全令牌丢失或损坏，或者客户端遇到互联网中断等多种原因造成无法访问，这时，客户还可以通过新的应急支付接入解决方案，通过另外的笔记本电脑进行支付。额外渠道旨在作为客户应急计划的一部分，并将与其主要的公司银行渠道一起持续提供。巴克莱银行的合作伙伴 AccessPay 是一家基于云的支付自动化和商业智能解决方案公司，正是这种合作使巴克莱银行可以为客户提供独特的高度安全且高度灵活的无

[①] 作为 R3CEV 区块链联盟的基础设施的 Corda，是一个基于半信任环境的、服务于现实世界金融活动的新分布式账本平台，同时满足信息适度可见和高性能两个核心特性。

缝服务。英国并没有银行试图克服应急计划所带来的问题，巴克莱银行通过与云计算技术解决方案提供商合作，所提供的这项服务也就处于这个行业的最前沿。

而在利用云计算对业务进行升级转型中，通过其衍生出来的一个重要概念就是开放银行（Open Banking）。开放银行是一种完整的银行生态系统，以开放 API 为技术，以数据共享为本质，以平台合作为模式，实现银行、三方机构和客户之间的互利共赢，有效提升客户体验。

随着 2018 年 1 月 18 日《欧盟支付服务法修订法案（第二版）》（*The Second Payment Service*，PSD2）在欧洲生效，要求银行与金融科技企业和其他机构共享客户数据，巴克莱银行与之相应地积极打造其开放银行业务。其创新总监 George Osborne 在报告中指出，2018 年将是金融法规转折性改变的时点，《通用数据保护条例》（*General Data Protection Regulation*，GDPR）和 PSD2 将给银行环境体系带来巨大的改变，巴克莱银行将会积极响应这种变化，成为银行系统中的创新者和颠覆者。

巴克莱银行将其关注重点放在 GDPR 和 PSD2 两条法规上。PSD2 要求所有欧盟的内部交易均使用 SHA 收费类型，同时更新监管范围，已涵盖欧盟内部所有币种的所有交易，巴克莱银行对获得许可的第三方服务提供平台开放对银行业务平台的访问权限，并推出了在线支付认证的新标准。GDPR 则旨在通过协调数据隐私法来简化在欧盟境内运营的企业的监管环境，巴克莱银行将会在 72 个小时之内向数据保护监管机构以及受到高风险情况影响的个人通知个人数据的泄露，同时巴克莱银行还提醒广大客户群体，可以尽量将数据备份保存在云端。

此外，巴克莱银行还与一家农业科技公司在云计算技术方面展开了合作。2018 年 10 月，巴克莱银行宣布成立一个专门的农业技术团队，重点支持英国创新产业与农业社区的联系，这要追溯到 2017 年 9 月，巴克莱银行与 the Unreasonable Group 合作举办了第一届 Unreasonable Impact World Forum（致力于世界上多领域的最紧迫的问题），其中巴克莱银行十分关注的一个与会公司为 Agrivi。Agrivi 的主要产品是一个基于云计算技术的农场管理软件，其目标是为全世界的农民提供有效、可持续的且可以获利的运营农场所需的工具和知识。该技术团队便是巴克莱银行为了与 Agrivi 和另一家 Well Cow 公司对接合作所建立的，通过支持云计算技术等高新科技在农业领域的应用来改变农民的生活，并结合其在金融领域的优势帮助初创农业科技企业扩大规模并发展并壮大，将其与农业社区连接起来。

（六）大数据

巴克莱银行作为传统金融机构，同样在利用大数据技术不断地改进和发展其自身的业务体系。例如，巴克莱银行常用的 Tableau 是一款企业级的大数据可视化工具，巴克莱银行的员工可以使用 Tableau 十分方便地创建图形、表格和地图。Tableau 还提供了具有云托管服务的服务器解决方案，能够在线生成可视化报告。

2016 年 5 月，巴克莱银行推出 SmartBusiness 服务功能，帮助 50 万名小企业客户利用大数据分析以获得消费者习惯和消费趋势相关的信息。SmartBusiness 服务成本为每月 4.95 英镑，这些企业客户可以对诸如用户平均消费额，采用现金、信用卡或支票付款的比例等数据进行分析，进一步利用大数据，为企业提供更多的用户信息，如客户行为及消费方式等，并借此帮助企业分析客户趋势，设计出更多的提高直观忠诚度的奖励方案。

巴克莱银行成员 ABSA Corporate & Investment Banking 与 IBM 合作，[①]构建了基于大数据的风险管理系统，以满足南非当地的企业、客户和监管机构的需求。信贷业务的风控一直是银行工作的重中之重，银行需要准确衡量各个地区和行业细分领域的交易账户和银行账户风险，并高效地对结果进行汇总。在 IBM Analytics 的帮助下，新的基于大数据的系统改变了 ABSA CIB 的日常运营，新系统中的集成机制确保每天可自动将数据输入至 Barclays 集团级别的系统，不再需要重新管理这些系统之间的关键数据，解放了低级数据输入的人工。过去需要花费 7 天才能汇总电子表格以充分

---

① 巴克莱银行成员 ABSA Corporate & Investment Banking 通过交易和银行账户获取单一风险视图。

了解个体客户的风险敞口，在新的系统下可以在数分钟内生成报告，极大地减少了分析师花费在低级的手动工作上的时间，提高了交易账户和银行账户的信贷风险分析方面的透明度。

三、巴克莱银行的金融科技发展展望

巴克莱银行另类投资主管和创新业务总监 George Osborne 在巴克莱银行官方网站上总结了 2017 年影响巴克莱银行及整个金融市场的重大创新变革趋势，并且以内部视角展望了未来科技及创新趋势，为我们进一步了解巴克莱银行的金融科技业务的发展趋势提供了宝贵的参考意见。

George Osborne 总结，人工智能、保险科技、开放银行（Open Banking）、支付科技四大创新趋势主导了巴克莱银行的金融服务创新发展。具体来讲，人工智能的发展不但提升了交易准确性，同时提高了金融服务效率。保险科技致力于寻找探索大型保险公司几乎没有涉足的机会，例如，提供额外定制政策，社会保险，以及根据数据流提供动态保费定价功能。预计 2016 年至 2020 年全球保险科技市场将以超过 10% 的复合年增长率增长。

开放银行标准创建了一套新的银行模式，可以帮助消费者以更好的方式进行交易、储蓄、借贷和投资行为。于 2018 年 1 月 18 日实行的 PSD2 规定，在欧盟范围内，在用户授权的情况下，银行应向第三方服务商（Third-Party Payment Service Providers，PSPs）分享用户信息，提供 API 接口权限。这将使非银行公司有机会在支付业务上与传统商业银行进行竞争，以巴克莱银行为代表的商业银行将面临更严峻的挑战。

金融市场的变化日新月异，是否能将新技术与传统业务模式有效地融合在一起是商业银行面对的挑战之一，下一代的支付技术手段是商业银行的突破口之一。随着 Z 世代[①]的成长，社会主体的使用习惯正在发生改变。

[①] Z 世代指 20 世纪 90 年代中期至 2010 年前出生的人，统指受到互联网、即时通信、短讯、MP3、智能手机和平板电脑等科技产物影响较大的一代人。

一项对 Z 世代的调查显示，将近 70% 的 Z 世代人群每天都在使用移动银行应用程序，近 68% 的人有开通 P2P 的即时支付功能的意愿。随着智能终端的不断发展，移动支付已经成为大众日常生活中随处可见的支付手段。科技作为底层源动力推动支付手段发展，数字货币集成（如比特币）、可穿戴支付解决方案、移动钱包，甚至在人体内植入付款芯片等支付方式正在成为可能。

Georg Osborne 对 2018 年及以后金融科技的发展作出了总结，银行监管、人工智能与区块链是其重点强调的发展趋势。

（一）银行监管方面

在银行监管方面，巴克莱银行创新业务总监总结，一系列监管措施对商业银行未来业务的发展提出了更高要求，将在具体业务层面指导巴克莱银行金融科技业务的发展。在系列法规中对巴克莱银行等商业银行影响最深远的应属欧盟议会于 2016 年 4 月通过的 GDPR。GDPR 改变了公司存储与管理个人数据的方式，旨在保护欧盟公民免受隐私与数据泄露的风险，以及重构欧盟内各组织对于隐私与数据的处理和保护方式。GDPR 在四层体系上对商业银行提出了要求。第一，在制度上，商业银行要以可见的形式合规，在发生个人数据泄露事件时应限时上报；第二，在技术上，商业银行应主动建立数据保护管理体系（Data Protection Management System，DPMS），规范处理过程中的数据管理和用户交互行为；第三，在产品上，商业银行应建立通过设计的数据保护（Data Protection by Design）机制，以提升主动监测管理个人数据泄露风险；第四，在公司治理上，商业银行除了在特定情形下指派数据保护官以进行数据保护影响评估外，还被要求主动实施基于风险的规范制度。监管部门出台的规定在逐渐追赶金融科技的发展步伐，对商业银行等机构在业务合规性和风险管控上都提出了更高的要求，这一趋势也将对巴克莱银行未来金融科技业务的开展产生深刻的影响。

（二）人工智能方面

人工智能的发展潜力在近几年获得了社会范围内的广泛关注，它将对商业银行等金融机构、实体企业等主体产生切实且持久的影响。George Osborne曾撰文论述过人工智能如何开启智能银行系统新时代及关于人工智能未来的发展终局。他在报告中曾评论道："考虑到人工智能将放大工具的智能程度，我们目前还无法准确预测未来人工智能将会为我们提供何种服务。"但毫无疑问的是，人工智能目前已经对金融机构有了综合性的影响。

人工智能正在迅速地与金融服务行业的系列流程进行融合，从自动支持客户服务到网络安全、保险及预测性分析等环节，人工智能正在重新定义金融服务的内容与效率。举例来讲，机器人过程自动化（RPA）通过使用软件机器人或"机器人"来模仿人类活动，很大程度上解放了雇员低效率的工作时间，使其可以专注于更有价值创造性的工作。此外，人工智能还助力于经济的发展，为全球经济带来新的活力。2016年，全球550多家以人工智能作为核心产品竞争优势的初创企业筹集了50亿美元的资金，并且据George Osborne预测，到2035年，人工智能将为英国的经济带来8140亿美元的经济附加值。

人工智能在预测分析方面将会发挥更大的作用，它可以处理大量数据分析模式等内在规律，提供可预测的执行结果分析。在金融服务领域，预测分析可以通过多种方式影响商业银行的业务，比如自动信用评分功能，人工智能通过快速的全网数据挖掘，为商业银行测评贷款申请者的信用资质提供重要的参考。

人工智能领域的全球竞争格局正在悄然发生变化。美国在开始阶段主导着人工智能的发展，但在最近几年内，美国在人工智能领域内的绝对影响力受到其他国家的挑战。非美国主导的人工智能订单的市场份额在2012—2016年从21%增长到40%。其他国家的机构正在奋起直追，在未来或许竞争格局会有很大的变化，巴克莱银行人工智能方面的投入或许在未来会为其带来新的竞争优势与发展机遇。

(三)区块链方面

由于透明性、共识性、及时性、数据不可更改性、自动化的商业逻辑（Automating Business Logic）等优点，区块链在近几年快速发展。举例来讲，当结合流动性、全球性与技术支持等特点时，区块链可以助力小额资金划拨和资产跟踪。但区块链因具有匿名性、缺乏消费保护、结算速度有待提高、缺乏隐私性而受到一定限制，未来区块链的具体发展状况有待进一步观察。

区块链技术毫无疑问是有重大变革意义的，也在不断扩大其对商业银行业务的影响。巴克莱银行创新业务总监曾在2017年底预测，区块链在未来三年内不会对巴克莱银行的企业客户产生重大影响，在未来12个月区块链对企业客户的影响只是发生在较小的支付空间和在私有链对数据进行特殊目的使用方面。事实也是如此，在3~5年时间维度内，资本市场基础设施的更新和支付及数据应用的发展将会对客户产生较大影响。

总之，传统商业银行业务已经不能满足客户的需求，金融科技的发展正如火如荼，为巴克莱银行等商业银行带来了新的机遇。巴克莱银行作为英国乃至世界范围内举足轻重的商业银行代表，相信会在未来以更开放的态度拥抱新技术，以更积极的态度融合新旧业务。

第十二章　德意志银行的金融科技发展现状与规划

摘　要

德意志银行是世界上最主要的金融机构之一,也是德国最大的银行。进入 21 世纪,金融科技迅猛发展,德意志银行也迅速采取了种种举措拥抱金融科技的浪潮。在外部合作方面,德意志银行与多家大型金融机构结成金融科技联盟,达成共同参与金融科技化进程、互助互利的协议,并通过收购或参股金融科技公司的方式引进新技术帮助银行拓展业务、完善自身发展;同时,德意志银行从自身内部经营方面加大金融科技研究开发力度,在多项具体业务中应用金融科技,不断进行自我创新与突破。德意志银行提出的指导自身发展的"2020"战略和《金融科技 2.0 白皮书》已经在贯彻实行中,预计未来将为德意志银行的发展提供更大的效益。

Chapter 12 The Present Situation and Prospect of FinTech Development of Deutsche Bank

Abstract

Deutsche Bank is one of the world's leading financial institutions and the largest bank in Germany. Deutsche Bank has taken various actions to embrace the wave of FinTech. In terms of external cooperation, it has formed a FinTech alliance with a number of large financial institutions, reached an agreement to jointly participate in the FinTech process. Deutsche Bank has introduced new technologies to help it expands its business and improve its development by acquiring or participating in FinTech companies. At the same time, Deutsche Bank has also intensified the research and development of FinTech from its own internal operation, and applied FinTech in a number of specific businesses, constantly making self-innovation and breakthroughs. The "2020" Strategy and the "White Paper On FinTech 2.0" put forward by Deutsche Bank, have been implemented and are expected to provide more benefits for Deutsche Bank's development in the future.

一、德意志银行概览

德意志银行（Deutsche Bank）总部位于德国黑森州法兰克福，是一家高度国际化、分支机构遍布全球，同时开展商业银行和投资银行业务的金融服务机构。截至2017年12月，德意志银行的资产总额在全球银行业排名第17位，在2018年全球《财富》500强排行榜位列第223。

围绕着私人客户、受托人和机构、企业这三类客户，德意志银行有三大支柱业务部门：公司和投资银行（Corporate & Investment Bank）、私人和商业银行（Private & Commercial Bank）及德意志资产管理（Deutsche Asset Management）。

（一）发展历史

1. 第一阶段：1870—1956年——建立与整合

1870年德意志银行在柏林成立。截至1914年第一次世界大战爆发前，该银行在国内外的分支机构持续增多，股本迅速增长，同时其业务范围不断扩大，并大量涉足非银行业务，陆续涵盖存贷款、信托、保险、债券承销及铁路与电力建设等多方面。

第一次世界大战后的德意志银行历经资产清算、强制拆分与多次重组，直至1957年最终合并成为德意志银行，总部设在法兰克福。

2. 第二阶段：1957—1973年——恢复与创新

合并后的德意志银行在第二次世界大战后相对宽松的环境下得到了恢复与发展，总资产规模连年增长。在此期间，银行在存贷款业务、支付业务产品和服务上不断创新，陆续开发了个人小额贷款、中额贷款及个人透支服务和个人房产按揭贷款，实现了支票卡的开发与推广。与此同时，其投行业务恢复发展，相继为南非英美公司、世界银行、欧洲投资银行等大型机构发行债券，活跃于股票和债券发行与交易市场。

3. 第三阶段：1974—2007年——国际化发展与收获

1974—1990年，德意志银行在产品与服务持续创新的同时，进一步提升了国际业务比重,在世界范围内扩大业务规模,设置分支机构与营业网点,先后采取购买奔驰汽车29%的股份、罗兰·贝格咨询公司、德意志科隆信贷融资公司等一系列举措,国际化程度大幅提升。

1990年以后,伴随着全球经济一体化进程,德意志银行已经建立起的国际化优势特征鲜明,成为世界范围内举足轻重的大型银行。与此同时,其注重投行业务的做大做强,银行总体表现稳中有升,竞争力越发增强。

4. **第四阶段：2008年至今——困境与转型**

德意志银行在2008年爆发的全球性金融危机中采取了一系列不当举措,如向投资者推销劣质CDO产品、掩盖高杠杆交易风险、构建不恰当的对冲策略等,为日后银行遭遇的困境埋下隐患。2012年至今,伴随着德意志银行股票下跌,信用等级不断被资信评级公司调低,其融资成本越来越高。与此同时,监管带来的巨额诉讼费与合规费用使德意志银行付出了高昂代价。

面对监管严、筹资难、罚款高等多方面压力,德意志银行在2015年宣布战略转型,从"大而全"发展转变为"精而美"。然而战略环境并未呈现明显利好,德意志银行在困境中的转型面临重重压力。

(二)现阶段优劣势分析

1. **优势条件**

(1)系统重要性银行的地位。德意志银行是德国规模最大的金融服务提供方之一。该公司是德国领先的银行,截至2018年12月31日,该银行资产总额为13481.37亿欧元,在全球范围内拥有2425个分支机构。2017年,该银行在全球顶级投资银行中排名第11位,是全球具有系统重要性的金融机构之一。德意志银行对德国的系统重要性使其在危机时期能够获得德国政府的支持。

(2)存款总额较大且呈现增长态势。银行存款总额的增加反映出较强大的客户情感基础和良好的现金存款回报。截至2018年12月31日,该公司的存款总额为5644.05亿欧元,如此庞大的总存款提升了银行的金融地位与贷款能力。

（3）资本充足率高。强大的资本充足率和良好的资本管理能力是一家银行应对监管和优化自身资本状况的必要条件之一。2018 财年，德意志银行的普通股一级资本充足率、一级资本充足率、总资本比率及杠杆率分别为 13.6%、14.9%、17.5% 和 4.1%，2017 财年的对应数据分别为 14%、14.9%、18.4% 和 3.8%，[①] 资本充足率均远超《巴塞尔资本协议》规定的标准。

2．劣势条件

（1）非利息收入恶化。2018 财年，银行的非利息收入（NII）恶化，从 140.7 亿欧元减少至 121.24 亿欧元，降幅为 13.83%。NII 是银行的主要收入来源，德意志银行 NII 占净收入的比例由 2017 年的 54.28% 降至 48.9%，主要原因是佣金和手续费收入、可供出售金融资产净收益、权益法投资净收益减少。

（2）监管环境的不利变化。政府对系统重要性银行的支持政策将在未来几年内发生变化。欧洲当局正在采取措施提高银行的自救能力，并要求债权人而非纳税人承担风险。在新的政策框架形成之前，政府将继续支持系统重要性银行的高级无担保债权人。但是，欧盟的银行复苏和清算指令将在政府提供偿付能力支持之前引入最低保证金负债的强制性保释，可能涉及某些高级无担保债务。因此，德意志银行的高级无担保债券持有人能够获得的政府支持在未来几年可能会减少。这也许会影响公司中长期的财务稳定性。

（3）主权债务危机的潜在影响。近期，葡萄牙、爱尔兰、意大利和希腊等欧洲大陆国家不断受到主权债务危机的困扰，欧洲银行也面临与资产质量和债务再融资相关的问题，对该地区的公司借款人和消费者造成了影响。由于欧洲是德意志银行收入和利润的最大贡献者，持续的主权债务问题可能会影响德意志银行在可预见的未来的收入和利润增长。

（4）零售存款的竞争可能会增加融资成本。国际金融危机重塑了全球的银行业格局，许多实力强大的金融机构愈发强调核心零售业务和商业存

---

① 资料来源：德意志银行财年报告。

款融资基础的重要性，加强资本化力度。因此，零售存款竞争和更严格的资产负债表控制导致贷款的重新定价。由于全球批发市场的条件仍然没有呈现利好态势，预计未来几年零售存款的竞争将进一步加剧。因此融资成本可能上升，从而降低净利息收益。

二、德意志银行的金融科技发展背景

（一）外部因素

从外部环境来看，互联网金融的发展与国家政策的鼓励对德意志银行的金融科技有着推动作用。

1. 来自金融科技的冲击

自 2015 年以来，德国金融科技发展迅猛，在欧洲拥有仅次于英国的庞大市场规模。目前，互联网金融逐渐成为德国最重要的风投领域之一。虽然由于部分德国人对数据保护、安全性的重视，创新性金融产品的推广受到一定程度的限制，但该国以德意志银行为首的传统银行业已经开始与数字化、信息化接轨，迈出与金融科技企业合作的脚步。

2. 国家政策的鼓励

德国财政部于 2017 年 3 月创设了金融科技委员会，其主要任务是调研数字技术在金融领域的应用，并向德国联邦政府提供金融科技发展建议。与此同时，政府还大力扶持科技企业的发展，并为此确立了四个政策目标：政府与创新型金融公司紧密沟通，进行有效的信息交换；政府主动降低市场准入门槛，以增强金融科技企业的市场活力；建立公平合理的竞争体系；保护消费者权益，防范与金融科技相关的市场欺诈行为。[①]

（二）内部因素

从内部条件来看，德意志银行由来已久的科技创新传统与银行当前面

---

① 参考 https://www.db.com。

临的困境都成为其发展金融科技的推动因素。

1. 德意志银行的科技创新传统

德意志银行将自身业务与金融科技的运用相结合起源已久，早在1962年德意志银行就启动了电子数据处理系统，部分代替人工；1968年推出支票卡并在随后的70年代将支票卡的适用范围推广至欧洲其他国家。1977年开办的信用卡业务，推动了欧洲无现金化和支付体系的现代化。德意志银行的信息技术投资始终是费用支出的一个重要组成部分。因此，由来已久的创新传统与对科技的高度重视对德意志银行金融科技的发展有着潜移默化的推动作用。

2. 德意志银行自身转型发展的需要

从2012年起，监管施压、媒体丑闻、经营管理不善等多方面问题使德意志银行的经营状况不断恶化。2015年德意志银行税后净利润呈现负值，且高达67.72亿欧元，并在之后的三年连续亏损。该银行在2016年美联储压力测试中表现不及格，2018年度营业收入为253.16亿欧元，同比下跌4.28%。2018年4月，标普宣布将德意志银行的长期信用评级列入负面观察名单。

面对连续亏损的现状、日益严苛的监管与违规经营不断招致的巨额罚款，德意志银行的战略转型迫在眉睫，利用金融科技与数字银行的发展来改善当前的窘迫局面不失为明智的选择。

三、德意志银行的金融科技发展现状

德意志银行积极参与金融科技的外部合作，与多家金融机构结成金融科技联盟，达成共同参与金融科技化进程、互助互利的协议，并通过收购或参股金融科技公司的方式引进新技术帮助银行拓展业务、完善自身发展；同时，德意志银行也从自身内部经营方面加大金融科技研究开发力度，在多项具体业务中应用金融科技不断进行自我创新与突破。

（一）外部合作方面

1. 外部联盟与协议

（1）2015年9月底，德意志银行与另外12家国际银行巨头联合加入了由分布式数据库技术初创公司R3领导的区块链联盟。该联盟成立的初衷是将区块链技术应用于金融领域。

R3的初始方案是在参与银行间建立"私有链"，参与行无须通过中介清算机构，只在内部享有访问和使用信息及数据的权限。通过这样的设计，达到提高效率、降低成本的目的，信息的私密性和安全性也可以同时得到保证。

虽然后续高盛等行业巨头开始脱离R3，R3也发表了一系列"不需要区块链"等令人困惑的言论，并开发"受区块链启发"的分布式账本平台Corda，但德意志银行仍然坚持在该联盟中，未来R3的发展及德意志银行能否受益于R3联盟仍需要时间来检验。

（2）2017年1月，德意志银行与汇丰银行、法国Natixis银行、法国兴业银行、比利时KBC银行、荷兰合作银行、裕信银行六家金融机构签署了谅解备忘录，宣布与IBM公司合作开发基于区块链技术的区块链贸易金融平台DTC，旨在使欧洲的中小型公司更好地改善国内贸易和跨境贸易。

DTC的目的是简化贸易金融流程，通过实现终端到终端的透明性，保护欧洲中小型企业的国内、国际贸易交易的安全，提高管理效率，最终改善欧洲甚至国际贸易的生态系统。这种分布式账本的本质，是借助在线接口和移动应用，以数字的方式连接买家和卖家、个人银行和物流运输商等参与者，进而达到记录、跟踪和保护交易的目的。

（3）2017年5月，该银行与Allianz、Axel Springer SE、戴姆勒金融服务公司、Postbank、技术智库Core和Here Technologies达成合作伙伴关系，共同推出一个联合的泛行业平台，用于在线注册、电子身份和数据服务。

这个新的、在线活动的标准访问过程的核心是所谓的主密钥。通过使用此密钥，客户可以在多个行业同时进行注册与识别。该平台不仅符合欧盟数据保护改革，而且遵守欧盟电子识别法（eIDAS）的规定。此外，数字支付服务和数字金融服务甚至政府公共服务等全行业服务都可以在此平台上进行开发。

发起人不是专注于个人集成解决方案，而是希望使用通用基础架构，在短期内从不同领域获得更多的合作伙伴，在工业4.0时代实现更广泛的市场覆盖。目前包括德国电信在内的越来越多的欧洲各行业顶级公司对该平台开始感兴趣。

（4）2018年1月，德意志银行与保险代理公司Friendsurance达成协议，为客户提供银行与保险业合作的平台，以期使自身更多地受益于财产保险业务。①

Friendsurance创立于2010年，它是全球首家提出P2P保险运营模式的保险代理公司，旨在帮助表现良好、出险率低的客户解决面临的不公平现象。它建立在社交媒体大数据基础设施之上，用户能够建立一个真实（用户自主邀请朋友或家人）或虚拟（网上自动匹配相同保险类型的用户）的朋友圈来分摊小额索赔和免赔额的成本，而大额索赔业务则由传统保险公司覆盖。由于充分利用了熟人关系及互联网的便利，在Friendsurance保险模式下，风控成本和信息交互成本都得到了有效的降低。

截至2018年中期，Friendsurance的数字报价将被整合到德意志银行的数字银行门户网站中，因此德意志银行的客户将有一名"保险经理"管理其财产保险合同。此外，客户还有机会识别保险缺口并相应地"优化"其保险范围。德意志银行私人和商业客户首席数字官Markus Pertlwieser表示："我们的目标是成为客户的主要数字银行。他们中的许多人想要一个可靠的平台，可以有效地满足他们所有的财务需求，帮助他们获得超越传统银行服务的产品。"

（5）2018年6月消息，德意志银行联合德国安联保险（Allianz）和二手车交易平台Auto1，共同创立了一家为汽车经销商提供融资和保险的

---

① 参考 https://wholesaleinvestor.com.au/friendsurance-gears-up-for-new-partnership-with-deutsche-bank/。

新公司Auto1 FinTech。[①]

Auto1在成功建立一个二手车在线市场后,希望进入金融科技领域,让经销商更容易在其网站上购买二手车。该公司与德意志银行和安联集团共同创建了Auto1 FinTech,该公司将提供一个数字平台,让这些经销商可以为他们在Auto1购买的汽车获得融资和保险。

德意志银行全球市场主管Stefan Hoops表示:"通过数字平台为汽车经销商提供融资,我们可以释放资本,否则这些资金将被捆绑在权益中。这也意味着当新的机会出现在市场上时,经销商会有更多的灵活性。"

2. 战略并购和股权投资

(1)2018年5月,德意志银行收购了总部位于孟买、拥有4年历史的金融科技初创企业Quantiguous Solutions。此次收购预计将通过改善数字平台来推动德意志银行的开放银行战略。[②]

德意志银行驻印度全球交易银行业务主管Anjali Mohanty表示,这是德意志银行在印度的首次收购,帮助该行在不增加任何成本的情况下,直接与客户建立联系,并与新客户建立联系,或逐步实现自动化。

此次收购将使德意志银行能够访问一个独特的应用程序编程接口,该接口允许客户与德意志银行无缝连接。Quantiguous公司自2014年开始在印度与Yes银行和RBL银行合作,每年的业务量增长15%~18%。未来包括创始人CEO卡塔利亚(Akhilesh Kataria)在内的19名量化员工将加入德意志银行,在该行全球所有业务中从事编程接口工作。这对德意志银行与Quantiguous公司来说是一个双赢的决定,对于Quantiguous公司来说,它将有机会在德意志银行目前所处的60多个市场拓展自己的解决方案。而对于德意志银行而言,增强后的API将被增用于零售银行业务,帮助其超越其他银行,找到开放的银行解决方案,加速内部计划,为客户提供更简单、

[①] 参考https://www.finextra.com/newsarticle/32267/deutsche-bank-allianz-and-auto1-create-car-financing-platform。

[②] 参考https://www.finextra.com/newsarticle/32105/deutsche-bank-acquires-indian-open-banking-software-house-quantiguous-solutions。

更快速的解决方案。

（2）2017年4月，德意志银行收购了FinTech Trust Bills 12.5%的股份。[①] 此次收购可以提升公司的影响力和数字解决方案。这类战略性收购不仅有助于公司巩固其在市场中的地位，对于它进入新市场也是很好的机会。

与Trust Bills的合作充分体现了德意志银行与第三方之间的良好合作。自20世纪90年代以来，对应付款融资的需求急剧上升。2017年应收账款市场价值约15万亿欧元，对银行和保理公司来说都是一项有利可图的业务。德意志银行本身现在拥有超过600亿欧元应付款融资项目，处理价值220亿欧元的事务和每年260万亿欧元的发票。但对于机构投资者来说，证券化的高成本及繁复的过程始终难以解决。成立于2015年的Trust Bills是一家提供国际贸易应收账款销售拍卖的在线平台。它连接买家和卖家，并创建一个开放和透明的交易场所。通过数据化方式，可以帮助投资者直接获得真实的经济资产应收账款，而无须经历昂贵的证券化。

DZ BANK和德意志银行已经收购了Trust Bills的股份，因此首次投资了一家企业FinTech。DZ BANK持有25%的股份，德意志银行持有12.5%的股份。Trust Bills成立于2015年。Trust Bills以数字方式解决了这个问题。

（3）DWS集团是德意志银行旗下的资产管理公司，它主要负责经营德意志银行下的资产管理业务，2018年11月6日消息，DWS已收购迪拜数字投资平台Neo Technologies 15%的股份。[②] 该交易的价值尚未披露。

Neo运营平台即服务模式，允许金融机构快速向其终端客户推出数字资产管理服务。作为白标解决方案，该创业公司提供专为Mena地区构建的集成的前台、中台和后台，适应当地语言和法规要求。根据将于2019年底完成的交易，DWS和Neo将形成战略合作伙伴关系，以开发和扩展该地区的数字资产管理服务。

---

① 参考 https://www.finextra.com/pressarticle/68732/deutsche-bank-buys-stake-in-receivables-auction-platform-trustbills。

② 参考 https://www.finextra.com/newsarticle/32894/deutsche-banks-dws-takes-stake-in-middle-east-digital-investment-firm。

DWS 负责人 Thorsten Michalik 表示："Neo Technologies 使 DWS 能够在资产管理高增长率的地区获得进一步的业务。"

（二）内部经营方面

德意志银行在其提出的"2020"战略中重点强调要建设数字化生态体系，计划在 2020 年之前投入 10 亿欧元用于数字化生态建设。在这一战略的指导下，近年来德意志银行在数字化发展方面投入了大量的人力和物力，也取得不少成果。下面我们将对德意志银行在内部经营过程中对数字化创新、金融科技发展方面的投入和成果进行介绍，分为技术和人力投入、具体业务发展情况两方面进行说明。

1．技术与人力投入

（1）建立金融科技实验室。

德意志银行自 2015 年开始计划开设金融科技创新实验室，随后在柏林、伦敦和硅谷创立三家科技创新实验室，2016 年在都柏林建立了数据实验室，2017 年又在纽约设立了另一家创新实验室。德意志银行之所以创建这些金融科技创新实验室，是为了能够与金融科技初创企业进行合作，帮助银行利用人工智能、云计算等技术手段更好地改进自身业务流程和实现产品创新，更好地为客户提供服务，增强银行的竞争力。

德意志银行在都柏林设立了数据科学实验室，邀请了 80 多名数据分析领域的专家加入实验室。都柏林实验室对银行运营中积累的大规模数据进行处理，以便更好地了解其客户需求，从而根据客户不断变化和细化的需求为其定制更加个性化的产品；同时可以加强银行在监管方面的应对能力；除此之外还可以提高银行把控成本的能力。在柏林、伦敦、硅谷和纽约建立的金融科技创新实验室在德意志银行建设数字化生态体系的努力中扮演了三个关键角色：一是德意志银行在关注金融科技创新生态系统时的"眼睛"，银行通过实验室可以迅速地发现最新的技术、商业模式以及潜在的合作伙伴。二是连接金融科技初创企业与德意志银行的桥梁。在设立实验室之前，这些初创企业很难直接与银行内部进行交流，而通过实验室就可以便捷高效地与银行内部负责资源分配和拥有决策权的人员进行沟通，了解银行业务和相关职能执行中的潜在问题，并通过技术手段找到解决方案。三是潜在解决方案的试验场。金融科技初创企业为银行提出的相关解决方案可以先在实验室提供的沙箱环境中进行试验，从而验证其效果并提升对银行的适用度。

金融科技创新实验室运转模式：首先，金融科技初创企业可以通过实验室与银行进行沟通交流，银行负责识别出具有高增长潜力的科技公司。其次，银行会对科技公司提供的解决方案进行评估。德意志银行在创新实验室中构建了一个具有安全机制的沙箱（网络编程虚拟执行环境），模拟德意志银行的经营环境，从而可以结合银行内部业务经营过程中面临的机遇与挑战，将解决方案应用到沙箱环境中进行试验，考量解决方案与银行业务需求的匹配度。最后，提出了适合解决方案的科技公司将能够与银行决策者直接对话，促使这些新技术在整个银行系统中得到应用。在技术解决方案从提出到被银行采纳的整个过程中，由于实验室的存在，实现速度大大加快。

目前，这些金融科技实验室已经初具规模，出现了一些值得关注的技术项目。比如，眼动追踪解决方案。Eyevido 公司是一家早期创业公司，与德意志银行都柏林金融科技实验室达成了合作。[①] Eyevido 团队提供了一个低成本的眼球跟踪解决方案，即可以使用一个小设备来跟踪用户的眼球运动，从而识别出用户在看什么及看了多长时间。通过与德意志银行科技实验室的合作，Eyevido 公司针对德意志银行零售银行网站的客户进行了眼动追踪研究，改进了其初始解决方案中的一些不足功能，最终德意志银行下设的数字工厂出资采用了这项解决方案，这能够帮助零售银行专家有效识别网站和使用应用程序的用户在体验过程中存在的问题，并迅速加以修复，使服务更为便捷。

---

① 参考 https://www.cebnet.com.cn/20181022/102528241.html。

（2）打造"数字工厂"。

2016年9月德意志银行在法兰克福成立了"数字工厂"（Digital Factory）。"数字工厂"这一机构是作为德意志银行数字化产品的研发中心而存在的。在"数字工厂"中，来自14个国家的约400个软件开发人员、IT专家和金融专家聚集在一起，使用最先进的科学技术和方法共同研发适合银行的数字化产品。"数字工厂"中除了最开始银行自行建立的金融科技研发团队，还包括准备提供给金融科技初创企业的50个工作站。[①]

如果说金融科技创新实验室的工作是发现并评估新的想法和技术解决方案，那么"数字工厂"的任务就是把这些想法和解决方案转变为实际的数字化产品来为客户提供服务。德意志银行在报告中声称，在未来几年，能够屹立不倒的银行数量会不断下降，要想在未来银行业中获得长久的持续性发展，必须加快发展创新的步伐，不能做数字化趋势的跟随者，要做引领者。"数字工厂"的存在正是为了满足德意志银行加快创新速度的需求。"数字工厂"通过集结一批最优秀的专业人才进行合作研究，能够在极短的时间内形成成熟的执行方案和产品，其核心作用就是缩短开发周期。

目前，"数字工厂"正在利用人工智能、区块链、云计算、语音识别等多种技术手段积极地开发各式各样有助于提升银行服务质量、加快业务执行速度的数字化产品。其中一些项目已经落地执行，如德意志银行移动应用APP、数字保险箱（eSafe）等，为德意志银行的客户提供了更加全面便捷的服务。

据德意志银行披露，其未来准备继续加大在"数字工厂"上的投资力度。此外，为了保证在科技竞争中保持领先地位，德意志银行还在"数字工厂"开幕式上宣布将与世界知名大学——美国麻省理工学院（MIT）进行合作，在未来共同进行项目研究，寻求新的技术突破。

---

① 参考 https://www.db.com/newsroom_news/2016/medien/deutsche-bank-opens-digital-factory-in-frankfurt-en-11701.htm。

（3）聘请专业人才，增强创新团队实力。

德意志银行除了在技术研究开发方面不断投入，建立了金融科技创新实验室和"数字工厂"，也非常重视负责开发创新的人才团队的建设。2016年11月，德意志银行任命Elly Hardwick为银行创新部主管，任命Philip Milne为创新部首席技术官。Elly Hardwick负责领导德意志银行的金融科技创新活动，并在全球范围内管理德意志银行的金融科技创新实验室。①

Elly Hardwick拥有哈佛商学院的MBA学位，曾在摩根士丹利工作，后来在信贷基准（Credit Benchmark）担任信用风险数据和分析的公司的主管，也曾在汤森路透公司（Thomson Reuters）担任过战略、投资与咨询部门全球战略主管，对金融科技的发展有着深入理解。另一位高管Philip Milne拥有剑桥大学计算机科学硕士学位及英国巴斯大学数学和计算机科学博士学位，对于前沿科学技术有着深刻的理解。他在伦敦、加州的金融科技领域都有丰富的工作经验，曾是硅谷一家虚拟现实科技初创企业的CEO和创始人。他也是创建谷歌Android平台和Sun Microsystems Java平台的创始团队的一员。在职业生涯早期，他曾在德利佳华（Dresdner Kleinwort）担任全球首席技术官。从以上任命可以看到，德意志银行积极地搜罗有经验、有能力的管理人才，通过引入金融科技方面的专业人才，可以帮助银行更好地制定发创新发展战略和寻求对外合作。

2．具体业务发展情况

德意志银行在金融科技方面发展迅速，主要集中在以下领域。

（1）智能投顾。

一是推出机器人投顾AnlageFinder。德意志银行早在2001年就已经开发了在线投资平台maxblue，其主要作用是个人投资者可进行线上投资管理。投资者可通过maxblue APP进行实时资产管理，包括证券交易和查询

---

① 参考 https://www.db.com/newsroom_news/2016/medien/deutsche-bank-strengthens-innovation-team-en-11773.htm。

等。2015年11月，德意志银行扩大了maxblue的服务范围，推出了"机器人投顾AnlageFinder"业务。这项智能投顾服务是德意志银行与金融科技公司fincite合作开发的，对maxblue的客户提供免费业务。它通过机器人顾问使用算法为希望在不利用咨询服务的情况下作出投资决策的投资者整合个人投资组合。AnlageFinder采用了新的工具，简化了使用者的投资流程，主要包括三步：第一步，解决一些关键问题，如分析客户风险偏好、投资目标和条款等。第二步，即在第一步的基础上制订资产分配计划，AnlageFinder根据第一步结果为不同标准客户提供相应的资产，配合相应的风险评级、产品性能和成本。这使客户可以在不同资产中自由分配自己的资金，也可以自行更改。当客户排除了某些特定种类的资产时，机器人会根据需要制定新的投资建议。作为个性化投资组合的一部分，该工具也会及时通知客户，他们是否在某类特定的产品上过多地分配资金，导致投资比例失衡等问题。在第三步中，客户可以使用maxblue来下达证券订单。

二是通过maxblue推出新的原生应用程序。在推出AnlageFinder的同时，德意志银行同时推出了基于maxblue的原生应用程序。投资者根据自己在德意志银行网上银行的个人数据，可以在该应用程序中查看自己的账户和投资组合，并可以进行实时交易。该程序提供所有证券交易市场的完整信息概览，使客户能够详细比较各种资产的优劣后作出选择。这方便客户随时随地针对资本市场的变化，对自己的投资策略作出及时调整，使投资更简单和便捷。

（2）大数据。

德意志银行推出了"α-DIG"大数据投资工具。[①] 该工具是一种交互式网络工具，通过机器学习的方法，深度扫描企业财务数据中的隐藏部分，并进行分析，与云端数据进行比较。它通过分析企业员工、管理者、竞争者、合作者等与企业利益关联方的各种行为和信用等，挖掘企业的隐藏价值。例如，将企业文化、企业信誉、未来前景等具体的内容进行量化，使投

---

① 参考 http://labs.db.com。

者在做决策时可以纳入更多信息。

它是第一个由德意志银行内部独立研究数据计划的产品,它托管于名为数据创新集团(dbDIG)利用替代数据和人工智能(AI)的力量来提供数据驱动的投资解决方案的新平台。由于在当前社会,企业文化等无形的价值是很重要的,但这些非财务信息难以被获取,更难以得到量化,因此德意志银行的"α-DIG"大数据投资工具打破了传统的会计准则只考虑财务信息的保守性,在做决策的同时考虑了公司的非财务信息。

(3)区块链。

德意志银行在区块链方面的工作重心主要在结算领域,其目的是最大限度地发挥分布式账本的作用,利用超级账本(Hyperledger)函数库公共许可证 Fabric 搭建系统,将证券和商业银行资金,在保证不触犯跨司法管辖区的监管规定的前提下进行转移。该项目由三个阶段组成。第一阶段,2016年,德意志银行与德国中央银行达成合作,展示了证券在区块链上的转移。第二阶段将系统升级为可以生产的系统,进一步将商业银行资金转移到区块链上。这个阶段几乎复制了商业银行的概念,主要通过区块链技术,德意志银行与子公司 Eurex Clearing 开发了代币"Collco",通过该代币将银行的一系列资产转移到区块链上,如法定保证金、贷款保险费和付款交割资产。2013年德意志银行与澳交所、巴西、西班牙和南非联合成立了全球证券托管机构联盟(Liquidity Alliance),目前他们在进行第三阶段的合作开发,即开发以合规方式将证券在不同司法管辖区域内进行转移的原型。每个成员在各自的司法区域内,与监管机构合作,例如德意志银行与德国中央银行和德国联邦金融监管机构,通过合规合法的方式部署区块链节点。

(4)移动金融。

德意志银行在移动金融领域也有广泛涉猎,主要集中在以下两方面。

一是通过开发数字工厂,发展移动金融。2016年德意志银行在法兰克福成立了"数字工厂",该工厂围绕移动金融方向,开发了一系列业务。第一,电子账户开户。从2016年11月起,德意志银行新客户将能够在几分钟内以电子方式开立账户,并将获得信用卡和透支的实时批准。第二,优化德意志银行的手机客户端。德意志银行手机客户端开发了手势控制、好友转账、财务规划等项目，使其使用量和使用频率大大提高。第三，数字保险箱。客户可以通过德意志银行APP来安全地存储他们的文档和密码。第四，多银行聚合。客户可以通过平板电脑、智能手机、笔记本电脑或台式电脑，查询其在几乎所有德国银行的账户、银行卡、证券账户和贷款的全面概览。第五，储蓄存款多选择性。德意志银行为零售客户提供可以通过手机APP选择德意志银行数字市场中其他银行的不同定期存款的服务。第六，电子化全权代理的投资管理。该业务主要是根据目前的专业投资策略和投行研究报告，为客户提供个性化的、持续的和自动的投资组合管理和风险管理。

二是推出Yunar APP便于移动支付。德意志银行于2018年11月6日推出Yunar应用程序。Yunar是私人和商业银行新的"数字风险投资"部门的一部分，新的客户群和市场的产品将在未来捆绑销售。其任务之一是快速开发银行的数字平台。其基本版作为免费数字平台产品从忠诚度计划管理开始，使用户能够在自己的移动电话上管理自己的客户忠诚卡。因为3/4的德国人是忠诚计划的成员，而其中大多数人（73%）拥有3个以上忠诚计划的卡。该应用程序允许用户收集在德国广泛使用的多达200个忠诚计划的积分，还可以显示以前收集的点数，这意味着实体会员卡将被取代。因此，Yunar从一开始就满足平台经济的关键标准：免费、随时可用及与生活紧密相关。后续可以添加诸如移动支付或多银行聚合之类的银行服务，甚至可以添加诸如数字识别之类的非银行服务，最终使其成为移动钱包。这将是客户第一次一站式访问与自己相关的忠诚度计划卡、付款和银行账户的所有服务。如果将来所有来自流行忠诚度计划的数据都与用户的支付信息相关联，这将使该产品具有独特性。Yunar还可以建议用户应该考虑哪些忠诚计划，或者提出如何使用已经获得的积分的建议。

（5）开放内部数据端口dbAPI。

2016年11月，德意志银行作出决定，开始面向国内外软件开发者开放内部数据端口dbAPI。德意志银行这一举措，可以使软件开发者接入内部研发环境，使用客户数据和程序源代码进行测试和软件创新。2017年10

月，德意志银行的数据开放更进一步，正在构建其应用程序编程接口（API）的"生态系统"，这将使第三方提供商能够使用源代码开发新的服务和应用程序。这项举措是为了建立与其数据和系统相关的最广泛的应用范围。

德意志银行在数字化进程中重要的一步便是首次开放数据和内部源代码。这项举措更加契合客户的利益，因为它缩短了新产品、新服务投向市场的时间。同时也大大提高了软件开发人员的效率，即便在产品或 APP 的测试运行阶段，也能根据外部开发者的不断反馈提升产品质量，检验产品的可行性。这也是一项大胆且极具国际战略眼光的措施，说明德意志银行有意成为银行业开源技术的"领头羊"，在金融科技的发展上持有合作、开放的心态。

四、德意志银行金融科技发展战略

自 2015 年开始，德意志银行相继提出了指导自身发展的"2020"战略和《金融科技 2.0 白皮书》，从中我们可以对银行未来在金融科技领域的布局窥探一二。在"2020"战略中，德意志银行花了大量篇幅对金融科技在银行发展中的重要性进行了阐述，并针对当前内部存在的问题和外部金融科技发展的大趋势，重点突出了信息科技的运用，提出要构建数字化生态系统，着眼于优化业务结构，提高对迅速变化的经营环境的适应性，提升客户体验，从而增加银行经营效益。而在《金融科技 2.0 白皮书》中，德意志银行强调了要搭建与金融科技初创企业的合作联盟。这些发展战略已经在德意志银行当前的发展举措中得到了充分体现，取得了可观成效，相信在未来也将继续贯彻下去。

（一）数字化生态系统

数字化生态体系在德意志银行发布的"2020"战略中占据核心地位。为构建完整的数字化生态系统，德意志银行不惜大手笔投资，在成本日益缩紧的内部环境下，预计未来 3~5 年投资 10 亿欧元，以创建更多"数字银行"。在具体执行层面，德意志银行将致力于从营销、产品、流程、技术和培育五个维度分别构建数字化生态系统，对各个维度的发展准则和行动举措也进行了详细的规划。数字化生态体系的构建划分为基础数字银行、智能顾问银行和超越银行三个阶段。其中，在基础数字银行阶段，客户可于任何地点、任何时间实现一键操作；在智能顾问银行阶段，客户可基于自身金融需求，获得最佳的解决方案；在超越银行阶段，服务将达到场景的全覆盖，银行可成为客户的终身伴侣和值得信赖的伙伴（见表12-1）。

表12-1 德意志银行数字化生态体系的构建

维度	发展准则	行动举措	战略目标
营销	有效性	营销管理 客户关系管理 数字化营销	① 通过核心业务的数字化，促进业务发展和市场份额增长 ② 通过端到端的流程再造，完成效率提升和客户体验改造 ③ 通过数字体系和新型商业模式的构建，获得新的收入来源
产品	简捷性 差异性 可得性	电子银行、电子化其委托投资组合管理 储蓄存款集市、电子经纪人 数字化机构、数字化网点	
流程	便捷性 高效性	全渠道资讯平台 端到端产品处理 流程重建及自动化	
技术	创新性 安全性	数字化核心方案 区块链、人工智能 生物识别	
培育	敏捷性 专业性	数字工厂、德银实验室 合作伙伴 数字化创新引领者	

资料来源：中国工商银行研究报告。

（二）通过战略联盟创造新的机会

2016年2月，德意志银行发布了《金融科技2.0白皮书》，提出银行应与市场上出现的新进入者——金融科技公司和数字生态系统合作，搭建战略联盟来创造新的机会。

长期的成功必须同时具备对市场的洞察力及经验，而这是金融科技公司和数字生态系统不能单独提供的，对于银行而言，金融科技作为一种"破坏性"文化或角色都可以成为一个优势，金融科技公司可以在银行花园墙外提供创新的必要途径。合作项目可以利用"沙盒"实验，自由地测试新想法，避开一些银行内部障碍，包括基础设施和文化限制。银行和金融科技公司、数字生态系统合作可汇聚双方的核心竞争力，利用协同效应开创一项更宏大的事业，这样的战略联盟将会给客户提供最高端的增值服务。

在白皮书中，德意志银行提出应从专注核心竞争力、识别合适的合作伙伴、选择何种合作方式几个因素考虑，从而选择最有效的实施路径。金融科技银行合作伙伴关系，尽管可能会考虑多边国家潜力，但在不同地区有不同的侧重点，原因在于监管分歧和各地市场需求不同。成熟市场更难预见可发展的前景；相反，德意志银行在中国、印度和非洲这样的新兴数字化市场与金融科技公司进行战略合作，发展中国家市场其科技发展的胃口更大，并且有能力弯道超越发达市场的科技。

五、德意志银行金融科技发展的启示

德意志银行作为一家全能银行，在金融科技浪潮中主动转型，其战略及实践给我们带来启示。银行业传统、对低风险的偏好本就与激进、追求高风险的互联网金融企业有天然的鸿沟，所以商业银行想要不被金融科技浪潮抛弃在身后，更加需要一套区别于传统的、相对独立的、开放的运作机制。

首先，金融科技的应用一定是个完整的生态闭环，而不是局限在某一业务条线、某个产品上的单个应用。在营销、产品、流程、技术、培育等各个方面都要以创新思维、模式完成再造。

其次，金融科技创新需要较银行系统相对独立的运作机构和机制。通过并购印度的金融科技初创公司 Quantiguous Solutions、设立金融科技创新实验室、在法兰克福成立"数字工厂"可以看出，德意志银行都有意识地将这些机构独立于内部组织架构之外，并将地点分散在世界各地，这样的设计有助于集中当地人力资源，缩短研发周期，形成新的创新驱动中心；

同时，由于自主研发投入成本高，有一定的失败率，独立的运作机构相当于为其设置了一道"防火墙"，将此业务风险与母银行进行风险隔离。

最后，金融科技发展的关键应当是开放、合作，而不是闭门造车。进行数据开放及公开内部源代码，是德意志银行极具战略意义的举措，短期来看可能会使它面临来自更多竞争者的威胁，但从长远来看，它将加快整个金融行业新产品和服务的开发进程，缩短投向市场所需的时间，更符合客户的利益。相信此大胆之举最终会为德意志银行注入更多的创新活力。

第十三章　荷兰国际集团的金融科技发展现状与规划

摘　要

荷兰国际集团（ING）是一家位于欧洲的大型综合性金融集团，与其他传统金融机构不同的是，ING 早在 20 世纪就开始试水金融科技，发展 ING Direct 直销银行业务并取得成功，这为其后来 ING 的金融科技发展提供了经验和客户基础。2018 年前后，欧洲中央银行开始建立完整的金融科技监管体制，欧洲金融科技领域发展迅速，ING 也在多个领域布局发展。目前，ING 通过投资金融科技公司、设立金融科技村、支持信息技术和平台建设三种方式，在移动支付、贷款业务、区块链业务和智能投顾四大板块推出创新性服务，并着重于利用金融科技助力小微企业贷款和开放式银行建设。在未来的规划中，荷兰国际集团提出"Think Forward"思想，即将未来业务发展的重心放在依托于数字化，满足客户需求和可持续发展，加速推动企业从传统金融机构向科技化企业转型。

Chapter 13　The Present Situation and Prospect of FinTech Development of ING

Abstract

Internationale Nederlanden Group (ING) is a large financial group located in Europe. Unlike other traditional financial institutions, ING started to test FinTech as early as last century, and developed "ING Direct" Internet banking business successfully, which provided experience and customer base for its later FinTech development. Around 2018, the European Central Bank began to establish a complete FinTech regulatory system. FinTech in Europe has developed rapidly. At present, by investing in FinTech companies, setting up FinTech villages, and supporting information technology and platform construction, ING has launched innovative businesses in four sectors, namely mobile payment, loan business, blockchain business and intelligent investment. It also focuses on using FinTech to facilitate the construction of small and micro companies to lend money and open banks. In the future planning, it puts forward the "Think Forward" idea, which means that the focus of future business development is to rely on digitalization, to meet customer needs and sustainable development, as well as to accelerate the transformation of companies from traditional financial institutions to FinTech companies.

一、荷兰国际集团概览

荷兰国际集团（Internationale Nederlanden Group，ING）是 1991 年由荷兰国民人寿保险公司和荷兰邮政银行集团合并组成的综合性财政金融集团，合并之初主要经营业务涵盖保险、银行和资产管理三大方面。银行业务主要分为零售银行业务和商业银行业务，零售银行为欧洲、美洲、亚洲等地客户提供零售和直接银行业务，商业银行则面向政府、企业及其他金融机构提供贷款、支付、现金管理等业务。在合并之初，保险业务是 ING 收入的主要来源，银行业务相对薄弱。其前身荷兰邮储银行的业务形式主要是通过邮递、邮政局、电话及互联网开展银行业务，且一直没有建设属于自己的银行网点，这也成为后来 ING 集团互联网业务发展的重要推进因素。自 1995 年起，ING 开始着力于零售银行的推广与市场拓展，相关业务营收比例不断上升，并助力发展成为全球最大的综合性金融服务集团之一。截至 2017 年，荷兰国际集团业务遍布全球 40 多个国家，客户达到 37.4 百万个，管理的可持续资产达到 4.8 百万欧元，2017 年全年实现净利润 4905 万欧元，同比增长 5.5%。ING 对客户的净核心贷款增长了近 270 亿欧元（4.8%），与 2016 年底相比，2017 年净客户存款增加 190 亿欧元。[①]

就业务划分而言，ING 业务涉及证券、保险、资管、经纪等不同领域的多项业务。2017 年底，ING 收取转账费用 1172 百万欧元，证券业务 532 百万欧元，保险经纪业务 176 百万欧元，资产管理佣金 116 百万欧元，经纪和咨询费用 548 百万欧元，还包括 1321 百万欧元的其他业务，其中主要包括担保佣金、承销银团贷款佣金和结构性融资费用等。

近年来，荷兰国际集团在金融科技领域展开了一系列探索，无论是对新技术的开发和投资还是对已有技术的应用（如区块链技术），都处于欧洲甚至世界的前列，而金融科技的发展也为荷兰国际集团注入了新的增长动力。本章对荷兰国际集团在金融科技领域的现状和发展进行全方位的梳

---

① 资料来源：2017 年 ING Direct 年报。

理，总结其经验和规划，以及对我国金融监管体系和金融机构的启示。

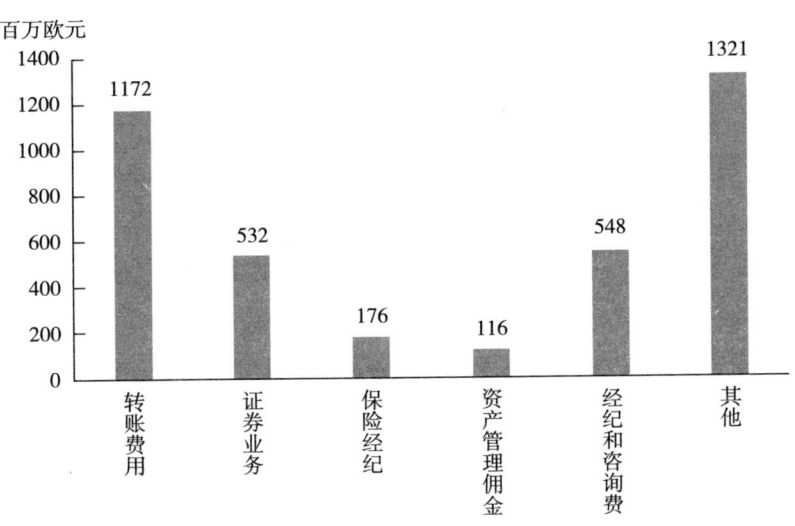

资料来源：ING年报。

图13-1 ING 2017年营收构成

二、欧洲金融科技发展现状和影响

（一）欧洲金融科技发展现状

在欧洲 FinTech 市场中，英国一直以来被认为起到了领头羊的作用，其中主要的原因在于英国在 2016 年即出台了针对金融科技的"监管沙盒"制度，成为全球最早针对金融科技制定完整的监管和促进措施的国家。受此影响，英国在金融科技的人才、投资和各类基础设施方面条件充分。但由于受到脱欧事件的影响，同时受到来自欧洲其他地区和中国等后发市场的冲击，在 2016 年后英国的 FinTech 市场发展出现迟滞现象，无论是新兴投资还是已有产品均出现疲软。在英国发展降速的同时，欧洲其他国家的 FinTech 发展也一度进展较为缓慢，其中德国、法国、荷兰、瑞士、比利时等国家成为欧洲 FinTech 的几个中心区域。

与我国金融科技独立成长不同之处在于，欧洲的 FinTech 发展中，大型银行和金融集团参与程度极高，其对新 FinTech 公司的投资和收购成为欧洲金融科技的主要发展方式，而欧洲新兴的几大 FinTech 中心的集聚也是基于各国大型跨国银行的巨大投资（如德意志银行、瑞士瑞信银行、法国巴黎银行、荷兰 ING 集团和苏格兰皇家银行等）。在各自投资的基础上，欧洲也存在多个大型银行联合投资金融科技公司的现象，如在 2017 年创立的 R3 公司，主要业务是对区块链应用的开发，而该公司的创立过程中收到了十余家跨国银行和财团的投资。

在参考英国发展成功经验后，截至 2019 年初，21 个欧盟成员国和 3 个欧洲经济区国家建立了创新中心，5 个欧盟成员国已启动"监管沙盒"制度，为新兴的金融科技公司提供指导和帮助。其中有 11 个成员国采取了成文的制度规范，但其中部分制度在国家之间有冲突，妨碍了金融科技公司在整个欧洲地区的市场拓展。而未来欧洲中央银行希望建立的监管制度则是全欧元区通用，即当金融科技公司在本国获得正式授权和监督后的金融服务公司能够获得欧洲通行权限，使这些公司有可能为所有其他成员国提供服务，并在全部成员国市场上推广。2018 年前后，欧洲中央银行决定通过多个文件和会议讨论完成一整套针对金融科技安全发展的监管体制，涉及数字识别、移动应用、云计算、大数据分析、人工智能、区块链和分布式分类账技术的金融技术解决方案，以建立一个更具竞争力和创造性的欧洲金融部门，而整个监管体系的最终建成可能要持续到 2020 年前后。

在欧洲金融科技监管框架逐步搭建和完善的背景下，2018 年以来，欧洲金融科技领域发展迅速。从投资总额角度来看，2018 年上半年欧洲金融科技企业投资额共计 260 亿美元，相较过去有了显著增长，占到全球投资总额的 44.9%，而 2018 年下半年投资额上升至 342 亿美元（见表 13-1）。这得益于欧洲 2018 年以来出台的一系列金融科技领域的监管措施和创新激励机制。

具体到项目来看，过去区块链的应用始终是欧洲金融科技发展的一项重要内容，但由于监管背景的改变，欧洲的银行业对金融科技的投资更多

表 13-1　　　　　　　　分地区金融科技投资额　　　　　　　单位：亿美元

时间	欧洲	美国	亚洲	全球
2018H2	342	545	227	1118
2018H1	260	142	168	579
2017Q4	20.5	58	0.74	87
2017Q3	16.6	50	12.1	82

资料来源：KPMG the Pulse of FinTech 2018H2/2018H1/2017Q4/2017Q3。

地集中在基础设施方面，对合规性强的金融科技基础设施投资将成为未来一段时间内欧洲大型银行投资金融科技的重点方向。

ING 新业务也表现出这一特征：抓住欧洲监管体系建设的机遇，发展顺应监管的基础产品。

（二）欧洲金融科技监管与 ING 的发展方向

为了支持金融科技发展，欧盟在 2018 年 3 月颁布了金融科技专门行动计划。该计划除了在准入、审核方面的限制性规定和警告防范可能出现的风险和挑战外，还包含诸多支持性措施以刺激和促进欧洲金融科技公司的发展，维护金融环境的安全稳定和消费者金融服务水平。具体目标包括三个方面：

（1）促进建立更具竞争力和创新性的欧洲金融部门。

（2）保证金融体系的完整和稳定。

（3）利用金融技术的发展进步服务欧洲的经济和工业发展。

针对这一目标，2018 年第二季度，欧盟开始建造欧盟金融科技实验室，以支持区块链、加密货币、数据保护等技术的发展。此外，在该行动计划中，欧洲中央银行和欧盟委员会还针对不同的具体部门制定或者规划了一系列措施。

在这一监管背景下，ING 的 FinTech 发展获得更多的成长机会，特别是欧洲监管一体化的推广，将促进 ING 金融科技业务向全欧元区的推广。无论是已有产品的市场扩大，还是新投资机会的寻找和培养，都将受益于新的监管体系。而在实践中，ING 集团在多个子市场已经获得成果，并还在积极把握机会。

（三）监管措施与 ING 的机会

1. 针对线上支付的监管

在我国，数字支付代指支付宝为首的第三方平台支付体系。这一体系在欧洲仍处于探索和发展阶段，德国、法国、比利时等国已经有多个第三方支付平台推出并进入实际使用当中，但总览其发展，均处于初创阶段，用户数量较少，可使用商家的数量和功能也远不及我国的支付宝等成熟平台。为了促进线上支付服务的发展，2018 年 1 月，PSD2 正式生效推行，而这一法案在个人金融和支付数据等方面作出规定——第三方支付强制开放：PSD2 要求欧洲银行向第三方支付平台提供 API 入口权限，同时公开用户的账户信息，即第三方支付平台能获得个人消费者在不同银行的资金状况并提供资产管理服务，这使发展出类似支付宝的平台成为可能。但商家、银行和平台禁止将付款成本转嫁给消费者。而出于安全性考虑，欧洲各大银行和第三方支付平台必须实行线上付款认证等监管技术。

交易信息的透明化为欧洲第三方支付平台带来新的发展机遇，但由于支付宝、PayPal 等海外支付平台对欧洲市场的布局已经展开，本土支付平台受到成熟平台的巨大挑战。同时，这一规定被认为是欧洲建立"开放式银行"体系的一个重要机会。

因此，在该政策颁布之后，欧洲在移动支付和第三方理财平台方面发展迅速，而 ING 集团也在这个领域发展出新的应用。2017—2018 年，ING 投资了比利时、德国和荷兰等国家的第三方支付平台。但与此同时，支付宝、PayPal 等早已成熟的支付平台同样希望能够抢占欧洲刚刚打开的第三方支付市场，欧洲新诞生的本土第三方支付平台所面临的竞争压力较大，其发展前景受到海外产品挤压。因此，ING 还投资了移动资产管理平台市场，而 Yolt 是 ING 目前正在推行的主要应用之一。该产品希望能够利用 PSD2 对于银行信息透明化的规定，通过在平台内集合客户在所有金融机构的账户情况来推行针对个人客户的资产管理计划，并推广其理财产品。

2. 金融科技安全性

（1）对数据安全和隐私保护的规定。

2018年5月，GDPR正式生效，这一条例也被认为是全球范围内最重要的个人数据保护法律。GDPR规定：公司必须在主动、明确地询问消费者后才能获得公民个人信息，而这部分数据在消费者要求下可以随时删除，一旦数据泄露，必须及时通知用户，同时企业面临高额惩罚。而金融科技正是建立在数据集合之上，特别是大数据技术的应用导致金融科技服务的提供方手中掌握大量隐私。GDPR对任何拥有欧盟成员国公民个人数据的企业和信息都将产生效力，是对金融科技领域数据安全性的重要保护，其与PSD2的联合监管为欧洲金融科技监管体系中的重要部分。

（2）对虚拟货币和加密货币的安全性监管。

根据2017年12月欧盟发布的第12号《反洗钱指令》（*Anti-Money Laundering Directive*），虚拟货币和加密货币兑换机构及提供托管服务的钱包服务商需要向监管部门提供匿名交易者的有关信息，使匿名货币的使用者最终并不匿名，目的是避免虚拟货币交易过程中可能出现的洗钱和恐怖主义融资行为。

而《能源开发协议条例》（*eIDAS Regulation*）则对跨国交易中的电子支付安全作出规定，特别是要求对支付各方的身份识别有硬性要求。

这两个规定被认为是欧洲各大银行面临的一个挑战，而对于互联网为基础的FinTech产品而言，其对大量数据的应用和分析成为竞争的主要力量。在数据获得方面的监管趋严对于数据获取的一些灰色行为是一次打击，但对于整个FinTech市场的健康发展而言这是必需的一步。在安全性规定发布之后，各大银行在信息安全方面也及时作出反应，这也成为未来FinTech市场中基础设施类产品领域的重要发展方向。

（3）区块链和分布式账本技术。

区块链技术是欧洲多个大型金融机构和跨国银行在金融科技领域实践

较多的领域,欧洲标准化组织对区块链技术确定了具体定义和特征。针对区块链的管理成果和措施如表 13-2 所示。

表 13-2　　　　欧洲针对区块链和分布式账簿监管有关措施

措施	内容和影响
2018 年 2 月,欧盟委员会开始建立欧盟区块链观测站 The EU Blockchain Observatory and Forum	提高区块链技术投入到金融贸易当中的效率
2018 年 4 月,22 个欧盟国家签署协议成立了欧洲区块链联盟	欧洲多个大型银行合作建立区块链交易平台——we.trade,并完成了基于区块链技术的跨境金融交易
European Financial Transparency Gateway(EFTG)欧洲金融透明度门户网关	利用分布式账户技术,帮助上市公司获取欧盟证券监管市场的信息,提升监管市场透明度,促进市场一体化和流动性
Blockchain4EU 欧洲区块链计划	区块链—工业改革计划,重点包括征收区块链交易中的消费税等内容

资料来源:根据公开资料整理。

荷兰国际集团是欧洲率先进行区块链技术实践的大型金融机构之一,而欧洲金融整体对区块链技术的探索,特别是对基于区块链技术的交易过程、交易规则的标准化,必然会使 ING 集团的区块链技术应用在安全性和适用性方面获得提升。

三、ING 直营银行业务

(一) ING-Direct 介绍

在 2014 年 ING 提出 "Think Forward" 战略之前,ING 就已经开始进行金融科技的尝试——ING Direct。其作为 ING 集团正式实施金融科技战略前的"试水",为公司后续正式推动金融科技业务起到重要的作用。

20 世纪 80 年代末,银行业开始使用电话及互联网发展业务,直营银行这种相较于传统银行的形式逐渐出现。1989 年,最早的直营银行在英国出现。这种直营银行与传统银行的柜台及各种营业网点不同的是,直营银行主要是通过电话、信件、ATM 及后来逐步发展的互联网为客户提供服务。鉴于 ING 集团的零售银行业务较为薄弱,急需开辟市场走出国门。1997 年 4 月,ING 集团在加拿大建立第一家 ING Direct 互联网银行,当年 12 月其账户数量达到 3 万个,总资产达到 5 亿美元,而到 1999 年 6 月,账户数达到 16 万个,总资产跃至 10 亿美元,直营银行的尝试大获成功。而到了 2010 年,ING Direct 在加拿大地区的分支机构已经成为加拿大地区最大的互联网银行,吸收的银行存款达到 280 亿美元。[①] 加拿大的成功推广使 ING 信心大增,此后其进一步在澳大利亚、西班牙及美国市场进行直营银行的尝试。随后,2002—2003 年,ING Direct 又成功在意大利、德国、美国和奥地利等地将其模式迅速推广。2008 年,由于 ING Direct 对集团的存款业务提供了 50% 以上的贡献量,成为世界上最大的直营银行(见图 13-2)。

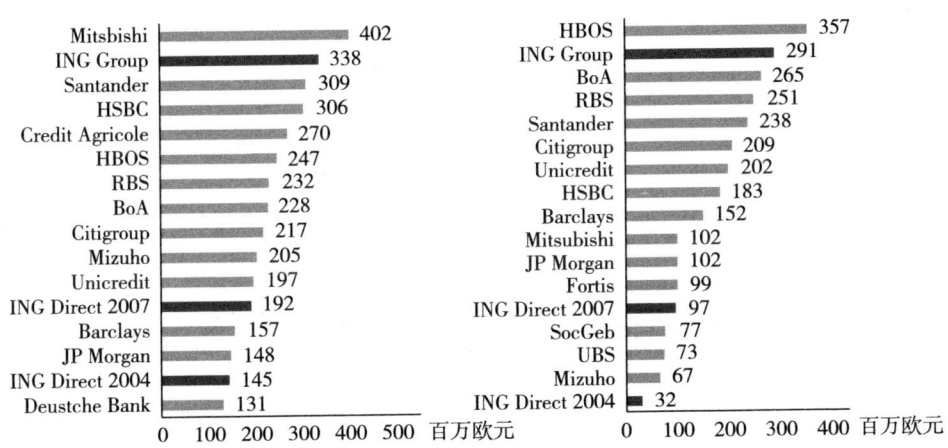

资料来源:2018 ING Investor Day:ING Direct Strategy Update。

图13-2 ING Direct规模世界最大

[①] 廖理.Ally Bank、ING Direct、BOFI 三家直营银行的创立发展和启示(上、下篇)[J].清华金融评论,2015(2):93-100.

在 ING 所有的直营银行业务中，美国市场是做得最大最成功的一个。当时 ING Direct 团队对美国市场进行充分调研，发现美国消费市场存在过度消费以至于负债率过高的现象，因此团队决定以"回归理性"作为对消费者的主打标语，推动消费者通过存款的方式合理进行自己的资产管理。最终通过比其他银行更高的存款利率和更低的贷款利率形成"薄利多销"的业务模式。ING Direct USA 最开始推出的业务只有共同基金产品和房屋抵押贷款产品，通过鼓励客户保留在其他银行的支票账户，需要时再从直营银行储蓄账户划出至支票账户的方式节省成本，同时挑选质量更优的客户以较低的利率提供房屋抵押贷款（见表 13-3），这也使其在 2008 年的国际金融危机中得以生存下来。在 2011 年，Capital One Financial 收购了美国的 ING Direct，并且将其作为独立品牌 Capital One 360 继续运营。

表 13-3　　　　　　　　ING Direct USA 产品汇总

产品类别	产品	特点
橙色储蓄 （Orange Saving）	橙色储蓄账户	全美同类账户最高利率，无最小存款余额要求，无手续费
	橙色电子账户	美国第一个全电子、无纸化的支票账户；免费签发电子支票、支付账单；提供付费即可寄取支票；免费提供橙色电子万事达借记卡
	橙色定期存单	利率优惠；到期可自动转期；提前取出需缴纳罚息
橙色公司业务 （Orange For Business）	公司储蓄存款	每个公司可以有 3 个账户（分别使用不同的账户号与 PIN 码），其他服务与个人业务基本相同
	公司定期存单业务	
橙色住房贷款 （Orange Home Loans）	橙色按揭贷款	利率优惠，范围限于客户购买自住公寓或独立住宅，第二套住宅、别墅、占地 10 英亩以上的房产不支持按揭贷款
	橙色房屋净值贷款	—
橙色证券 （ING Direct Securities）	橙色投资账户	提供 7 种基金投资服务，免收交易费，只收管理费
	橙色退休账户	为客户提供传统的退休金账户和免税的成长型退休金账户的投资服务

资料来源：ING 年报。

在目标定位上，相对于传统商业银行注重高端客户的定位，其主要定位于普通客户，这类群体数量巨大，尤其是30~50岁的受过良好教育的人群，其收入稳定且对新事物和新的服务手段具有较强的接受能力，因此愿意比较传统银行和新兴银行的服务并接受更便捷的直营银行方式。这类客户单个创造的利润并不是很高，但在银行降低成本的前提下能通过普通客户数量的扩大创造出巨额的利润。因此，ING Direct紧跟目标客户特点，力求在经营上通过简单快捷的过程为客户提供较高的储蓄回报。因此，为了使业务处理过程更加简单、标准化，ING Direct每年甚至通过"解雇"的方式清除异质性较强的客户来节约成本及提高运营效率。同时，在客户管理上，使用新型的交叉销售精准定位，通过电话、E-mail等方式对客户进行消费习惯了解，从而极大地降低了客户的获取成本。

在提供的产品和运营方式上，由于传统银行各分支机构已经发展成熟，ING Direct作为直营银行转头全力打造"便利银行"的模式，主要为普通客户提供简单的"金融日用品"。业务范围仅仅涉及一些活期存款、定期存款、支付账户、住房抵押贷款和普通理财产品的代理，而其他方面的需求则通过不收取手续费的方式鼓励客户将资金在ING集团其他关联账户之间转换实现，通过零手续费的方式鼓励其仍然保留自己在其他银行的账户，需要使用时再进行资金的流转。这种简单化的产品体系在创造出"全能账户"的同时使得运营成本仅为传统商业银行的25%。同时在运营方式上，直营银行通过电话、邮件、互联网等形式为客户提供服务，实现真正的全天候、不间断、不受网点限制，这种高效而低成本的服务大大提高了运营效率和服务范围。

在安全保障上，ING通过规范和严格的账户操作采取与咖啡厅设置实体网点的方式取得客户信任，为客户提供更好的用户体验。

（二）ING Direct对后续金融科技发展的影响

ING Direct的发展为后续ING集团进行金融科技发展提供了良好的发展环境和客户基础。

经过多年的发展，ING Direct的品牌特点和口碑渐渐形成，其市场定位简单、明确，发展环境助力其后续的金融科技创新。一个较大的特色是，ING Direct 强调与传统模式的脱离，其线下仅有少量的咖啡馆来支持其业务发展。这些咖啡馆主要供客户登录账户、免费联网、提供咨询服务。这种线下咖啡馆的方式一方面解除了客户的安全担心；另一方面以一种新的形式打造出自己的品牌特点，使客户看到咖啡馆能联想到 ING Direct，产生一种无形的广告效应。另一个较大的特色在于，这种 24 小时的实时服务相较传统银行提供了极大的便利，也为后续金融科技的发展提供了新思路。客户看重的是服务，谁能为客户提供最大的便利，谁就能在市场上占据较大份额。

同时，毋庸置疑的是，ING Direct 近几年遍布全球的发展为集团带来了大量的客户资源。据统计，在客户满意度方面，ING Direct 达到 90%。从客户属性细分中可以看出，ING Direct 的客户平均年龄为 30~50 岁，比例均衡且严格在其市场定位目标人群中（见表 13-4）。这类客户由于受教育程度较高往往较能接受新事物和各种创新产品。因此，ING Direct 积累的客户人群为其后续开展金融科技业务提供了大量的受众，从而成为其黏性客户。

表 13-4　　　　　　　　　　ING Direct 客户属性

	英国均值	ING Direct 英国	德国均值	ING Direct 德国	西班牙均值	ING Direct 西班牙
男性占比（%）	48	52	48	51	49	56
平均年龄（岁）	45	48	45	45	44	43
受高等教育水平比重（%）	22	43	35	51	21	42
全职工作比重（%）	41	43	41	50	42	61
高收入人群比重（%）	33	52	23	36	34	57
平均家庭资产（1000 英镑）	70	133	64	73	58	70

资料来源：2006年Forrester调研报告。

ING Direct 的发展也促进了 ING 不断进行金融科技探索，其数字化的业务模式占据其收入的绝大部分。由于直营银行推广大获成功，近年来

ING Direct 不断在各个方面推出新的业务，同时在平台上使用移动端和互联网的方式不断地推陈出新。在将其直营银行模式进一步推广的前提下，将其业务拓展到更多的应用场景，进一步增加客户服务范围。在此之后，ING 集团进一步推出各种金融科技产品。在 2017 年，首席执行官拉尔夫哈默斯（Ralph Hamers）宣布将花费 8 亿欧元将整个银行整合到一个数字平台，最终成果呈现出一个标准的银行模型，并在 2021 年前实现每年节省 9 亿欧元的目标。其进展是在 2017 年 ING 首先与其持股的美国金融科技公司卡贝其（Kabbage）——一家向西班牙中小型企业提供几分钟内在线贷款发放的企业达成合作，2018 年 9 月其在德国与定位于机器人顾问业务的英国智能投顾公司 Scalable Capital 达成合作，并在 10 月推出价值 3 亿欧元的融资基金用于投资金融科技。

2018 年，PSD2 在欧盟范围内正式生效推行，主要内容包括鼓励用户使用第三方服务商提供的支付产品去管理个人或企业财务情况。同时，要求银行通过公开数据的方式提高对这些线上消费者的保护力度，严厉禁止商家将付款成本进行转嫁。这些都将给 ING 带来巨大的发展机遇，利用其已有的线上优势进一步布局金融科技创新，占据更大的市场份额。

四、ING 的金融科技发展现状

（一）总体发展现状

为满足互联网时代消费者不断变化的需求，ING 在 2014 年提出了"Think Forward"战略，致力于将自身由一家传统保守的商业银行打造为从事金融服务业的复合型科技型银行。ING 认为数字化正在改变消费者与金融机构业务往来的方式和他们对金融服务的期望。金融科技正在利用全新的监管规则，并通过互联网进行便捷低成本的传输，从而帮助银行争夺关键领域的价值链。中国互联网金融的发展进度激发 ING 金融科技业务加速布局。ING 在 2017 年年报中提到，中国的科技巨头，如阿里巴巴、腾讯拥有互联网银行牌照，与传统商业银行直接展开竞争。持续的低利率和日益趋严的监管政策使得传统银行盈利压力越来越大。银行需要"向前看"，在传统商业模式之外寻求新的为消费者提供价值的业务模式。

ING认为，将现代科技与传统银行业务融合是延伸银行业务价值链的重要方式，未来只有从消费者体验入手来提高银行金融产品和服务的区分度。为了与消费者保持紧密联系，集团将打造快速响应消费者需求的开放平台作为目标，同时将平台与其他数字化生态系统整合，确保消费者任何时候需要金融咨询服务和其他在线服务，ING银行都能及时响应。

为了实现这一目标，ING正在加速实施"Think Forward"战略并进行组织架构的转型。战略的关键在于将全球化、规模化的IT基础建设和适用于简单的即插即用（Plug-and-Play）连接的模块化方法相结合。目前，"Think Forward"战略处于实施的第一阶段，ING正在推出一系列更加规模化和标准化的业务。

总体来说，ING集团的金融科技业务可以分为四个板块：移动支付及相关服务、贷款业务、区块链业务和智能投顾业务。

在移动支付方面，ING集团提出了"数字化第一"的理念。截至2017年底，ING零售金融的客户中通过电子账户进行交易的比重达到98.4%，而手机账户应用次数从2016年的12.8亿次增加到2017年的17.6亿次，增长幅度为37%。2015年ING集团推出社交付款应用程序Twyp（The Way You Pay）允许用户（不仅仅是ING客户）即时付款和收款。用户无须输入银行卡号，通过访问联系人列表中的手机号码即可完成转账。2017年ING集团引入了一些新的应用来满足移动端用户的需求，帮助消费者使用手机来购物、社交和快速准确地传输信息。在德国，ING推出了手机购物和支付软件"Banking to go"，并引入了允许消费者在一个手机应用内查看其包括ING银行在内的所有银行账户的聚合平台服务。在比利时，ING和其他银行及电信公司合作发行了Itsme手机应用，为用户提供了在手机上安全登录、分享数据或文件、进行交易的数字ID。

在贷款业务方面，ING针对个人和企业都推出了即时贷款（Instant

Lending）服务，波兰、罗马尼亚、西班牙和土耳其的客户无须提交收入声明，无须复杂的审批程序，即可在线获得个人贷款。通过在线平台，西班牙的中小型企业可以获得最高额度 10 万欧元的贷款。即时贷款业务在 ING 投资金融科技公司 Kabbage 后得到了飞速发展，后者基于实时业务数据，利用完整的信用评分和实时风险监控技术，能在短时间迅速响应，完成信用风险决策。

在区块链业务方面，2014 年提出"Think Forward"战略后，ING 就展开了布局。2015 年，ING 宣布加入金融技术公司 R3 的全球银行合作伙伴关系。该组织的既定目标是为客户提供创新的解决方案，满足银行对安全性、可靠性、业绩表现、业务规模和审计等方面的要求。截至 2017 年中，ING 和其他几十家银行已经向 R3 公司投资了 1.07 亿美元，助力其研发分布式分类记账技术平台。2018 年 10 月 ING 推出区块链隐私零知识技术，通过零知识范围分布（Zero Knowledge Range Proofs，ZKRP），允许信息共享而不泄露相关细节，从而解决了数据处理和隐私问题。

在智能投顾业务方面，ING 集团在荷兰推出了"Financially Fit"计划，其中"Kijk Vooruit"（向前看）功能担任了客户私人财富规划师的角色，基于高级分析预测客户未来的开支和交易，提供未来一个月的财务状况分析，帮助客户合理理财，避免陷入财务赤字。在西班牙，ING 推出了"My Money Coach"，根据客户的风险偏好、财务水平、理财能力制订个性化的储蓄和投资计划。在德国，ING 推出"DiBadurchblicker"应用，为用户提供了匿名的他人的财务状况进行参考，帮助客户了解自己财务状况和理财水平，并提供改进意见建议。

（二）发展方式

1. 投资金融科技公司

ING 认为与金融科技公司进行合作或对其投资是其创新战略的关键要素，目前 ING 集团已经成功在市场上推行了其丰富多样的金融创新成果，但仍在寻找更多有助于创造差异化客户体验的解决方案。

2014—2017年，ING已经投资了近53个金融科技项目。ING的创新基金支持的项目包括资金管理平台Yolt、西班牙移动支付应用Twyp和Payconiq。2017年其创新基金投资了31家初创企业，这些企业的业务囊括线上交易助手、支付助手、直接贷款等方面，如Buy Rely、Easy Trading Connect（线上交易助手）、Orange Assistant（支付助手）和Direct Lease（直接贷款）等公司。

为了更好地孵化金融科技公司，2017年10月，ING成立了ING风险投资基金，基金规模3亿欧元，投资对象主要是能提供帮助集团加速推进科技战略的技术和方案的初创公司。作为回报，这些初创公司将受益于ING强大的品牌影响力、丰富的资源和扎实的用户基础。截至2017年底，ING已有139个金融科技合作伙伴，并对其中21家进行了投资，包括在西班牙和拉丁美洲拥有40万用户的多银行服务整合平台Fintonic、ING旗下的创新资金管理平台Yolt等。其他的金融科技合作伙伴包括即时小微企业借贷公司Kabbage、为企业服务的多银行平台Cobase、发展即时消费金融的Twisto和为零售金融消费者投资作出建议的智能投顾公司Scalable。为了加快其创新的脚步，作为"Think Forward"战略的重要环节，ING集团将加快创新的脚步，其风险投资基金在接下来的4年里将不断扩展现有的投资组合。

2. 设立金融科技村

为了促进金融科技初创企业与ING内部团队的沟通合作，加速将创新理念发展为可行产品和服务，ING设立了多个企业孵化器。这些孵化器包括比利时的金融科技村（FinTech Village）、阿姆斯特丹客户体验中心（Customer Experience Centre，ICEC）的ING创新工作室、波兰的创新中心及土耳其和德国的创新部门，这些合作关系催化的成果包括Payconiq和Yolt。

其中，比利时金融科技村是ING目前规模最大、发展最好的孵化器之一。为了支持现存初创企业的发展，加速其在提升客户体验、创新金融产品和服务方面的研究，2015年7月，ING在比利时布鲁塞尔设立金融科技村，入驻其中的目标企业主要是为金融机构提供相关解决方案或者帮助其为客户提供更优质的金融服务的科技驱动型的初创公司。ING希望初创企业能为集团在开放的银行、即时的银行、安全的银行、小微企业的银行这四方面的发展目标提供解决方案。入驻企业可以是接近概念验证阶段的初创企业，也可以是已经处于商业阶段但想要在全新的领域拓展业务并寻求和ING这样的顶级银行建立合作关系的企业。

ING在初创企业项目加速进程中起到组织领导的作用，对初创企业研发的相关技术和解决方案中可利用、可商业化的部分进行甄别。德勤（Deloitte）和创新部落（Inno Tribe）是金融科技村的核心合伙人，它们将在初创企业项目筛选中起到重要作用，并提供一些高级经理和相关专家资源对企业进行培训指导。此外，IBM、SmartFin等公司也是其合作伙伴。有资质的初创企业还能加入IBM全球企业计划，并获得IBM云服务（IBM Cloud）的奖励，在IBM云设立、建设和拓展其业务。

金融科技村的孵化项目采用分期进行的方式，一期会招纳7~10家初创企业入驻，具体入驻企业数根据企业质量而而定。项目孵化期为半年到一年不等，项目结束时会组织样品展示会，邀请关键的风险投资人、ING的关键人物、相关合伙人、媒体和一些风投企业前来参加。截至2018年上半年，金融科技村已经成功创办了三期孵化项目，其中项目包括以色列的人脸识别技术公司IsItYou、世界上第一个支付键盘企业PayKey、比利时的资本密集型企业的现金流管理和预测平台Cashforce等，目前第四期孵化企业正在招募中。

3. 支持信息技术和平台建设

信息技术对ING的发展目标至关重要。没有信息技术的发展，集团就无法实现业务体系的整合，无法建立一个全球化的平台，不能形成规模效应，不能为客户创造更多线上价值。信息技术的发展推动了ING私人云平台（Private Cloud）、数据池（Data Pool）和触点技术（Touch Point Architecture，TPA）等项目的实施，并帮助像Model Bank和Welcome这样的重要战略项目的推进。2017年ING为IT发展设立了目标操作模型，致力于在"Think Forward"战略的指引下创造业务规模、业务效率、成本效率和增长速度等方面都具有优势的全球化金融服务平台。

（1）触点技术（TPA）。触点技术（TPA）是以客户为中心提高ING运行效率的全球化的IT技术。触点技术不同于传统技术，后者主要通过关注产品层面来改进客户体验，而前者帮助精简并标准化ING银行的业务申请流程，在减少限制条件的同时支持模块化系统的创建。其中，模块化是ING银行迈向全球化规模化的银行平台的重要一步，为客户提供了随时随地获得同等质量服务体验的机会。触点技术（TPA）突破了银行发展在地域和规模上的限制，放大了不同银行之间的创新效应，扩大了市场体量。第一版触点技术（TPA）已经在2017年投入生产。

（2）ING私人云平台。ING私人云平台是ING用于存储、处理数据并运行如手机应用等服务的全球数字化平台。该平台是ING银行以安全可靠的方式随时随地为客户提供连续化标准化金融服务的基础。私人云平台使ING的全球化信息技术基础设施建设趋于标准化，精简了目前的数据处理和中心存储的数据池，让其可以在恰当的时间为相应的客户提供服务。目前，ING有近4000台虚拟机在运行日常服务。2017年ING更是将发展重心放在了改进操作的稳定性和安全性上。同时，ING也提出了一系列在ING基础设施版图内扩大私人云平台服务半径的新业务。

（三）金融科技的应用

1. 小微企业贷款

（1）Kabbage：小微企业贷款服务。2015年10月，ING对美国金融科技公司Kabbage进行了股权投资，致力于开发小微企业自动化放贷的领先技术和数据平台。Kabbage于2011年在亚特兰大成立，每年为消费者和小微企业提供超10亿美元的贷款服务，成为小微金融领域增长最快的公司。Kabbage不断加快贷款申请和批准的处理流程，为小微企业提供基于实时企业数据，在几分钟内获取金额为2000美元到10万美元贷款的企业账户。对Kabbage的收购是ING实施"Think Forward"战略的重要一步，加速了创新的进程，促进其持续为客户创造个性化的服务体验。

2017年10月，ING银行将即时贷款服务推广到法国和意大利，作为增加小微企业借贷量的重要战略之一。法国和意大利的小微金融客户现在只需10分钟的在线审批程序，就可以获得最高额度10万欧元的贷款。新开发的小微企业即时在线借贷平台是和五家金融科技合作伙伴共同开发的，涵盖了贷款程序的每个步骤。合作方包括其2015年投资的金融科技公司Kabbage、研究数字登录系统的公司VI、研究电子签名的公司InfoCert等。ING负责管理整个流程、监管贷款的发行，并在资产负债表上做好负债的管理工作。小微企业即时贷款服务为想要专心扩展业务、不想花费太多时间进行财务管理的小微企业提供了极大的便利。通过无纸化、数字化的审批流程，客户可以在极短时间内获得贷款，因此该贷款产品的透明度和灵活性极大。比如，贷款的最高限制可以根据具体贷款申请案例的情况而变化。

（2）InviPay：小微企业现金流管理。2017年3月，ING波兰分部与金融科技公司InviPay建立了合作伙伴关系，后者是一家提供代理客户支付账单服务的公司。InviPay可以在小微企业的商业活动中为其提供流动性，比如企业获得了一笔订单，但相应款项的账期为30天，InviPay可以直接代表买家将款项支付给企业（扣掉一笔服务费）。这笔交易将会及时通知买家，买家随后将结算相关账单，再支付给InviPay。ING集团波兰分部正在与InviPay合作，也准备为其客户提供这种服务。ING网站上附有InviPay的链接，目前尚处于测试阶段，如果客户反响好，ING将改进操作流程，将该服务投放于集团在其他国家的市场。

（3）Funding Options：小微企业贷款聚合器。2018年6月，ING宣布与英国企业融资领域领先企业Funding Options合作，为荷兰小微企业匹配合适的贷款提供帮助，小微企业可以在服务平台上选择最适合它们融资需求的贷款产品。Funding Options是一个聚合小微企业融资服务的平台，可以让企业比较现有的贷款产品，也可以让ING更快地为其融资提供多种资源和途径。通过对这些贷款产品进行排序，Funding Options为小微企业群体在单一的平台上提供了最丰富的融资选择。目前，Funding Options为英国小微企业提供了 50 多种融资选择，被咨询机构 Trust Advisor 多次评为"优秀"企业。

2. 生物识别技术

（1）视频识别开户。ING 致力于为客户提供清晰易懂的银行服务。德国的 ING-DiBa 正在引入视频合法性，允许客户通过视频识别进行开户。在开始视频通话后，将要求客户在网络摄像头前持有效的身份证或护照，倾斜并移动文件以检查全息图和其他安全功能，全过程仅需 2~5 分钟。

（2）语音控制模式。ING 是欧洲第一家通过在荷兰的移动银行应用程序中引入语音控制模式的银行。ING 客户将能够从 2014 年 9 月中旬开始使用 Inge 的语音控制模式和他们的声音来查看存款余额或发起付款，并通过语音识别进行授权和登录，方便客户银行事务的处理。

（3）指纹识别。ING 比利时已于 2014 年秋季推出了具有指纹识别功能的移动银行服务，使 ING Belgium 成为第一家将生物识别技术整合到其应用程序中的银行。从 2015 年 12 月 1 日起，iPhone 5S、iPhone 6 及 iPhone 6 Plus 用户可使用他们的指纹而不是登录代码访问智能银行应用程序。

3. 移动支付应用及平台

（1）数字钱包。2014 年，ING 在波兰和土耳其各自推出了数字钱包解决方案，使购物体验更加简单。

在土耳其，ING Turkey 的新款数字钱包名为 ParaMara，是 ING 和非 ING 客户均可使用的移动银行应用程序。用户可以将他们现有的 ING 卡添加到他们的钱包中，或者从 ParaMara 获得虚拟的"Ininal Prepaid Card"。它允许客户进行以下操作，如转账（到 ING ATM、ING 卡、ING 卡之间或用户的 Facebook 账户）、通过 QR 码从 ING ATM 取款、查询现金等。

在波兰，ING Bank Śląski 的数字钱包叫作 ING Digital Wallet，基于 VISA 的 Visa V.me 解决方案而开发。它允许客户在线支付而无须重新输入他们的付款细节。当准备在线支付时，用户选择 V.me by Visa 支付选项，登录他们的 ING 数字钱包，检查他们想要使用的卡，然后点击"支付"。检测和防止欺诈的 Visa 系统增加了交易的整体安全性。波兰的 ING 数字钱包允许客户存储不同银行发行的卡片详细信息，包括借记卡和信用卡、预付卡、Visa 和 MasterCard 等。

（2）BILK。2015 年 2 月，包括 ING Bank Śląski 在内的波兰最大的六家银行推出了 BLIK，可以通过手机进行简单易用的付款操作。用户只需在手机应用程序中输入六位数代码，而不是使用卡片或现金交易。用户还可以使用其 ING Bank Mobile 应用程序，通过电子邮件或短信提取现金和支票。

（3）智能穿戴设备应用程序。2015 年 5 月，ING DIRECT Australia 推出 "One Swipe" 银行和 Apple Watch APP，允许使用 Apple 设备的客户在主屏幕上滑动轻松查看其交易账户、储蓄、贷款和退休金余额。此后，ING Netherlands 为智能手表推出移动银行应用程序，只需查看智能手表，即可更快地检查账户余额。

（4）点对点支付应用 Twyp。2015 年 12 月 8 日，ING 在西班牙推出了一款点对点支付应用程序 Twyp。Twyp 是 The Way You Pay 的缩写，是一款允许消费者在短短几秒内向移动设备上的联系人支付少量费用的应用程序，可在 Google Play 和 APP Store 中下载。在简单的注册过程后即可使用，Twyp 使用用户权限上传用户的联系人列表，并且图标表示哪些联系人已使用 Twyp。用户也可以邀请他们的联系人使用该应用程序。汇款可以通过聊天功能和个人密码确认来完成。其后 Twyp 在荷兰扩展，但由于与客户账户（IBAN）无关的单独付款应用程序的附加值不足，于 2016 年 11 月停用，西班牙地区仍继续运营，用户数量已达到 30 万个。

2016 年 9 月，ING Direct 与 Grupo DIA 合作推出 Twyp Cash，客户可以在 3500 多家超市和加油站购买其他商品时使用智能手机取款。

2017 年 11 月 14 日起，在西班牙，ING 为指定零售商的所有 Twyp 用户提供免费取款服务。Twyp 的更新版本（之前只有 ING 客户可以使用）正在向所有下载或更新应用程序新版本的用户开放。客户无论所属银行为何，均可享受与 Twyp 合作的 4000 多家西班牙零售商提供的该项服务。目前，零售商网络包括 DIA 集团（DIA 商店、La Plaza 超市和 Clarel）的商店，以及 Galp 和 Shell 加油站，包括加那利群岛的 DISA。

（5）Payconiq。由 ING 于 2014 年构思的 Payconiq 是一款集多功能于一体的应用程序，可让用户在线、店内和点对点直接付款。继 2015 年收购比利时数字会员卡手机管理应用程序 Qustomer 后，Payconiq 计划于 2018 年底正式推出。通过 Payconiq，客户可通过其联系人列表选择收款人实现付款，无须输入 IBAN 账号。商家信息可根据定位显示或由客户通过扫描 QR 码选择。在线消费者可以通过 QR 码或直接链接到 Payconiq 应用程序来支付费用。

随后，包括 KBC 和 Belfius 在内的比利时各大银行都加入了该平台。联合比利时银行 KBC 的 CityLife，形成覆盖超 100 万名消费者及 6500 家零售商的平台。2016 年 12 月，Payconiq 将被整合到由 Belfius、BPost 和 Proximus 支持的数字平台 Citie 中，通过智能手机进一步增加 Payconiq 在移动支付中的份额，并促进数字会员卡计划在比利时实施。

2017 年 4 月 20 日，6 家荷兰银行——荷兰银行、ASN 银行、荷兰国际银行、荷兰合作银行、Regio 银行和 SNS 宣布于 2017 年夏季在荷兰推出 Payconiq，移动支付平台在欧洲逐步拓展。2018 年 3 月，Payconiq 与支付平台 Bancontact 合并，帮助它成为比荷卢及其他地区的支付方式。

（6）收购 Payvision 多数股权。2018 年 1 月，ING 通过收购 Payvision 75% 的股权进一步投资支付业务。Payvision 是一家备受赞誉的全球收单网络和数据驱动型全渠道解决方案提供商，连接全球 300 多家可信赖的业务合作伙伴和 5000 多家网商，每年处理的业务超过 1 亿笔。平台支持 150 多种货币收付及 80 多种支付方式，包括 Maestro、VISA、iDEAL、支付宝、JCB 及 Union Pay 等，能够满足商家的全渠道和跨境支付需求。

客户将从 Payvision 的全渠道支付平台中受益，并通过 ING 的贷款和营运资金解决方案及其全球分销网络获得附加价值。

4．数字顾问——在线财务分析工具

ING 目前推出的数字财务顾问中已投入运营的包括西班牙（My Money Coach-2016）、法国（Coach Epargne-2016）、比利时（ING Focus Plan-2016）、波兰（Trener Finansowy-2016）、奥地利（Investment Planer-2017）、捷克共和国（未命名 -2016）。罗马尼亚、意大利、德国和卢森

堡四国于 2017 年推出。以下为主要投入运营的数字顾问简介。

（1）Moje ING。2016 年 2 月，ING 在波兰推出了 Moje ING 电子银行平台。这是为客户提供的一站式财务管理平台，可为客户提供简单的财务概览及财务规划工具。同时，客户可以通过平台完成所有传统的银行业务，如付款和转账。与传统数字银行网站相比，Moje ING 的不同之处在于它的简捷性，易于理解的图标和简短的标题使客户直达网站目标分区。

（2）Coach Epargne。数字投资组合管理是 ING 的创新重点之一。ING 在法国推出一款 Coach Epargne 应用，广泛使用数据算法来提供财务建议，客户可以完全在线进行储蓄和投资决策，而线下网点客户经理的职责可更集中于复杂化产品的管理与销售。推出的三周内，有 1 万名客户访问了该应用程序，约有 1658 名客户参与了此过程。此后在德国的应用重点是将整个项目组合管理流程委派给算法，此被称为数字化的委托投资组合管理，也称为机器人建议。

（3）DiBa Durchblicker。该应用程序于 2016 年推出以来，当年访问量超过 7.7 万人次。通过用户财务状况的横向比较，使客户了解个人理财现状的优劣势所在，并提出针对性财务建议。

5.**虚拟现金管理**（Virtual Cash Management）

ING 开发的 VCM 方案主要依赖于跨境虚拟银行账户（VBA）和虚拟分类账户（VLA）两大支柱，使现金管理的集中化和可视化成为可能，基于报告功能及发票匹配引擎，财务部门还可简化 O2C 和 P2P 流程，提高财务决策效率。

在虚拟银行账户中，每个虚拟银行账户与主账户既相互连接又保持相对独立。二者的连接使交易和现金的集中管理成为可能，而每个虚拟银行账户对应着各自的虚拟银行账号，实现了与主账户中的资金的隔离。在虚拟银行技术突破上，ING 突破了虚拟银行的跨境使用限制，只要账户中币种相同，企业即可通过主账户实现跨境虚拟银行账户的持有和管理。

虚拟分类账户（VBA）作为主账户管理下的子账户，为财务部门在同一个系统中分配现金创造了可能。凭借跨境虚拟现金管理系统，ING 批发银行的全球现金管理用户在 2017 年第一季度内实现 40% 的同比增长，公司卡用户实现 35% 的同比增长。

6. 开放式银行建设

开放银行采取的是一种利用开放 API 技术实现银行与第三方之间数据共享从而提升客户体验的平台合作模式。

（1）Yolt。Yolt 是 ING 在英国率先建立的智能资金管理平台，也是英国第一个能处理不同金融机构资产的应用。通过与大多数英国银行关联及多功能一站式账户布局，在一个数据面板上集成了客户在所有金融机构的账户情况，帮助用户积极管理他们的个人财务、追踪资产动态。

2017 年 6 月 1 日，由 ING 支持的新货币平台 Yolt 已经针对 iOS 和 Android 进行了公开测试，为英国各地的用户提供了一种新的资金管理方式。Yolt 使用户能够在平台上随时查看各银行账户和信用卡，查看他们消费最多的商店。截至 2018 年 6 月，注册用户已超 30 万个。随后，ING 宣布正在将其资金管理平台 Yolt 扩展到法国和意大利，这是其建立泛欧货币平台雄心壮志的一部分。

（2）Cobase。ING Ventures 已对荷兰金融科技企业 Cobase 投资 750 万欧元，这是一个多银行平台，主要功能包括全球银行连接、中央支付中心及各种现金管理和资金管理。

由于目标群体经常在许多不同的银行开设账户，通过 Cobase，客户可以通过单一平台管理所有账户，可以在平台上查看所有余额和交易，发起付款，并执行与现金管理或公司财务相关的操作。ING 的投资将帮助 Cobase 将其客户网络扩展到欧洲以外，并为其平台开发更多功能。例如，它正在开发一个"机器人助手"来监控交易。

7. 人工智能和机器人技术的应用

（1）Katana & Katana Lens。Katana 于 2017 年 12 月推出，通过使用人工智能帮助交易者根据历史和实时数据决定为客户购买和出售债券时的价格。在 ING 新兴市场的 6 个月试验中，人工智能工具为 90% 的交易带来了更快的定价决策，并将交易成本降低了 25%。

2018年10月，ING与荷兰养老基金PGGM共同创建Katana Lens，使用预测分析帮助债券投资者在几分钟内作出更快、更明智的决策。基于Web应用程序，Katana Lens使用一种算法，该算法从数十万笔交易的历史中学习并识别最可行有利的交易方案。通过人工智能筛选比对所有债券并将所有"买入"和"卖出"组合作为可能投资，它简化了投资者的选择过程，投资者可通过预测或建议结果进行决策。

（2）Marie。Marie是来自比利时的聊天机器人，可通过Facebook Messenger解决客户在信用卡及借记卡方面的问题。

（3）Kijk Vooruit。Kijk Vooruit或英文版的"Look Ahead"是一种预测工具，它使用高级分析来显示所有计划和预测的交易，帮助客户控制其财务状况并避免陷入困境。

（4）与Scalable Capital合作。2017年9月14日，德国ING宣布与Scalable Capital合作，为客户提供在线财富管理服务，拥有1万欧元以上的德国客户可以方便且经济高效地获得多元化的全球投资组合。根据客户关于财务状况、经验和风险承受能力等九个问题的回答，Scalable可判断其风险状况为其购买个人交易所交易基金（ETF）。如果投资组合的风险偏离风险状况，他们会监控和调整投资组合。通过扩展服务，客户可以签订委托投资组合管理合同，获得平台持续提供的服务，并从市场上的1000多种ETF中选择投资组合。

8. 区块链技术发展与应用

（1）加入R3区块链联盟。ING于2015年加入R3区块链联盟，集中研究了区块链在金融服务中使用的可能的监管和法律影响。在此基础上，R3测试了原型，并开展了金融市场的区块链案例研究，如利率互换和商业票据，并发布了用于记录、管理和同步受监管金融机构间的金融协议的分布式账本平台Corda。2016年，ING区块链创新团队在借贷、支付、金融市场、银行金库、合规性与身份、贸易金融与运营资本解决方案六个领域进行了27种区块链概念验证。

（2）Easy Trading Connect（ETC）平台验证及应用。ETC平台旨在实

现商品交易的数字化和标准化。它于2017年2月首次通过石油货运交易进行验证，随后于2017年11月启动了一个旨在为能源部门提供"基于区块链"服务的能源联盟。然后，在相同的原则下，与这些交易的各参与者合作开发适合农产品贸易的基于区块链的平台。

①石油贸易数字化。2017年1月，能源巨头摩科瑞（Mercuria）和法国兴业银行宣布成功使用区块链技术完成了第一笔大型石油贸易，实现了石油贸易数字化的重大突破。

②加入能源商品交易数字平台。2017年11月，ING加入基于区块链的能源商品交易数字平台Vakt，该平台于2018年11月底在北海石油市场首次推出，并遵循ING主导的区块链计划Easy Trading Connect，旨在扩大商品贸易融资领域、降低能源成本、降低实物能源交易的行政操作风险。它还提高了所有供应链用户交易操作的可靠性和效率，同时为创新融资和融资解决方案打开大门。

③农产品贸易应用。2018年1月22日，路易达孚公司（LDC）、山东渤海实业有限公司（Bohi）、ING、法国兴业银行和荷兰银行已成功使用区块链平台完成了第一次全面的农产品交易。该贸易首次涉及农产品部门，包括一整套数字化文件（销售合同、信用证、证书）和自动数据匹配，从而避免了任务重复和人工检查。其他好处包括能够实时监控运营进度、数据验证、降低欺诈风险及缩短现金周期。该平台的成功证明了分布式账本技术在推动商品交易和融资方面的巨大潜力。

2018年5月14日，ING与汇丰银行合作，在区块链上进行首次实时商业贸易融资交易，农产品贸易巨头Cargill使用R3 Corda平台完成了一笔从阿根廷出口到马来西亚的大豆交易。

9. 抵押贷款领域

2018年3月1日，ING和瑞士信贷在区块链平台上进行了首次有价证券交易。这两家银行使用FinTech HQLAx的抵押贷款申请成功地在R3的Corda分布式账本平台上交换了价值2500万欧元的高质量流动资产。推动交易的技术由ING的区块链/分布式账本技术（DLT）团队开发，它通过创建一个更加透明的交换数字资产的市场，使金融行业更有效率和弹性。

区块链在银行间应用需要解决两个问题，一是确保数据隐私受到保护；二是满足监管报告要求。2017年11月16日，ING的区块链团队宣布了一项重大突破，这种被称为ZKRP的新代码的效率是现有技术的10倍，这些技术旨在将分类账上的信息保密。ZKRP解决方案验证了特定证明材料的真实性，但没有透露任何额外隐私信息。例如，可证明抵押贷款申请人工资范围，而非泄露具体金额。同样，ZKRP可以证明付款金额在一个限额内，而没有显示确切的金额。

2018年10月21日，ING宣布了另一项区块链突破——ZKSM解决方案。ZKSM的发布遵循ING 2017年的ZKRP解决方案，但在隐私保护上超越了数字数据，包括其他类型的信息，如位置和名称。这使新代码——ZKSM更强大。例如，银行可以验证新客户是否居住在欧盟区的国家，而不会泄露具体国别。简而言之，该技术允许在不泄露前后关联具体细节的情况下共享信息。同时，ZKSM解决方案是开源的，这意味着外部开发人员可以试验并改进分布式账本技术隐私标准。

10. 与TradeIX合作

2017年9月，ING与R3、贸易融资平台TradeIX和其他12家银行开展合作，以实现贸易融资更安全、简单、灵活的目标。该计划由分布式账本平台Corda提供支持，允许机构在发货前后自动为交易者提供融资。当前的手动流程（如检查文档）将被智能合约取代。这将允许所有贸易参与者同时查看相同的信息，而不是收集有关不同系统的采购订单、发票、运输和物流、贸易资产和融资活动的信息。

2018年2月21日，ING与R3和贸易融资平台TradeIX合作，测试了区块链技术在贸易融资中的应用。这一举措被称为Marco Polo，允许市场参与者进行实时连接和运输前后融资自动化，使贸易融资更安全、简单、灵活。2018年6月，为深化区块链技术开发应用，ING Ventures对区块链平台TradeIX投资1600万美元。

Komgo SA成立于2018年9月，由包括ING在内的全球多家大型银行、贸易公司和领先的能源公司联合成立,旨在优化实体商品运营的整体流程,为大宗商品交易提供融资。Komgo SA 的发展将从两款产品开始。第一个产品将在不使用中央数据库的情况下标准化和促进 KYC 过程:文档的交换将在了解必要信息基础上通过区块链以加密的方式执行。第二个产品是数字信用证,允许商家或其他平台提交数字贸易数据及文件至客户银行。

11. 保险业务:与 AXA 合作搭建数字保险平台

ING 与法国保险公司 AXA 合作,为客户提供个性化的保险产品和服务。该数字保险平台将为法国、德国、意大利、捷克共和国、奥地利和澳大利亚 6 个国家的 ING 客户提供财产和意外伤亡、健康保险。

12. 抵押贷款远程申请

2017 年 6 月 28 日,ING 推出抵押贷款远程申请服务,首先在波兰,然后是意大利和卢森堡推出,客户可通过这些国家的 ING 网站访问。所有相关申请信息都可以通过电子邮件发送,或上传到 ING 应用程序。如果抵押贷款获得批准,则只需要一次线下预约,即签订合同。

而抵押贷款的远程申请并不意味着 ING 失去了对客户个性化需求的关注。ING 仍为客户提供对应的顾问进行和申请步骤的帮助,波兰和意大利的网站上提供了远程建议服务,客户可以通过线上咨询或视频通话的方式寻求帮助。

这项服务的远程特性,以及它的速度和便利性获得了客户的好评。在卢森堡,自 2017 年第二季度推出该服务后,随后几个月内所有抵押贷款信息请求中有 27% 是在线完成的。抵押贷款净促进者得分为 +63,这是卢森堡 ING 有史以来最高的净推荐值得分。

五、ING 的金融科技发展展望

(一)"Think Forward"战略统领企业规划

ING 未来的战略核心是深化"前瞻性思考"(Think Forward)思想,加速企业转型。"Think Forward"是 ING 公司于 2014 年推出的战略,自从"Think Forward"战略执行以来，公司实现了强劲的业务增长，无论是客户数量、财务业绩还是业务规模都有增长或改善。ING 公司认为，在过去 4 年中多方面进展的取得与"Think Forward"战略的执行息息相关。因此在未来一段时间内，ING 公司将继续坚定执行"Think Forward"战略，并加速战略相关布局和转型。

ING 认为，"Think Forward"战略的核心思想是让客户能够在生活及事业上领先一步，努力使客户承诺变得清晰简单。ING 战略的制定是基于外部环境变化和自身企业状况综合考虑的结果。ING 判断世界银行业的发展将会有八大趋势：数字化进程加速，网络犯罪加剧；以互联网巨头为首的企业将挺进银行业；国际公平竞争环境缺失；银行利差压缩；数字平台将向多个供应商开放；降低银行运营成本；增大在低碳经济过渡期中的风险与机遇；面临复杂的银行监管与政治格局。

在外部环境变化中，ING 自身则希望能在银行业中实现差异化竞争，力求增加存贷规模，并将支付和交易业务作为服务重心。因此，让客户能够在生活及事业上领先一步成为 ING 的重要改革方向，建设未来银行的思想在 ING 内部迅速形成，企业的改革步伐在"Think Forward"战略的统领下持续加速，并将在未来进一步深化与加强。

（二）三大发展要素推动企业转型

在"Think Forward"战略的统领下，ING 将重心主要放在三个发展要素上：数字化、客户需求满足、可持续发展。其中，数字化、客户需求满足两点更为重要，且均与金融科技关系密切；可持续发展是 ING 社会责任和长期发展动能的重要表达。在三大要素的推动下，ING 力图建立一个跨境可拓展的数字银行平台，打造一个全球性的，集综合支付、生活、社交等多种功能于一体的银行生态网络，确保客户在任何时间、任何地点都有清晰、简洁、易用的客户体验，并能将自身产品集成到第三方平台，延伸客户使用场景，深度满足客户需求。

数字化是 ING 实现发展目标的重要手段。银行业数字化趋势是不可逆的，是现代银行价值链的核心组成部分，ING 正在加速数字化布局。ING 从 IT 技术、银行数据、网络安全等多方向不断推进企业数字化改革。在 IT 技术方面，ING 私有云、数据池和 TouchPoint 架构等将继续开发，为企业提供底层支持。数据是数字银行发展的驱动力，通过对数据进行挖掘和深度分析，ING 不断优化企业决策流程、了解客户个性需求。ING 在 2016 年引入了名为"ING Esperanto"的通用数据语言，并计划在 2019 年底将 ING 95% 的数据均转换为该通用语言。

客户需求满足是 ING 发展的长期目标，与数字化相辅相成。ING 推动数字化进程、完善企业技术储备的目的是真正了解客户，为其提供个性化的相关服务，深度满足客户需求。

ING 认为客户体验将成为未来差异化核心竞争优势，打造数字化的生态系统是未来的发展重点，银行应给予客户高效、便捷的高度定制的服务，也要跳出传统银行束缚思考新服务和新商业模式。基于这种思考，ING 认为企业未来的主要竞争对手可能将不再是传统银行，而是具有低成本高用户体验的互联网巨头。例如，美国的谷歌、苹果，中国的阿里巴巴、腾讯，它们都具有自己的支付系统，而且中国的两家互联网巨头均具备银行牌照。与互联网巨头对标，并将其作为潜在竞争对手，是 ING 基于客户价值理论分析得出的重要预判。

（三）多维度方案助力金融科技赋能

为了贯彻"Think Forward"战略，实现数字化转型，满足客户需求，ING 推出了一系列举措以推动企业的发展，促进金融科技为企业赋能。

第一，采用 PACE 方法在企业内促进创新。该方法包含了精益创业、灵活争夺、设计思考等重要思想，并鼓励员工基于用户反馈进行快速实验。"PACE 加速器"是一项基于 PACE 方法，在 18 周内基于实验与客户反馈，对新产品进行快速测试的开发模式。

第二，加速业务版图扩张。ING 目前的业务涉及 40 多个国家和地区，并且主要集中在西欧地区，发展空间巨大。ING 随时随地满足客户需求的目标带来了ING业务扩张的诉求。未来ING将继续致力于促进零售银行和批发银行的共同发展，并为客户提供持续的跨境服务，主要是在亚洲和美洲加强布局。

第三，推动ING内部转型整合。ING目前内部分支的运营模式并不完全统一，需要一个企业内部的全球性平台作为业务扩张基础，来进行企业内部资源整合，降低运营成本，发挥协同效应。因此，ING将着手于精简企业的全球支持机制。在统一和完善底层结构的基础之上，ING将对集团内部相似业务进行合并。为此，如图13-3所示，ING引入了五个变革计划，以期创建一流的"全渠道"金融平台，提供传统银行业务之外的服务。2017年，ING的首席执行官Ralph Hamers宣布，ING预计将花费8亿欧元致力于ING整合为一个统一的数字化平台，并在2021年前力争每年节省9亿欧元。这一计划将大幅削减实体机构和员工数量，并削减ING的营运成本，仅在比利时一个国家就预计关闭600个分部，并裁掉7000个工作岗位。与此同时，标准银行模型也正在西班牙、葡萄牙、法国、意大利、捷克等国逐渐推广。目前，ING已在所有有零售业务的国家建立了一个共用的联络中心平台，以提供跨渠道的顺畅体验。

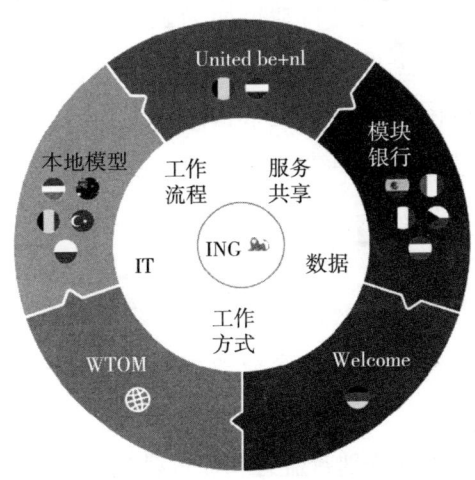

资料来源：ING季报。

图13-3　ING的五个业务变革方案

第四，持续投资金融科技创新，增加合作伙伴数量，打造金融科技生态网络。ING 科技公司以合作、投资或自建的方式建立了一系列平台。2017 年底，ING 宣布推出 ING Ventures，该基金规模达到 3 亿欧元。ING 大量的明星产品来自 ING Ventures 的前期投入和投后支持，如财富管理平台 Yolt、小企业资助平台 Kabbage、网络支付平台 Payconiq 等。ING Ventures 在全球范围内有 100 多个战略合作伙伴及投资企业，这一数量在未来将会继续增长。此外，区块链领域也是 ING 发展的侧重点，ING 被选为基于区块链金融交易平台 TradeIX 的起始客户，也加入了与相似平台 TradeIX 的 Komgo 的推广。

六、ING 金融科技发展的启示

（一）对监管机构的启示

1. 保护金融大数据化后的数据安全

欧洲 GDPR 明确赋予了欧盟成员国内公民的数据安全，该法规值得我国金融科技监管体系参考和借鉴。金融科技产品通常收集了大量的客户信息，而大数据金融的应用更是将数据作为重要资产。但当前我国监管部门对数字金融所采集的数据保护并未作出严格规定，这并非金融科技企业的问题，而是整个互联网行业存在监管盲区。在我国，个人用户多为不知金融科技具体操作细节也无信息安全保护概念的普通消费者，对数据安全的认识基本停留在对资金防盗、密码防止泄露的水平上。由此，部分互联网企业以出售用户个人信息盈利，这势必会影响金融科技所构建的新型金融系统的安全稳定。而在基于区块链等技术的跨境交易方面，我国也需要借鉴 GDPR 经验，有效控制个人和企业数据的跨境转移，维护公民和国家的数据安全。

2. 建立完整的金融科技创新监管和促进机制

对金融科技的监管，并不是对金融创新的扼杀，而是金融科技健康发展的必要环境要求。在欧洲着手建立完整的监管体系后，欧洲整体的金融科技进入高速发展阶段，投资额大幅增加，更多大型金融机构也在监管完善后进入市场。而我国目前仍未建立健全监管机制，对部分金融科技创新产品试行"一刀切"的政策，亟须建立更加细致的监管环境。

（二）对金融机构的启示

ING 满足客户需求的发展战略是现代营销学中"客户价值理论"的重要实践。Michael Porter 在其竞争优势理论中认为，其波特五力模型中蕴含着两种十分主流的可能助力企业成功发展的战略思想，分别是成本领先战略和差异化战略。ING 集团践行了差异化战略，将这种思想贯彻到集团发展的方方面面。其差异化战略的推行主要依赖于 ING 对于客户价值的关注。企业只有在比竞争对手为客户创造更多客户价值的情况下，才能提高客户黏性，实现差异化竞争。ING 利用金融科技，基于满足客户需求的目标，从客户角度出发完善服务，有效提高了客户感知到的产品或服务的价值，践行了客户价值理论，从而实现企业收益的增长。我国传统银行业在这方面仍有较大的进步空间，在金融产品的低成本营销、支付与转账服务简化、财富管理的大众化推广、科技系统投资开发与拓展延伸等诸多方面都有待加强和完善。我国银行业现存的这些痛点都与客户价值的实现息息相关，我们可以将 ING 的发展模式作为重要参考，借鉴其实践经验促进我国相关企业的改革、创新与发展。

第十四章　法国巴黎银行的金融科技发展现状与规划

摘　要

法国巴黎银行作为较为成熟的欧洲商业银行，在面对金融科技的冲击时，通过设立金融科技专项资金、金融科技企业孵化器项目、并购金融科技企业等措施来积极拥抱金融科技。首先，其设立 L'Atelier BNP Paribas 创新子公司来追踪全球信息技术；其次，法国巴黎银行鼓励、引导金融科技企业发展、开展跨界合作来完善银行服务体系和深度挖掘客户价值，使其朝着解决目前银行业面临的痛点与难点进行攻克，借此来实现数字化、创新化发展。

Chapter 14 The Present Situation and Prospect of FinTech Development of BNP Paribas

Abstract

As a mature European commercial bank, BNP Paribas actively embraces FinTech by setting up special FinTech funds, FinTech business incubator projects, and M&A of FinTech companies. Firstly, it sets up an innovation subsidiary L'Atelier BNP Paribas, to track global information technology; secondly, BNP Paribas encourages and guides the development of FinTech companies, carries out multinational cooperation to improve the banking service system and deepen customer value, so that it can overcome the difficulties faced by the banking industry, thus achieve digitalization and innovative development.

一、法国巴黎银行概览

法国巴黎银行（以下简称巴黎银行）作为较为成熟的欧洲商业银行，其自身的运营模式在国际银行业具有一定的代表性。本书选取巴黎银行作为研究案例对象，通过国际银行业的整体转型发展趋势说明金融科技对于商业银行的影响，列举了巴黎银行设立 L'Atelier BNP Paribas 创新子公司来追踪全球信息技术，尝试通过支持初创企业、开展跨界合作来完善银行服务体系和深度挖掘客户价值的案例，进一步说明巴黎银行选择金融科技的正确性。

在金融科技浪潮下，巴黎银行选择主动、积极拥抱金融科技，包括设立金融科技专项资金、金融科技企业孵化器项目、并购金融科技企业等措施，目前取得了诸多成果，使巴黎银行能够更好地应对技术革新给传统银行业带来的冲击。

（一）巴黎银行简介

1. 巴黎银行基本情况

巴黎银行是一家位于法国、放眼全球的世界级的金融集团，总部在法国巴黎；同时它不仅是法国也是世界上最大的银行之一，其存款额在欧元区遥遥领先。巴黎银行最初是由巴黎国民银行（BNP）与巴黎巴银行（Paribas）在 2000 年合并而来的。根据 2012 年彭博社和福布斯的排名，巴黎银行按照总资产排序可以排在世界前三位。巴黎银行分布在 83 个国家和地区，其员工主要分布在欧洲地区。

巴黎银行的创收能力在法国也是首屈一指的，净收入位居法国第一，在股权排名上，位居欧洲第四；巴黎银行提供的金融服务不仅仅局限在欧洲，它还涉及全球 7 个金融重地。巴黎银行作为一家严格来讲成立不久的银行，有着其他老牌商业银行难以匹敌的金融创新思维与能力，并且在营销渠道和技术开发上有自己独特的优势。

巴黎银行作为一个综合性的金融机构，服务范围不局限在传统业务，它还为客户提供资产管理、房产信贷等专业的私人财产服务,以及投资银行业务和资本市场业务。巴黎银行业务的拓展离不开其强大的资本支持。巴黎银行有 200 多亿欧元的股本,让巴黎银行可以全身心投入到更好的服务及业务的开拓与研发中去,不断提高银行的盈利能力,给股东及客户带来更高的收益。

不仅如此,巴黎银行还拥有一批业务能力超强、创新思维活跃的员工,他们专业且不拘泥于金融领域,拥有来自巴黎银行创新文化的支持,让巴黎银行在金融创新的路上走得更远、更好。

2. 巴黎银行近年财务数据分析

从巴黎银行 2010 年至 2018 年 11 月相对于标普 500 的股价走势图可以看到,其走势明显弱于标普 500,特别是在 2011 年、2013—2016 年还分别出现了下滑(见图 14-1)。

资料来源:巴黎银行官网、Wind。

图14-1 巴黎银行相对标普500的行情

从 2012—2014 年的巴黎银行公司营业收入构成情况数据可以看到,作为一家传统的商业银行,巴黎银行的营业收入还是以利息收入为主(见图 14-2)。

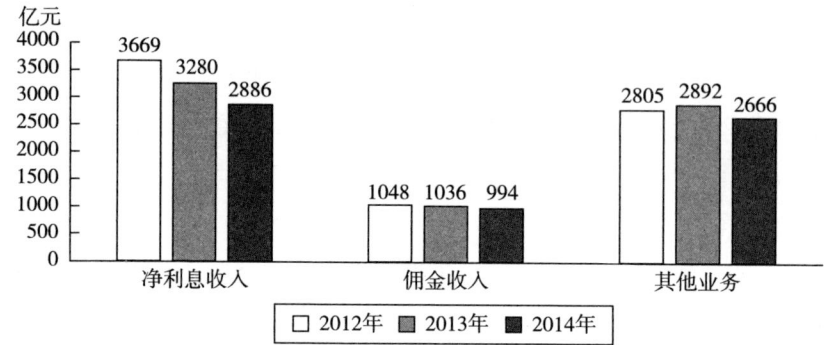

资料来源：巴黎银行官网。

图14-2 巴黎银行营业收入构成情况

2014年由于美国当局的处罚，其成本大幅增加至60亿欧元，导致净利润下降，实际上2014年以前归母净利润情况不容乐观，直到2015年情况才开始有所好转（见图14-3）。

资料来源：巴黎银行年报。

图14-3 巴黎银行2010—2018年扣非归母净利润及同比增长情况

（二）法国整体金融科技发展情况

1. 法国科创企业蓬勃发展

法国科技创业企业蓬勃发展。为了促进法国金融科技业的发展，法国政府设立了 La French Tech（法国科创），这是一个开放性的组织，它包括大型企业、政府机构企业家、工程师及投资者等在内的各种机构和个人。La French Tech 主要投资物联网、大数据、人工智能、金融科技等领域，有着很多其他国家不可比拟的人才资源及政策扶持。

这个组织希望通过机构投资者、法国的政策性银行及政府来帮助法国的初创企业，推动其向国际化方向发展。在最近五年，这个系统就已经得到了极大的发展和壮大：首先，企业数量越来越多，且系统内多家公司获得 1 亿美元以上融资，如获得 1.5 亿欧元融资的物联网技术服务商 Sigfox 及法国的拼车平台 BlaBlaCar 都来自法国科创。系统内数家公司如 Cellectis、BlaBlaCar、Criteo、DBV 等公司成功上市，完成 IPO。通过该系统，法国已经走在全球科技创新的前沿，而法国的金融科技企业也因此而蓬勃发展。

2. 法国政府大力支持

自从法国总统马克龙上台后，法国致力于将巴黎打造成金融创新的世界中心。法国政府已经采用区块链技术交易非上市公司证券，这一举措不仅使得金融科技公司及银行能够更快、更安全和以更低成本参与证券交易，而且更重要的是，此举为法国的非上市中小企业提供了融资上的便利。同时，由于采用区块链技术进行交易，也有效保护了投资者的合法权益。无疑这是一项繁荣金融市场的重要举措。而法国中央银行也考虑与区块链公司、银行等进行合作，来共同研究区块链技术，进行区块链试验。

法国中央银行——法兰西银行积极推进区块链等金融科技的研究和应用。实际上，法国在 2007 年就设立了金融创新中心，迄今为止已有 1000 多家公司参与，每年约新增 100 个新项目。由初创企业、中小企业、大公司和学者运营的项目中，目前有 550 多个项目已经获得了金融创新中心的批准。

3. 合作促进金融科技开放发展

法国政府还积极与外国政府开展金融科技等方面的合作。例如，法国审慎监管管理局及金融管理局与日本政府签订了合作协议，在金融创新、金融监管等方面加强交流，同时促进各自的金融创新者进入彼此的市场；与迪拜金融中心签署备忘录，以促进金融科技在法国以及阿联酋的发展，从而促进法国的创业投资公司及金融科技企业在阿联酋地区的业务。

（三）巴黎银行发展金融科技的动机

1. 巴黎银行受到金融科技发展的冲击

受金融科技发展的冲击，巴黎银行在国际大型银行转型浪潮中也未能独善其身。巴黎银行在法国有1964家分行，由于客户越来越偏向于使用在线服务，而不得不一轮又一轮关闭线下网点，同时宣布裁员，2012—2017年就关闭了在法国境内的236家分行。实际上该行近几年的各项指标都出现了一些明显的下滑。图14-4为巴黎银行2010—2018年的营业收入数据，我们可以看到，该银行的营业收入增速在大多数年份都是比较缓慢的，甚至有好几年出现了负增长。

如图14-5所示，从ROE的角度来看，巴黎银行2010—2014年的ROE处于逐年下降的状态，几乎每年都低于10%，而在2014年，也就是实施"金融科技加速器"计划的当年，实现了ROE的增长，但近几年的情况还是不容乐观，维持在7%~8%的水平，远远低于银行业的传统ROE水平。

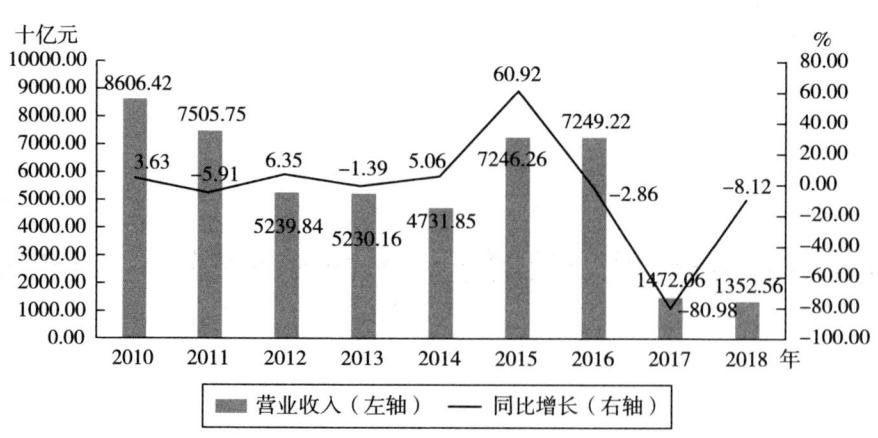

资料来源：Wind。

图14-4　巴黎银行2010—2018年营业收入及同比增长情况

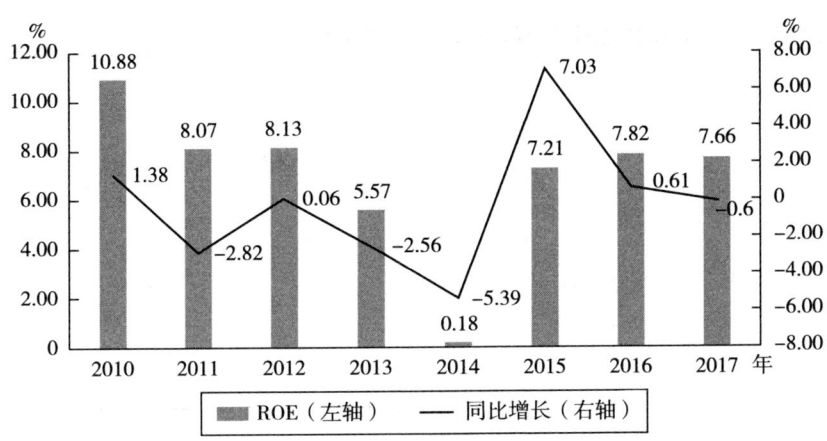

资料来源：Wind。

图14-5　巴黎银行2010—2017年ROE及同比增长情况

2．发展金融科技的重要性

面对未来竞争，开展数字化银行业务早就成为银行业的未来共识。巴黎银行希望依靠金融技术的力量，使全面数字化成为银行业转型的重要战略。具体来说，金融科技可以帮助巴黎银行实现三大革新。

第一，提升客户体验，发展用户导向型银行业务。在数字时代，客户群日趋成熟，用户习惯不断升级，需求不断适应时代的变化。因此，有必要改变传统的银行业务概念，从产品导向到用户导向。与过去相比，消费者在当代更注重快捷方便和多样化等数字体验，这也是客户未来选择银行的首要因素。为此，巴黎银行需要借助金融科技的力量，围绕核心客户群体的需要，提供敏捷、快速的数字化业务流程，提升客户满意度。

第二，创设场景完善渠道，依靠大数据打造创新服务模式。银行业要摒弃传统金融思维，即价值链思维，转而发展为互联网思维，即以服务客户＋场景化的思维。银行业已经进入数字化时代，如今的客户要求银行以客户体验为中心，只有确保各渠道都能触达客户，才能大幅提高服务客户的工作效率，提升客户体验。为此，银行应迅速确定不同渠道的作用，利用技术促进渠道的数字化升级，并创造方案。积累客户大数据，挖掘客户信息，给客户进行画像，从而充分了解客户需求，创造完美的服务体验。

第三，营造拥抱金融科技的银行生态系统。这些合作伙伴关系是巴黎银行开放式创新生态系统的一部分。未来的传统银行必须依靠与数字世界所有利益相关者的合作，包括金融科技公司、初创公司和互联网公司等。与此同时，场景化必定是未来金融业的发展趋势，因为在移动互联网时代，用户提供的所有活动和金融服务都将融入具体的场景里，这就意味着银行必须突破传统的业务格局，通过与互联网的开放与合作，实现价值链的深化，以此来弥补原有业务的不足，比如在信息积累、信用传递和客户深度了解上的能力缺失，营造一个能够通过创新产品和服务的推出从而不断满足社会发展需要和客户需求的银行生态系统。

二、巴黎银行的金融科技发展现状

金融机构在金融科技的浪潮中展现出了新的活力。因此，如何利用金融技术改善服务体系，提高客户满意度，已成为银行业发展的关键。法国巴黎银行积极调整固有的传统经营理念，不仅主动应用和开发新技术，还积极寻求与科技公司合作，进行跨界多元化地发展。

（一）主动追踪创新研究，拥抱金融科技

金融效率在以人工智能、区块链、云计算和大数据为代表的信息技术的渗透中得到了快速提高。同时，市场需求是驱动一个公司进行自身改革和创新的最重要原因，快速变化的客户需求激发了传统银行业的改变，毕竟，没有银行能够在不遵循时代变化的情况下保持活力。巴黎银行便是最早看清国际银行业转型的大趋势并最早抓住机会主动出击拥抱新科技的传统银行之一。

1. L'Atelier BNP Paribas

巴黎银行创建了创新子公司 L'Atelier BNP Paribas，这是一个专门用于追踪搜索全球最新的创新成果和顶尖信息技术的创新跟踪部门。

L'Atelier 成立于 1978 年，公司自身致力于用创新的方式服务客户。

30多年来，它一直在跟踪全球信息和通信技术的创新成果。因此，面临金融科技公司的冲击，巴黎银行很快就明确了自身的发展需求，即主动学习并将创新技术用于改变自身经营理念，实现传统银行转型。巴黎银行与L'Ntelier合并后，很快就成立了L'Atelier BNP Paribas，这是巴黎银行的创新子公司。它最早在探索跨境转账、远程转账和互联网银行服务等方面都发挥了重要作用，在技术高速发展的今天，L'Atelier BNP Paribas为了有效地将银行与创新技术联系起来而发挥作用，它承担了更加重要的作用——进行特殊的项目计划的发行、筛选与孵化。一方面，L'Atelier BNP Paribas作为连接巴黎银行和创新技术的桥梁，它设计出3个月左右的体验服务Wai boost，通过沉浸式体验，它可以更好地融合商业原型测试、初始产品路演、商业焦点和改进创新技术，在体验中筛选出有前景、能提高银行业务有效性和高效性并符合巴黎银行发展理念的科技项目；另一方面，作为孵化器，它举办了金融科技加速器项目，2016年，它孵化了PayCar和CommonAccord等8家金融科技初创企业，并在2017年举办了第二届的加速器项目，这一次L'Atelier BNP Paribas挖掘出了一批在数字银行、人工智能、机器学习和大数据分析领域的优秀初创企业。

L'Atelier在全球最主要的三个地理区域都设立了研究中心，在美国旧金山、法国巴黎与中国上海三个研究中心分别负责追踪美洲、欧洲及亚洲的最新研究成果和有前景的初创企业，以此来发现全球趋势和新的机遇，弥补自身原有业务的不足，为巴黎银行的下一步发展提供建议和支持。

2．L'Atelier BNP Paribas Asia

L'Atelier BNP Paribas Asia的目标客户希望更好地了解亚洲市场所面临的技术挑战和机遇，以实现国际扩张或与满足在当地市场进行发展的需要。L'Atelier BNP Paribas Asia位于中国上海，它是一个主要用于分析亚洲数字部门、互联网企业和初创企业的研究中心，通过发现"颠覆性创新"的例子，为巴黎银行进行转型带来具体思路。除了进行创新追逐，L'Atelier BNP Paribas Asia还开展一些针对国内公司的工作，包括进行定制的咨询任务，组织实况调查，为沟通、营销和人力资源领域的管理人员培训等。

自2016年以来，L'Atelier BNP Paribas Asia已经承办了几次大型活动，接待法国公司访问中国以了解中国最新的商业模式和创新技术。与此同时，由于巴黎银行总部拥有数据雷达系统，它网罗了在欧洲数万家高质量的初创公司。它还试图帮助中国的国内风险投资公司了解和投资于这些高质量创业公司。L'Atelier BNP Paribas Asia不仅希望把中国最先进的创新理念和商业模式介绍给欧洲客户，更希望能帮助越来越多的中国客户"走出去"，了解欧洲最新的创新科技，通过咨询和定制化服务帮助企业实现战略转型，通过对接欧洲创业公司来加速国内初创企业更快发展。

作为巴黎银行在中国的创新中心，L'Atelier BNP Paribas Asia在促进中法合作方面具有独特优势。它能成为中欧创新合作的桥梁，将两地的创意和资源高效地连接起来。L'Atelier BNP Paribas Asia能在创新领域为中法合作提供更多的服务。未来，L'Atelier BNP Paribas Asia不仅会是中法技术交流之间的桥梁，也可能成为中法企业和技术之间的纽带。

（二）尝试新的跨境合作模式，寻找创新机会

银行业与金融科技业的跨界合作势必会成为未来的发展趋势。从法国巴黎银行的角度来看，其与金融科技行业主要有三种合作方式。

1. 推出基金以支持创业公司发展

2018年，巴黎银行宣布推出一项新基金以支持金融科技初创公司，基金用于投资或收购具有互补业务模式的金融科技公司，从而为银行注入最新的技术产品和技术创新人才。基金将直接投资并收购创新型初创企业的少数股权，目的是支持金融科技初创公司的发展。该项新基金由BNP Paribas Capital Partners管理，其优先考虑的技术领域为人工智能、大数据、区块链、网络安全等。作为巴黎银行加快金融科技进程的一个组成部分，新基金将与其他项目共同推进巴黎银行的转型。

2017年4月，巴黎银行收购法国新兴技术公司Compte Nickel。该公司是法国国内领先的一家金融科技公司，其主要业务是在烟草店帮助客户开设银行账户。这对传统的法国银行服务造成了巨大的冲击，因为在法国，

银行服务还较为传统，客户开立账户或开设网上银行服务必须到银行与经理见面，并且需要签署一系列复杂的文件，并有较长的等待时间。到目前为止，在 Compte Nickel 的帮助下，巴黎银行新增了近 5 万个客户，银行也表示在收购后还会继续支持这个项目，争取在 2020 年新增客户达到 200 万个。这种智能账户开立和支付方式将迅速提升用户体验和交易效率。

2018 年 3 月，巴黎银行进行了一笔未公开的战略投资，投资对象为高达 1.5 亿美元的以色列基金 Viola FinTech。

2. 与金融科技公司达成战略合作

巴黎银行希望利用自身和科技公司的数据、技术和渠道优势，共同提升公司的价值，开发更迎合市场的金融产品。

2016 年 4 月，巴黎银行证券服务公司和领先的直接投资平台 Smart Angels 通过签署区块链技术战略合作伙伴关系，在众筹历史上迈出了重要一步。两家企业正在合作开发一个使用区块链协议的股票登记册，该协议将自动登记由 Smart Angels 的客户公司发行的金融证券。该协议可以使证券注册流程标准化，为投资者提供交易处理安全性，即投资者付款将被立即处理，他们将立即收到电子凭证，因此通过这个平台进行的金融交易简单、快捷且安全。

2017 年 4 月 20 日，法国巴黎证券服务公司的子公司宣布，它正在与法国安盛集团（全球最大的保险集团和国际资产管理集团之一）合作开发基于区块链的基金分销平台 Fund Link。

2018 年 1 月 10 日，巴黎银行公告将开始在基金交易中运用区块链技术。BNP Paribas Asset Management 已经利用 Funds Link 及 FundsDLT 区块链平台，完成了端对端基金交易测试。这套系统由 BNP Paribas 与卢森堡证券交易所的 Fundsquare、InTech、KMPG Luxembourg 共同开发。这一次测试了基金交易过程中的各个环节。结果显示，基金交易从订单提交到交易处理的流程都取得了重大进展，因为 Fund Link 已经能够与其他区块链平台进行连接。这套系统不仅可以使巴黎银行降低自身的运营成本，甚至在未来还有机会为其他的基金类型提供类似的服务。

区块链技术具有降低成本和加速处理交易的优势，它可以为银行服务提供更安全的交易基础设施。因此，区块链技术可以充分提升银行在支付结算、资金保管和市场交易方面的市场优势，可以加快银行业务向智能化方向转变，极大地降低了经营成本，提升了服务效率和质量。

巴黎银行希望通过社交网络来建设一个服务客户的数字化银行。从2009年巴黎银行推出首个Twitter账户以来，巴黎银行一直是法国平台使用的先驱。巴黎银行每年与客户的互动已经超过5亿次，并与四个全球数字领导者Facebook、谷歌、LinkedIn和Twitter签署了全球合作伙伴关系，这加强了法国巴黎银行与其客户和潜在客户之间的关系，并可以更好地了解客户。巴黎银行已开始从提供以产品为导向的银行服务转向提供以客户为导向的服务。因此，改善客户的数字银行体验成为巴黎银行今后的发展重点。

数字化转型对银行的未来具有重要的意义，特别是在改变客户关系方面。巴黎银行将能够在网络上实现和培养目标客户，并与客户建立强大的互动关系。

3. 与科技公司共同建立金融服务创新实验室

巴黎银行还与巴黎Viva Technology共同创建了一个金融服务实验室，以拓展银行服务和支持互联网购物的发展。这个项目将在一个特殊的金融服务实验室中汇集50家创业公司，他们将专注于将区块链技术和AR服务应用到与购物连接的领域。这是一种基于手机的多服务支付解决方案，目前正由巴黎银行与领先于零售行业的家乐福共同测试。

2018年4月，巴黎银行宣称将与美西银行共同推出一个名为Finlabs的金融实验室项目，该项目旨在加强两地银行的业务发展，并加强它在金融科技领域的创新。Finlabs计划通过PoCs推动创新，并将直接与美西银行的客户进行测试，根据客户需求调整现有产品细节和创造新产品，以符合消费者的最佳使用需求。实验室也可以通过直接连接银行和初创企业从而将产品直接销售给银行客户。

这些合作伙伴关系是巴黎银行创建银行业生态系统的一部分。通过与金融技术公司合作，巴黎银行试图建立数字化的新银行模式。这就意味着银行必须颠覆传统业务模式，要对场景进行布局，借力金融科技和数字业务创新，创新银行服务模式，真正实现银行业的数字化转型，完善服务体系，实现客户价值。

三、巴黎银行在金融科技方面的投入

面对金融科技势不可当的潮流，巴黎银行选择主动、积极拥抱这一新事物。巴黎银行鼓励、引导金融科技企业发展，使其致力于攻克银行业面临的痛点与难点，通过合作将金融科技公司的成果运用在银行业务中，借此来实现数字化、创新化发展。为了实现2020年转变为数字化银行这一战略，巴黎银行进行了如下方面的投入。

（一）设立专项资金

从2017年2月9日起，巴黎银行计划在3年之内增加50%的投资，花费30亿欧元，以此支持数字银行的发展。这项资金将更多用来建设数字技术实验室、创办公司孵化器、优化应用程序和平台，来改善用户在线访问的体验。

2018年3月7日，巴黎银行新设立了支持金融科技创业公司的基金，尤其是针对正在为金融服务开发新平台的初创公司。这项基金计划代表法国巴黎银行，对从事金融科技技术开发的初创公司直接进行股权投资。而根据巴黎银行官方宣布，该基金还将通过风险资本基金间接投资如区块链、人工智能等重点技术，以及地理位置和主题与法国巴黎银行业务相匹配的企业。目前这项基金由巴黎银行的资产管理部门Capital Partners负责运营，已收获来自Serena Data Venture、Viola FinTech和Ventech China的投资。

（二）开展金融科技企业孵化器项目

从2016年开始，巴黎银行推出了一项企业孵化器项目——金融科技加速器计划（FinTech Accelerator Program），目标是寻找被帮助的初创金融科技公司，帮助其完成孵化，利用其创新成果带动巴黎银行数字化进程。这个项目公司完全免费，孵化资金最高申请额度可达到 10 万欧元。为了实现开放式创新，巴黎银行投资初始阶段不持股并且承诺不会对初创公司的业务发展作出任何排他性（独占性）条款限制。这项计划不仅使初创型公司得到孵化，并且保证了后续融资的稳定性，同时为巴黎银行找到了新的业务机会，如电子支票、个人贷款等。

（三）并购金融科技企业

2017 年 4 月，巴黎银行收购了金融科技公司 Compte Nickel。这是法国一家技术领先的科技公司，使用该公司的技术可在烟草便利店快捷开通银行账户。这使用户避免了去银行柜台开户的烦琐——约见银行经理、排队等待审核、签订各种复杂文件。这种快速高效的开户方式，能为巴黎银行吸纳更多的储户。另外，烟草便利店可起到代替部分网点的作用，节约了银行的经营成本，有助于提高收益。相关信息披露，依靠 Compte Nickel，巴黎银行已经增加了近 50 万个用户，此次收购完成后，巴黎银行预计可继续靠此项业务在 2020 年之前新增 200 万个用户。

（四）与金融科技企业签订合作协议

巴黎银行同印度塔塔咨询服务公司已经在 2017 年 10 月签署了合作计划书，尝试把区块链技术与新型资产数据平台结合，提供更快捷安全的企业活动报告。这个叫作"Corporate Event Connect"的平台，会收集来自 90 多个的市场上的公司资产信息，并且使用深度学习技术来出具建议报告，还可以将报告翻译为七种语言。该合作中，巴黎银行将采用由印度塔塔咨询服务公司的提供的"Quartz 区块链"解决方案，并结合 BaNCS 平台，来抓取和存储结构化的企业的信息，以此来防止数据被篡改，能够抵制节点故障，实现数据可恢复。

（五）参与新技术开发与应用探索

区块链技术是巴黎银行探索的新技术之一，为此，巴黎银行加入了 R3 区块链联盟。

另外，巴黎银行还参与了 SWIFT 探索将区块链技术应用于跨境支付中，即如何使用区块链来加速账目核对流程，以此节约国际往来账成本。从 2017 年 4 月开始，SWIFT 以 Farbric 区块链为技术基础，来试验 Linux 基金会领导的超级账本项目。

此外，巴黎银行还在探索将区块链技术与基金交易相结合中，其下属的资产管理公司 BNP Paribas Asset Management（法国巴黎银行资产管理公司），还利用 Funds Link 及 FundsDLT 区块链平台，完成了"端对端基金交易测试"。这套系统由巴黎银行与卢森堡证券交易所的 Fundsquare、InTech、KMPG Luxembourg（卢森堡毕马威）共同开发。据披露，这次测试表明了 Fund Link 能够连接其他的区块链平台，那么将极大地推动基金交易由交付订单到处理交易的交易过程发展。

（六）小结

巴黎银行利用多种方式与金融科技进行互动和合作，取得了诸多成果，并利用这些技术成果来优化自身业务结构，改善客户体验，寻找更多的利润增长点，提升企业价值，也使巴黎银行能够更好地应对技术革新给传统银行业带来的冲击。

四、巴黎银行的金融科技发展展望

对于巴黎银行而言，应对不断变化的世界意味着预测变化并将其转化为客户的机会，只有创新才可以做到，每一天的创新使巴黎银行能更好地应对未来。作为一家提供最佳物理和数字技术的银行，它还提供始终根据新需求量身定制的产品和服务。巴黎银行致力于推动创新的动态文化，同时奖励独特的举措，激发创造力，并伴随着业务的数字化而进行转型。

巴黎银行近期将开发一项新型基金，该基金主要用于对开发新型金融科技平台的初创企业进行投资。该基金将由 BNP Paribas Asset Management 的子公司巴黎银行资本合伙公司管理，管理重点为投资选择的多元化和多任务管理模式。该新基金将采取直接投资的方式，通过收购创新型初创企业的少部分股权来达到扶持新兴企业的目的。正是这些初创企业的出现使得金融和保险行业不断创新业务模式，与此同时，此次新设立的基金除以直接投资方式进行创新支持外，还会将部分资金间接用于对新兴技术如区块链技术、人工智能、数据网络安全等的开发与推广，使这些符合未来发展趋势的技术可以与巴黎银行的经营业务更好地契合。

巴黎银行将建立一个致力于创新的综合生态系统，它包括像 Cardif Lab'这样的情报实体、子公司 BNP Paribas Cardif Insurance 的实验室。其目标是确定在巴黎银行卡迪夫存在的所有 37 个国家（地区）开发的创新，然后将这些创新吸引到为保险客户提供新产品和服务。在其位于比利时、土耳其、意大利、卢森堡和法国的五家内部创业公司中，团队每天与 FinTech 开发商、数字运营商和其他创业公司共同创造新技术。为了激发所有业务的创新，巴黎银行开发了一种新的工作方法：与合作伙伴、初创公司和客户一起开放系统创新。

综合生态系统还包括网络机构，如 L'Atelier BNP Paribas Lab。它将初创公司和大公司聚集在一起,共同设计新的数字产品和服务。对于集团而言，这是满足运营需求的好方法，可同时利用处于数字技术最前沿的新兴公司的资源；对于创业公司而言，它提供了一个机会，通过将它应用于具体的市场需求上，来展示其服务或技术的价值。

第十五章　中国银行业的金融科技发展现状与规划

摘　要

近年来，金融科技快速发展，极大地改变了中国金融业业态。本章聚焦于中国银行业的金融科技发展现状与规划。首先，简要介绍金融科技的发展对中国传统银行业造成的冲击、二者融合的好处及中国银行业发展金融科技的三种主要方式：内部研发、投资并购金融科技公司、与现有的金融科技公司合作。其次，我们分析了金融科技在商业银行资产业务、负债业务、中间业务方面的发展现状及趋势。从资产业务的方面来看，互联网征信可以有效补充传统征信体系的不足，移动支付的产生可以进一步扩大商业银行的信贷规模，而智能风控在银行信贷业务中的应用也可以有效减少并防范各种风险；从负债业务来看，金融科技APP的风格可以为客户提供更好的服务，运用VR技术来对VaR技术要用到的数据进行加工，提前锁定并管理利率风险；从中间业务来看，第三方支付平台的发展在一定程度上冲击了传统银行的业务，但金融科技的发展对商业银行也有较大的帮助作用。大数据在银行支付业务应用中可降低支付失败率，使网点支付业务最终实现完全自动化。区块链技术也可让跨境的交易成本降低近1/3。在财富管理业务方面，金融科技目前主要应用于智能投顾，通过大数据以及投资算法等技术为客户提供与其风险承受能力相匹配的资产组合配置建议。再次，本章对中外银行业的金融科技发展水平进行了对比，发现中国银行业的科技创新水平、技术应用水平和平台化金融模式与国外大型银行还存在一定差距。最后，对中国银行业未来的金融科技发展提出了建议，认为大型银行应发挥资源优势构建平台化发展战略，而中小银行则可以针对自身优势打造差异化发展模式。

实 践 篇

Chapter 15　The Present Situation and Prospect of FinTech Development of China's Banking Industry

Abstract

In recent years, the rapid development of FinTech has greatly transformed China's financial industry. This chapter focuses on the current situation and future planning of FinTech development in China's banking industry. Firstly, it briefly introduces the impact of FinTech on the traditional banking industry in China. The three main ways of developing FinTech in China's banking industry are internal R&D, investment and acquisition of FinTech companies, and cooperation with existing FinTech companies. Secondly, it analyzes the development and trend of FinTech in credit business, debt business and intermediary business of commercial banks. From the perspective of credit business, Internet credit investigation can effectively complement the deficiency of traditional credit investigation system. The generation of mobile payment can further expand the credit scale of commercial banks, and the application of intelligent risk control in bank's credit business can also effectively reduce and prevent various risks. From the perspective of debt business, the FinTech APP can provide better services for clients, using VR technology to process data used by VaR technology, and to manage interest rate risk in advance. From the perspective of intermediary business, the development of third-party payment platform has impacted the business of traditional banks to a certain extent, but the development of FinTech is also of great help. Big data can reduce the payment failure rate in bank's payment business, so it could eventually achieve full automation. Blockchain technology can also reduce cross-border transaction costs by nearly a third. In addition, in terms of wealth management business, FinTech is currently mainly used in intelligent investment, providing clients with portfolio allocation suggestions that matching their risk tolerance through big data, investment algorithm and other technologies. This chapter also compares the development level of FinTech between banks in China and foreign banks, and finds that there are still some gaps between Chinese banking industry and large foreign banks in terms of technological innovation level, technology application level and platform-based financial model. Finally, some suggestions are made for the future development of FinTech in China's banking industry. It is believed that large banks should make use of their resource advantages to build a development strategy, while small and medium-sized banks can build a differentiated development model according to their own advantages.

一、中国银行业金融科技发展现状概述

金融科技的兴起对中国商业银行造成了一定的冲击,但是金融科技并不会颠覆传统银行,反之,商业银行与金融科技的融合可以产生协同效应,使商业银行迎来新一轮的转型升级。

(一)冲击

2013年互联网金融在中国爆发式发展,使中国银行用户群体的储蓄理念、融资渠道、支付方式发生剧烈的变革,侵蚀了属于传统银行的负债、资产、中间业务这三大业务,降低了银行的营收水平,其便捷的服务更是迫使传统银行优化自身服务,提高了银行业务的服务成本。

互联网金融对我国商业银行传统业务的影响体现在以下三个方面。

第一,对负债业务的影响主要体现在存款业务。随着余额宝、微信理财通等第三方支付平台理财工具兴起,用户拥有了银行存款之外简便理财的渠道,且这个渠道较银行活期存款提取更加便捷,又有一定的盈利性,因此部分用户将闲置资金转向第三方支付平台,造成商业银行存款巨额流失。

第二,对资产业务的影响主要体现在贷款业务。如P2P网贷平台,相较于商业银行而言,该平台发放贷款手续更加简便,对借款人资信水平与财务能力要求更低,大量难以从商业银行获取贷款的小微企业和个人纷纷转向网络平台融资。

第三,对中间业务的影响体现在支付结算、基金代销等业务。第三方支付平台凭借其广大的受众及支付的便利性,部分代替了商业银行的支付功能。其理财平台中推出的多种基金与理财产品也挤占了银行原来的基金销售市场。

(二)融合

商业银行结合金融科技发展,有助于拓展商业银行服务半径、提高服

务效率、提高业务处理能力,从而进一步实现惠普金融。

如商业银行通过人脸识别、云计算提供各类新型金融服务,使客户摆脱传统营业网点和时间的限制,享受到更便捷、更易得、更有效率的服务。通过大数据分析客户需求,为其提供个性化服务。与此同时,这些技术也有助于商业银行建立更有效率的风控系统,如更便捷地识别逾期、不良账户等风险,优化风险管理模式和水平。

(三)银行业金融科技发展现状

中国商业银行发展金融科技的路径主要有三种:内部研发、投资并购金融科技公司及与现有的金融科技公司合作。下面分别介绍这三种模式的发展现状。

1. 内部研发

内部研发是指银行通过自身已有的部门或设立金融科技子公司的方式,独立创新金融服务及产品。这种方式便于银行较好地掌握技术、人才、资源,但是技术开发成本高,周期长,目前只适用于大型银行。

2015年12月,兴业银行成立了中国第一家银行系金融科技公司"兴业数金"。之后,又有六家银行陆续成立了自己的金融科技公司(见表15-1)。从这几家公司设立目的来看可以分为三类。

(1) IT部门独立型。银行IT部门独立有利于激励金融科技人才,避免其受制于大型商业银行相对僵化的薪酬体系与管理体制。其代表为建信金融科技(建设银行)、工银科技(工商银行)。

(2) 金融科技输出型。由于自身具有技术优势,子公司可以在为其母行提供技术支持的同时为金融同业机构、企业提供技术外包服务。其代表为兴业数金(兴业银行)、金融壹账通(平安集团)、招银云创(招商银行)。

(3) 集团融合型。该类型的子公司定位为打造集团金融科技生态圈,主要目的是为集团内部金融业务提供服务,提升集团整体信息科技水平,实现集团协同发展。其代表为光大科技(光大银行)。

表 15-1　　　　　　　　银行系金融科技公司现状

公司名称	所属银行	成立时间	产品	服务客户
兴业数金	兴业银行	2015 年 12 月	通过搭建平台、运营平台的方式持有信息资产并提供金融信息云服务,包括金融信息技术服务外包、金融业务流程外包、应用软件开发和运营服务、系统集成服务等	中小银行、非银行金融机构和中小企业
金融壹账通	平安集团	2015 年 12 月	建立智能银行云、智能保险云、智能投资云及金融科技开放平台的"3+1模式",通过战略赋能提供一站式金融科技解决方案	中小金融机构
招银云创	招商银行	2016 年 2 月	通过整合招银系金融领域的服务能力,包括零售能力、交易银行、消费金融、直销银行等服务,将招银系的金融科技云服务化	金融同业机构
光大科技	光大银行	2016 年 12 月	主要有金融云、IT 系统建设、云缴费等服务,核心职能是孵化光大银行的新产品、新服务、新模式、新业态	光大银行
建信金科	建设银行	2018 年 4 月	打造完全市场化的金融科技力量,提供金融级 IT 服务	同业、企业和战略伙伴
民生科技	民生银行	2018 年 5 月	定位于"立足母行、服务集团、面向市场",提供金融科技转型所需的解决方案和专业科技产品	中小金融机构、民营企业和小微企业
工银科技	工商银行	2019 年 5 月	以金融科技为手段,聚焦行业客户、政务服务等金融场景建设,开展技术创新、软件研发和产品运营	服务社会、共建生态

资料来源:根据公开资料整理。

此外,商业银行还可以通过设立直销银行来试点金融科技业务,因此直销银行也可纳入银行系金融科技公司的体系之中。该种方式适用于大中小型银行。直销银行不需要实体营业网点与实体银行卡,客户可以通过电脑、手机等网络平台完成所有银行业务,如在线开户、存贷款、购买理财产品等。此外,由于没有实体网点费用,直销银行成本更低,因此可以提供相较于传统银行更优惠的存贷款利率和手续费率。

2. 投资并购金融科技公司

投资并购是指银行投资一家独立的金融科技公司,将其作为自己的外部金融科技研发基地。投资并购相较于内部研发，整体投入规模较小，研发周期较短，更有利于新型技术的落地，但由于控制权不属于银行，这种方式存在数据安全与隐私保护的隐患。

2016年4月，《关于支持银行业金融机构加大创新力度开展科创企业投贷联动试点的指导意见》颁布，允许银行成立子公司从事科技创新创业股权投资，这一决定从法律层面支持银行对金融科技公司的投资并购，有利于银行开展投资行动。

3. 与现有的金融科技公司合作

银行与金融科技公司合作，包括直接向金融科技公司购买服务，与金融科技公司战略合作共建联合实验室甚至联合成立子公司等。

由于银行现有金融科技创新能力不足，直接向金融科技公司购买服务可以帮助银行快速落地多项创新性金融产品，因此，这成为我国银行目前采取较多的合作方式。例如，南京银行向百度金融购买新维度风险识别手段，通过这项技术，南京银行可以服务于传统信息薄弱的客户，增加南京银行客户群体。银行在共建实验室和子公司方面也迈出了自己的步伐，如百度与中国农业银行签署战略合作协议，共同建立"金融科技联合实验室"。

二、金融科技在具体银行业务中的应用

金融科技对于金融行业尤其是银行业有提升效率、优化业态的作用，而银行业的主要业务又可划分为资产业务（以信贷业务为主）、负债业务、中间业务（以支付结算业务和财富管理业务为主），因此，本章将逐一介绍不同的金融科技技术（大数据、区块链、AI等）在我国银行业各项业务中的应用现状。

（一）金融科技在资产业务中的应用现状

随着互联网技术的不断推进和资本市场的多层次发展，企业与个人的

融资方式都更加多样化，降低了对于传统商业银行信贷的依赖程度。大中型企业在直接融资市场筹集资金的比例增加，而小微企业及居民也拥有更多的筹资渠道，这些都对传统的商业银行贷款模式造成了冲击。而在科技发展的浪潮中，商业银行也积极推动变革和创新以保持自己的竞争力。互联网金融的发展对商业银行的信贷业务产生了一定的冲击，但传统的商业银行也在其与金融科技的融合中，向前发展，不断进步，成果主要体现在以下三个方面。

1. 互联网征信的发展现状及其对信贷业务的影响

互联网经济的发展对我国传统征信模式产生了比较大的影响，借助于网络平台并运用大数据来进行信用信息征集的模式逐渐展现出其优势，对我国现阶段的征信系统作出了完善与补充。相比目前最具有权威性的中国人民银行征信体系，互联网征信将云计算、大数据、区块链等技术广泛应用于信用调查领域，有其不可比拟的优势。

以核心系统基于蚂蚁金服云计算架构的网商银行为例，其致力于为中小企业提供较低利率的无抵押信贷方案。据统计，截至2018年底，网商银行累计服务小微企业和小微经营者客户1227万户，户均余额2.6万元，但在严格的征信管控下，信贷风险状况总体可控，不良贷款率仅为1.3%。

网商银行属于蚂蚁金服的子业务板块，依托阿里巴巴的流量入口，拥有海量客户资源与数据以及先进的云计算能力，在大数据征信方面拥有很大优势。

比起人民银行征信体系，互联网征信可以拥有更高的客户群体覆盖率。因为人民银行的个人征信主要覆盖有信贷记录的人，而那些缺乏信贷记录的人则无法被传统征信体系所覆盖。蚂蚁金服下的支付宝等业务拥有广泛的用户基础，有超过2亿多个实名用户，因此可以充分利用互联网的资源优势，将征信范围扩大，极大地弥补传统征信体系在客户群体范围上的不足。

传统的信用评级模型FICO有其固有的局限性，而网商银行设置了属于自己的评估方式，即云技术研究平台，其信用评分机制运用了多维变量和多重角度，从而可以有效防范风险。

2. 移动银行的发展现状及其对信贷业务的影响

互联网的普及率近年来在我国呈现不断上升的趋势，截至2018年12月，我国网民规模为8.29亿人，互联网普及率达59.6%，其中手机网民规模达8.17亿人，使用手机上网的比例高达98.6%。而从银行端来看，近年来商业银行不断加大互联网和移动端的布局，移动银行的发展可以增加商业银行信贷业务的客户群体，扩大信贷规模。

以深圳前海微众银行"微粒贷"为例。微粒贷的运营方式为微众银行与金融机构合作放贷，主要发放小额信用贷款，其中大部分资金由合作银行提供，微众银行提供的贷款资金只占很小一部分，其主要的职责是利用先进的互联网技术来提供后台支持工作。这一合作模式一方面充分利用互联网技术降低传统银行的运营管理成本，另一方面可以面向更广大的用户群体，更有利于实现普惠金融。

比起传统的商业银行贷款，"微粒贷"针对更加广大的用户群体，覆盖了传统商业银行难以顾及的长尾用户，客户增长十分快速。截至2017年12月底，累计发放的贷款总金额超过8700亿元，授信用户总数突破3400万人，其规模堪比一线城市商业银行的业务量，由此可见移动银行对信贷业务的影响较大。

3. 智能风控的发展现状及其对信贷业务的影响

在金融与科技的深度融合中，商业银行将智能风控广泛应用于信贷业务中去。其整合了传统的客户数据与来自互联网的第三方信用数据和消费数据等，在开展贷款业务的事前、事中、事后进行综合分析和判断，从而保证多方位的风险控制，有效降低商业银行在发放贷款中的信用风险、市场风险和操作风险。同时，利用机器学习等技术，银行可以实现自动化运行，一些具有机械化与重复性的任务均可由软件来完成，从而降低人力成本与操作风险。

从我国商业银行的应用来看，2017年兰州银行引入人工智能，在信贷业务中实行智能风控，同时为贷前决策、贷后管理提供有效的数据以降低金融风险。人工智能系统通过关联关系推理，挖掘识别企业与企业之间的集团关系、投资关系、担保关系，以及企业与个人间的雇佣关系等，一旦某关系节点发生重大事件或暴露金融风险，则通过人工智能系统及时进行风险预警，从而降低未来发生风险的概率。

（二）金融科技在负债业务中的应用现状

负债业务是商业银行的主要业务之一。在金融科技的推动下，我国商业银行的风格也与之前有所不同，变得更加包容开放（见图5-1）。活期、定期储蓄等负债业务可通过APP的方式为客户提供令其耳目一新的金融服务。APP内的语言变得流行化而不古板，让客户有更好的存款体验，提升了客户吸引力。商业银行还为每笔存款都安排一个存款目标，并在APP上以储蓄罐的形式呈现给存款者，将每天的利息收入及时标注出来，以"小确幸"的形式提升银行自身的吸引力。

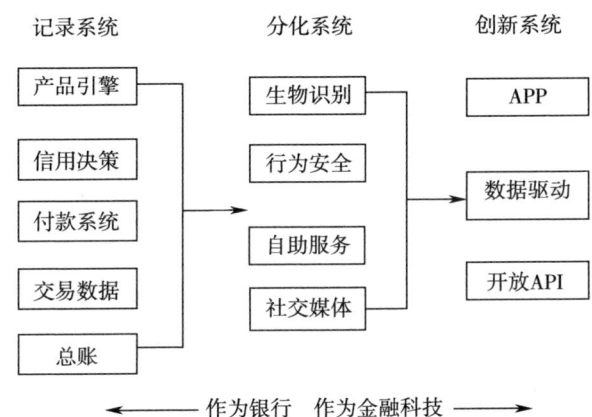

资料来源：平安证券研究所。

图15-1 商业银行与金融科技的融合关系

商业银行不单从个人、机构那里吸收存款，其负债业务还包括在同业拆借市场进行短时间的资金拆借（一般以隔夜、七天为主），主要是为了调节临时性的资金短缺情况。

提前预测并管理利率风险越来越受到商业银行的重视，在这种情况下，

VaR 技术发展的速度越来越快。此种技术运用标准统计方法，给出一定置信度水平，来预测某种资产的最大损失（利率变动导致的损失——银行拆借完之后，利率陡升陡降造成的损失）。若商业银行因为资金安全性的要求不可以承担这么大的损失，就要选择另外的银行作为自己的对手方来降低利率风险。VaR 技术需要运用数据来测算风险。

如果引入金融科技中的 VR 技术，使利率等复杂多样的数据通过 3D 动画的形式可视化地展现在负责银行同业拆借业务工作人员的面前，将同业拆借的行情进行建模，将每个拆借需求虚拟为一栋高楼，楼高、色彩代表资金拆借方的风险状况，通过虚拟场景的立体显示，将会给工作人员带来更直观的感受，使他们对利率风险的判断、拆借对手方的财务状况有更加深入了解，从而提升工作效率。目前有越来越多的商业银行在同业拆借业务及交易系统中运用 VR 技术来对 VaR 技术要用到的数据进行加工。

（三）金融科技在中间业务中的应用现状

金融科技能否推进银行支付业务的发展主要与以下三个要素相关：时效性、安全性、信用度。判断时效性的方法是看汇款收款的双方便利度是否较之前有所提高，汇款到账的时间是否较之前有所缩短；安全性是指所汇款项能否安全地通过账户支付转移，若不能安全到账，金融科技的发展如何帮助银行应对此类情况；信用度则是指汇款双方对中介机构的信任程度、金融科技能否帮助银行提升自己的信用度。

1. 第三方支付平台的发展对银行业的影响

以支付宝、微信等为代表的第三方支付平台蓬勃发展，其虚拟交易占网络总交易的比例越来越大，增速也越来越快，交易量已是商业银行支付业务的两倍之多，但因其多为小额支付，所以从交易金额总数来看，传统银行的支付业务仍占总体的支付业务的 80% 左右。

通过支付业务第三方支付平台可以获取消费者的数据，知道消费者对何类商品和服务感兴趣，拥有用户的消费信息。第三方支付平台的发展弱化了用户与银行的链接关系，这种"金融脱媒"的情况会对传统银行的支付转账业务优化造成一定程度的冲击。

2. 大数据的发展现状和其对银行支付业务的影响

大数据在银行支付业务的过程中越来越重要，已经发展为一项核心基础技能。大数据可以利用其丰富的数据储备经过分析发展出更为便捷的支付结算流程，从而降低支付业务中途退出交易的可能性，降低支付失败率。

运用大数据技术不但可以优化交易流程，还可以优化银行网点内部与外部的布局，例如，网点的数量与布局、网点内自动存取款机的数量、数字化工作平台在大厅的位置，最终实现网点支付业务的完全自动化。

3. AI人脸识别的发展现状及对支付业务的影响

生物识别是通过电子计算机的数据分析能力在支付业务中鉴别出用户的身份。从市场占有率的增长速度来看，人脸识别的增速最快，在金融业务方面也广为应用。人脸识别的"非接触"相对于其他生物识别有较多优势，既能提升支付速度，也能因不接触身体避免疾病隐患。根据IBG数据，2010年至2014年我国生物识别市场增长率超过60%，预计市场总规模在2020年会达到300亿元。未来随着技术的提升，人脸识别的错误率降低，人工核对的流程减少，生物识别特别是人脸识别在在线支付业务中将发挥更大的作用。

以农业银行为例，用户在ATM前看着摄像头，随后输入支付业务的相关信息，无须银行卡也可快速地进行转账业务的操作。

4. 智能风控的发展现状及对支付业务的影响

AI技术在支付业务的风险控制方面运用大数据、生物识别等科技手段优化了风险控制的模型，使风险控制能力有了较大的提升。对于大额支付业务，AI技术会根据已构建的模型发现并评估风险，如"生物探针"技术，会根据用户握手机的力度、点击屏幕的习惯、移动手机的速度、留在APP页面的时间、浏览记录判别个人用户是否为本人来保证支付业务的安全性。同时机器学习等技术也可在支付过程中发挥作用，自动运行，提取清理数据，提升风控业务处理能力，提升支付业务完成的效率，并大幅降低人力成本。

从我国商业银行的应用来看，2017年，人工智能系统被引入兰州银行，应用在反欺诈、风险事件预警等支付业务中，此系统通过关联关系推理，充分识别出各企业之间的控制、投资及担保关系，企业与个人间的任职关系、股权控制及债权关系，个人与个人之间的关联关系，来降低支付转账的错误率。

5. 区块链的发展现状及对支付业务的影响

区块链发展的第一个阶段为货币信息的转移，主要是货币现金的转移支付；第二个阶段为金融信息的转移，主要为股权的转移；第三个阶段为任何可数字化资源的转移，此资源超出了金融资源，可以是时间、人力资源等资源。目前我国商业银行区块链技术主要还在第一个阶段和第二个阶段，预计未来区块链在跨境支付领域会有快速发展。

商业银行的跨境支付面临中间环节多、时间耗费长、费用高等问题。在支付过程中，不同银行拥有自己的账务系统，跨境交易既需要在各自银行的系统上记录，也要与交易对手进行清算、汇率转换和对账，导致交易时间长，交易成本高。

Ripple 公司在目前国际上从事跨境支付业务的公司中有较多的成熟经验，其基于区块链技术的基础架构协议让不同的支付体系进行交流，无须中央对手方即可进行实时交易，且额度不受传统商业银行的限制。Ripple 的这个技术可让跨境的交易成本降低近 1/3。

目前，国内已经有多家大型商业银行先后加入国际区块链组织，与国际组织设置统一的标准。招商银行研发的跨境直联支付系统将跨境支付时间由小时缩减至秒级，且其安全性较高。但其区块链技术的应用还局限在银行自身系统内，与外界进行云联的能力还需进一步提升。

（四）金融科技在财富管理业务中的应用现状

智能投顾将云计算、大数据、人工智能等技术应用到资产组合模型中，对客户的风险偏好、财务状况、风险承受能力等方面进行评估后，为投资者提供最适合的投资组合。智能投顾是金融科技在财富管理中的最新应用，正以其低成本、无情绪化、定制化的特点改变着传统的投资顾问模式。相对于传统财富管理顾问主要针对高净值人群，智能投顾技术能够实现"一对一"的咨询服务模式，使投资顾问业务能够覆盖到低净值的长尾客户市场，大幅降低了投资者的进入门槛和咨询费率。智能投顾的出现，可以摆脱人工理财顾问自身理论水平和行为偏差的局限，且一定程度上可以减少道德风险。智能投顾能够公开地披露金融产品的选择范围、收费标准等信息，很大程度上能够规避传统人工投顾与客户的利益冲突问题。

智能投顾在我国的发展始于2014年，国内最先开始发展智能投顾业务的是一批互联网创业公司。2014年6月蓝海智投成立，公司在2015年10月上线了国内的首款智能投顾产品。与此同时，银行也开始纷纷发力，竞相布局智能投顾业务，招商银行行动最快，率先在2016年12月推出了"摩羯智投"，成为国内第一家推出智能投顾产品的商业银行。

据统计，截至2018年底，在五家大型商业银行中，工商银行和中国银行都已经在手机APP上分别发布了智能投顾产品，另外，建设银行和农业银行也明确表示在积极推进智能投顾业务。2017年11月13日，工商银行推出"AI投"，客户起购金额为1万元。2018年4月19日，中国银行公开发布"中银慧投"，客户起购金额也为1万元。农业银行选择与百度共建"金融科技联合创新实验室"，2018年2月"农行金融大脑"一期实验室正式投产，在农业银行将要打造的智能银行体系里明确规划有客户画像、智能投顾等方向。农业银行最新一代智能掌上银行建设工程（一阶段）已于2018年5月成功投产上线，其中在掌上银行推出了农银智投板块。建设银行也已提前布局"智能投顾"资管业务新模式，推出以自动化量身定制理财服务为理念的"乾元智投"品牌，通过对互联网、大数据、人工智能、组合优化等技术的综合应用，为客户提供高效便捷、个性化程度高的投资理财顾问服务。

2018年底，在12家股份制商业银行中，已有7家推出了智能投顾产品。自招商银行最早推出"摩羯智投"后，浦发银行也在同月推出了其智能投顾产品——"财智机器人"。它不仅可以在线上为客户提供资产配置服务，还可以与线下平台"财智速配"联动，客户可以在线上同时接收到理财经理线下给出的资产配置方案。之后,兴业银行、光大集团旗下金融控股公司、广发银行、平安银行和中信银行也陆续推出了自己的智能投顾产品。

大型商业银行由于资金技术雄厚,一般倾向于自主研发智能投顾产品。而中小银行除了投入金融科技的资金有限外,发展智能投顾还受制于其IT系统,因此,目前推出智能投顾的城商行仍较少,且多采用与第三方金融科技公司合作的方式推进智能投顾业务。截至2019年3月,有多家商业银行与金融科技服务提供商就智能投顾产品的开发达成合作协议,其中包括南京银行、浙江省农村信用社联合社、郑州银行等(见表15-2)。2017年8月,江苏银行在其手机银行上推出了阿尔法智投功能;2018年9月,华润银行与弘量研究合作推出了"RUN智投"。另外,上海农商银行也在2019年3月14日发布了智能投顾业务系统POC供应商征集公告,拟对外采购智能投顾业务系统。

表15-2　　　　我国商业银行推出智能投顾产品情况

商业银行	智能投顾产品	推出时间
招商银行	摩羯智投	2016年12月
浦发银行	财智机器人	2016年12月
兴业银行	兴业智投	2017年5月
光大集团	光云智投	2017年6月
江苏银行	阿尔法智投	2017年8月
广发银行	广发智投	2017年9月
平安银行	平安智投	2017年9月
工商银行	AI投	2017年11月
中信银行	信智投	2018年1月
中国银行	中银慧投	2018年4月
农业银行	农银智投	2018年6月
华润银行	RUN智投	2018年9月

资料来源:根据公开信息整理。

从目前来看,各家银行在智能投顾的业务模式、流程设计和能够实现

的功能大同小异,可以分为以下几个步骤:

第一步,进行"用户画像",即通过调查了解客户的风险偏好及投资目标。目前,多数银行的风险测评通过调查问卷的形式,获取客户的年龄、家庭年收入、投资年限和经验等信息后,由系统测定客户的风险等级;还有的银行直接让客户自己选择其投资风险偏好,如招商银行,这种方式对客户风险偏好的分析存在比较大的随意性。

第二步,系统依据分析出的客户画像,向客户推荐个性化的投资组合。客户选择了自己希望的投资期限后,系统会根据客户的风险等级和投资期限长短推荐相应的"智能投顾"产品组合,投资者可以看到产品组合的配置详情和比例、组合模拟的回报率及波动率或最大回撤。作为核心机密,目前,各家银行对如何确定"智能投顾"产品组合的投资算法并不对外公开,通过对比发现,不同银行之间对相近风险等级客户提供的产品组合的资产配置差异较大。

第三步,客户投资下单。目前银行的智能投顾产品采用的都是FOF基金组合,客户下单后系统将代理客户分别申购投资组合中的每只基金,同时预估要收取的手续费。

客户购买了组合产品之后,智能投顾产品还会提供后续理财顾问服务:(1)后续资产优化服务。系统会根据市场情况在变化中优化产品组合,并向客户推送动态调仓建议,用户可根据系统建议自主选择进行一键优化。(2)组合投资表现情况分析。客户可以每天在手机APP上看到自己的资产投资收益或损失,同时系统会给出基准数据和历史同期数据,让用户及时了解自己的投资账户信息。

总的来看,我国智能投顾在银行财富管理业务中的应用还处于相对初级的阶段,还存在以下不足:

(1)对客户画像的方式仍相对简单,银行多采用调查问卷的形式分析客户投资风险偏好,并没有利用更多的大数据进行智能分析,例如客户在银行的交易记录、客户的信用记录、资产状况等。

(2)产品的底层资产配置主要为主动管理型公募基金。而智能投顾由于基于计算机算法，更适合投资于采用被动策略、跟踪指数的ETF产品。在美国，被动投资被广泛接受，另外美国ETF市场发展成熟，ETF产品数量多，能够根据投资者风险偏好及收益提供多种组合方式。相比之下，我国ETF产品数量少且结构相对单一，整体规模体量较小。

（3）风险控制与监管仍不完善。智能投顾的核心算法作为各家银行的机密是不透明的，可能会导致监管的缺失。此外，金融机构间智能投顾算法的同质化也可能引发"羊群效应"，影响金融市场的稳定运行。

三、中外银行业金融科技发展的对比与启示

与发达国家相比，我国金融科技发展的一个潜在优势在于规模化的应用与巨大的潜在市场需求，但我国银行业的金融科技由于起步较晚，应用的深度和广度与国外先进银行存在不小的差距。本节重点研究国内外金融科技在银行业的发展对比，思考我国银行业金融科技目前存在的主要问题，从中得到未来发展的启示。

（一）科技创新水平

1. 对比

培育模式多样性有所不同。从外部合作的角度来看，目前国内银行主要依靠和外部公司达成战略合作来培育金融科技，而国外银行除了合作之外，还有投资、收购等多元的模式。从内部孵化的角度来看，目前国内的银行主要通过自主研发或者成立金融科技子公司两种模式，国外银行的内部孵化模式则更加丰富，包括项目加速器或者项目竞赛等很多创新模式。

创新来源范围存在差距。国内银行创新的外部来源主要是互联网公司。国外先进银行的技术来源更加多元，从高校、科研单位、社会智库甚至政府部门等多方引入技术资源。

2. 启示

银行在未来应不断丰富金融科技培育模式的多样性，外部形成战略合

作加投资加并购多位一体模式，内部形成传统模式加项目竞赛等创新模式的全方位发展。同时，建立与高校、科研单位等更多的合作关系，增强研发实力，以更好地支撑银行业金融科技发展。

（二）技术应用水平

1. 对比

（1）从大数据来看，国内银行对于大数据技术的应用已经比较成熟，相关应用已经能够覆盖到银行的前台、中台、后台，与国外先进银行基本处于同一水平。

（2）从云计算来看，国内银行仍然处在以开发私有云为主的金融云发展的早期阶段，而国外银行在这方面很多已升级到混合云为主的研发阶段，因而能够有效降低运营成本。

（3）从人工智能和生物识别来看，国内银行的应用主要集中在前台的服务智能化的创新，后台应用仍然在试点阶段，并且技术的大规模应用还没有开始，而国外银行的应用已经覆盖了前台、中台、后台，尤其是在后台的风险管理场景中已经有了深入的应用。

（4）从区块链来看，国内银行对于区块链的应用主要集中在非核心业务领域的尝试性应用，而国外银行很多已将区块链深入应用到银行跨境转账、融资等能够解决重要业务需求的领域。

总的来说，国内银行对金融科技底层技术的颠覆性改造极为少见，大多仍然局限在短期风险较小的上层应用创新，整体仍然处在初级阶段。而国外银行对于这些技术的应用则更加广泛和深入，技术的底层创新力要强于国内的水平。

2. 启示

（1）推动前台、中台、后台数字化。我国银行未来需要重点加强中台、后台的数字化程度，实现前台、中台、后台数字化流程的一体化。

（2）强化先进技术应用。云计算、人工智能、区块链将是国内银行金融科技未来的重点发展方向。云计算方面，在利用内部私有云整合IT资源的同时，逐步推进与外部公有云的合作，搭建出一个完整的云生态系统。人工智能方面，推动智能业务分析、智能投顾、智能风控全方位发展。区块链方面，对内落实在存贷款核心业务上的应用，对外结合跨行转账、支付等深化应用，同时推进直接面向企业服务的区块链应用。

（三）平台化金融模式

1. 对比

对于平台化金融模式的探索，国内银行各方面的发展程度相较于国外银行仍然存在较大差距。我们分别从直销银行和供应链金融两个方面具体分析、比较国内外的发展。

从直销银行来看，国外的直销银行早在20多年前便已经兴起，发展至今已经较为成熟，能够以精准的用户定位以及极低的经营成本满足最大化利润的需求。而国内的直销银行模式的发展还处在初级阶段。表15-3总结了国内外直销银行模式的对比情况。其中，我国直销银行模式与国外相比最大的不足在于没有很好地做到对客户的明确划分以及对差异化资产的挖掘，无法发挥直销银行的核心竞争力。

表15-3　　　　　　　　国内外银行业直销银行模式比较

差异类别	国内	国外
组织结构	传统银行下设部门，没有足够的独立性	金融集团或银行的独立子公司；与银行合作共享牌照的独立公司
用户定位	尽管多宣称定位于互联网用户、非本行客户等，但在实际运营中没有对用户进行明确划分	比较完善的用户筛选机制
资产区分	与传统银行无明显差别，资产开发仍主要依赖银行原有资源	有自己的特色资产
自主程度	既有自助性较强的简单产品，也有需要线下人工或网点介入的复杂产品	人工服务需求少，效率高

资料来源：零壹研究。

从供应链金融来看，国内银行的供应链金融模式最突出的一个问题是银行对链条中的中小企业资产的真实性难以进行核实，导致其服务的对象局限于大型企业。表 15-4 列示了国内外供应链金融模式的对比情况。

表 15-4　　　　　　　　国内外银行供应链金融模式对比

差异类别	国内	国外
融资主体	大型企业，最多触达一级供应商	融资主体多元化
融资模式	较为单一，局限于企业财务报告中的"存货、应收账款、预付账款"三个科目	较为丰富，允许的担保品种也比较丰富，应收账款融资、订单融资和存货质押融资业务都发展得较为成熟
信用评价体系	对中小企业进行信用评估的信用评级体系不够成熟，失信惩戒机制等机制也尚未有效建立	中小型企业的信用数据丰富，信用评价体系较为完善
风险控制	对风险的度量缺乏科学的方法，主要凭借经验确定利率、质押率、贷款期限和平仓率等重要指标，难以对风险进行有效预警和控制	熟练运用金融科技，风险控制较规范，控制水平较高

资料来源：瑞通咨询。

2. 启示

我国银行未来需要着力推进大数据在直销银行中的应用，从而精准识别客户需求，并不断加强产品创新、挖掘直销银行的差异化资产，进而为银行带来更多的增量客户。借助区块链技术发展供应链金融，从而解决链条信任关系，推动供应链金融的纵向深入发展。

总的来说，未来国内银行业应着力加强金融科技短板，通过数字化转型搭建行内金融科技发展的核心架构，通过技术深度应用提升核心竞争力，通过完善平台化金融模式服务实体经济，进而促进银行业的金融科技发展，提高创新型业务收入。

四、中国银行业的金融科技发展展望

（一）银行业金融科技发展战略与方向

表 15-5 汇总了各上市银行在年报中披露的金融科技发展战略规划。从

表中可以看出,各家银行对于金融科技的发展已经由战略支撑转变为战略引领,金融科技在银行业的整体地位得到强化。

表 15–5　　　　部分上市银行金融科技的战略安排与定位

上市银行	金融科技战略安排与定位
工商银行	组建金融科技部,实施科技体制改革,启动 IT 架构改造工程,全面推进智慧银行建设
建设银行	启动新一轮金融科技"TOP+"战略,成立建信金融科技公司,整合形成七大核心事业群
农业银行	以金融科技和业务创新为驱动,推进产品、营销、渠道、运营、内控、决策等全面数字化转型
中国银行	加强线上线下融合,打造以客户为中心的数字化银行
交通银行	以数字化、智慧化为核心,全面启动集团"新 531"工程,积极探索,向智慧型银行升级换代
邮储银行	深入推进数字化转型,坚持科技引领战略,促进科技与业务深度融合
兴业银行	持续探索金融科技,向"安全银行、流程银行、开放银行、智慧银行"四大目标稳步前行
招商银行	将围绕客户体验、面向金融科技,重新审视银行经营管理的一切,全面开启数字化转型
浦发银行	高度重视"数字化"战略推进,以数字化重点项目为抓手推进数字化转型,实现增长动力转换
民生银行	推动金融科技战略,以"数据+技术"双轮驱动,落实信息科技中长期规划,全力提升数字化、智能化金融服务能力
中信银行	将金融科技作为发展突破口,积极推动大数据、人工智能等新技术在客户经营、产品创新、风险控制等领域的应用
光大银行	加大金融科技创新步伐,严守风险底线,提高服务质量,进一步改善客户体验
平安银行	构建"3+2"科技平台格局,打造口袋银行、口袋财务和行 e 通"三大门户",打造智慧财务和智慧风控"两大心脏"
华夏银行	以"智慧金融,数字华夏"为愿景,确立了整体数字化转型与互联网银行平台创新双轮驱动策略
浙商银行	灵活应变,塑造综合化、数字化、扁平化的有机组织
北京银行	强化科技创新驱动,金融科技为业务赋能
上海银行	加强金融科技创新,促进科技与业务融合
江苏银行	致力于打造"最具互联网大数据基因的银行",强化金融科技应用的战略性地位

续表

上市银行	金融科技战略安排与定位
南京银行	推行全行数字化转型战略,探索和打造与实体经济、金融科技企业不断融合的共享经济圈
宁波银行	不断加速IT基础设施和信息系统建设,通过技术创新、服务创新和产品创新,推动科技支撑能力再上新台阶
盛京银行	强化信息科技对业务发展的支撑引领作用,提高运营管理的智能化水平
杭州银行	由传统银行向新型银行转型,有效推动数字化创新,加快发展智慧银行
天津银行	以科技及数据引领全面数字化布局,成为具有一流客户体验的数字化银行
中原银行	提升科技与研发能力,向科技银行、数字银行转型
重庆农村商业银行	持续加大技术开发投入,加快科技信息系统改造升级
广州农商银行	继续深化改革创新推进转型升级,加大科技信息系统改造升级
常熟银行	围绕"数字化、智能化"战略,不断推动科技和金融深度融合
江阴银行	围绕精准、创新、科技三个关键词,积极践行普惠金融

资料来源:2018年各银行年度报告。

各家银行提出的金融科技发展战略虽然各有侧重,但整体上主要聚焦于两个方向。

(1)聚焦银行智能化战略。当今银行业的服务重点在向客户体验主导型转变,在这样的背景下,银行把战略重点放在技术设备、商业模式以及业务流程等多个维度的智能化重构上,打造精准满足客户需求的智能银行。

(2)聚焦银行轻型化战略。在组织结构方面,银行逐渐实现由原本的层级制结构向扁平化体系的转变,在总行设立开展金融科技事业部或是成立专门的金融科技子公司来支持金融科技的快速发展;在后台风控方面,利用新兴技术优化风险管理的方式,由"经验依赖"逐步过渡到"数据依赖"模式;在管理机制方面,打造内部孵化器并革新信息系统的组织和流程来鼓励金融科技创新。

为了实现上述战略、培育金融科技,银行有三种可供选择的路径,在不同的情境下,银行应针对具体情况进行考量。

(1)投资、并购或成立股权投资基金。对于存在颠覆性科技成果的金融科技公司,银行可以考虑通过投资或收购的方式来间接拥有其创新产品。

(2)与金融科技公司合作或合资。对于一些银行需要集中突破的特定领域,银行可以选择与金融科技公司进行合作或合资,借助科技公司的特定技术来解决银行的问题。

(3)设立子公司作为孵化器。如果银行着力培养自身的独立研发能力,则可以建立一些子公司作为孵化器(如金融科技实验室等),通过这个孵化机构来对接互联网公司、高校等,从而在培育科技研发能力的同时吸收储备相关人才。

(二)不同类型银行金融科技发展战略与路径

1. 大型银行——发挥资源优势构建平台化发展战略

大型银行的资源实力雄厚,一方面,可以在细分领域与金融科技公司合作开展探索,如农行与百度合作打造的"金融科技联合实验室"模式;另一方面,相比于技术的创新,大型银行更应该注重的是充分整合资源,构建集多种金融服务为一体的平台化生态系统。具体的实施路径可以和运营商及电商公司进行合作,以客户需求为导向,金融服务为核心,开源服务为支撑,通过金融服务应用程序接口的方式对外开放其金融资源。在这种模式下,银行可以在多元化场景和平台上建立客户入口,同时将理财、融资、支付等多项服务融入其中。另外,对于一些实力较为雄厚的大行来说,未来可以逐渐实现由金融产品服务平台向互联网金融完善配套方案输出方的转型。

2. 中小银行——针对自身优势打造差异化发展模式

中小银行不具备资源优势,不宜效仿大型银行走平台化战略,而应该立足于自身优势,打造差异化金融科技发展模式。一方面,可以采用防守型策略提高现有客户的黏度,通过直销银行、移动支付等方式的组合实现金融服务的优惠、便捷化。对于中高端客户来说,则可以借助金融科技为他们提供特色的定制化产品。另一方面,可以采用进攻型策略争取更多的客户,通过金融科技打造接地气的差异化服务,实现中小银行金融科技的特色发展之路。

从实施路径来讲，首先，中小银行应该加强与金融科技公司的合作，尤其是对于其重点打造的差异化业务更要积极借鉴金融科技公司的经验技术，从而在最短的时间内补足自身的短板，并在较低的成本下享受到技术红利。另外，对于缺乏规模效应的中小银行来说，未来想要在金融科技领域占据一席之地，应该考虑相互合作、抱团取暖，比如，及时进行数据互通，以产品互享的方式提高其科技竞争力。

总的来说，无论是大型银行还是中小银行，都应该结合自身特点探索出适合自己的金融科技发展之路，以更好地适应客户与市场的变化。

参考文献

第一章 金融科技对银行支付业务的影响

[1] 曹静，王薇. 借鉴国外第三方支付经验促进我国第三方支付发展 [J]. 物流科技，2009，32（6）：143-144.

[2] 程华，杨云志. 区块链发展趋势与商业银行应对策略研究 [J]. 金融监管研究，2016（6）：73-91.

[3] 何朔，蒋海俭，祖立军. 云计算在电子支付领域中的应用综述 [J]. 软件产业与工程，2012（6）：19-22+40.

[4] 黄建康，赵宗瑜. 互联网金融发展对商业银行的影响及对策研究——基于价值体系的视域 [J]. 理论学刊，2016（1）：61-68.

[5] 贾宗敏. "网联"时代即将开启第三方支付监管升级 [J]. 农村金融研究，2017（9）：4-5.

[6] 焦玉晴. 基于区块链与数字货币下的商业银行支付管理研究 [J]. 会计师，2018，17：40-41.

[7] 李宾，林雪，彭牧泽. 第三方支付对商业银行传统业务的影响研究 [J]. 商业会计，2016（16）：26-29，81.

[8] 林江鹏，朱诗雨. 浅析移动支付的发展现状与问题 [J]. 现代营销（下旬刊），2018（8）：33-34.

[9] 林泽殷. 人工智能支付的机遇、风险及防控策略 [J]. 金融科技时代，2017（11）.

[10] 陆岷峰，虞鹏飞. 第三方支付对商业银行支付结算业务的影响研究 [J]. 兰州财经大学学报，2016，32（4）：102-110.

[11] 马理，朱硕. 区块链技术在支付结算领域的应用与风险 [J]. 金融评论，2018（1004）：83-94，121.

[12] 饶明杰. 我国商业银行拓展移动支付业务的策略研究 [J]. 南方金融，2017（2）：64-69.

[13] 汤敏，张乐. 运用区块链技术改进我国支付体系的思考 [J]. 甘肃金融，2018（9）：27-30，35.

[14] 王冬. 网上银行发展现状及趋势解析 [J]. 中国金融电脑，2007（1）：8-11.

[15] 王祥峰，张新建. 第三方支付领域大数据技术应用论 [J]. 金融科技时代，2017（11）：53-55.

[16] 谢平，邹传伟. 互联网金融模式研究 [J]. 金融研究，2012（12）：11-22.

[17] 尹龙. 数字化时代的中国银行业：网上银行的发展与监管 [J]. 金融研究，2003（4）：105-117.

[18] 赵飞. 人工智能及其在计算机网络技术中的运用分析 [J]. 电脑知识与技术，2017（3）.

[19] 郑艳. 存亡之争？——传统银行在互联网金融环境下的战略选择 [D]. 上海：复旦大学，2013.

第二章　金融科技对银行负债业务的影响

[1] 白玮炜，符阳升. 互联网理财产品给银行业带来的挑战 [J]. 金融经济，2018（2）：45-46.

[2] 高小雅. 我国互联网理财产品对商业银行的经营影响研究 [J]. 金融经济，2016.

[3] 李琦斓，冯杰礼. 浅谈互联网金融的发展对商业银行资产负债管理的影响及其应对措施 [J]. 经济论坛，2014（3）：168-169.

[4] 李泉，马黄龙. P2P对银行业资产端和负债端的影响研究——基于中国8个典型地区面板数据的实证分析 [J]. 发展研究，2017（2）：59-66.

[5] 刘宜. 互联网金融对传统商业银行负债业务影响程度分析 [J]. 国际商务财会，2015（9）：77-81.

[6] 马梦瑶. 互联网金融对传统金融的冲击研究 [J]. 经济研究，2018（2）：48.

[7] 杨润坤. 互联网金融理财产品对银行业的影响——以余额宝为例 [J]. 青海金融，2014（4）：26-28.

[8] 赵艳，陆艳红，柯爱娜，李叶乔. 资产负债表视角下互联网金融对商业银行的影响研究 [J]. 区域金融研究，2015（5）：29-34.

[9] 零壹智库，小赢理财. 中国互联网理财人年度分析报告 [EB/OL]. [2018-11-10]. https://baijiahao.baidu.com/s?id=1593011692071946381&wfr=spider&for=pc.

[10] 中国人民银行网站 [EB/OL]. [2018-11-10]. http://www.pbc.gov.cn/.

[11] 中国银行保险监督管理委员会网站 [EB/OL]. [2018-11-10]. http://www.cbrc.gov.cn/index.html.

[12] 中国证券监督管理委员会网站 [EB/OL]. [2018-11-10]. http://www.csrc.gov.cn/pub/newsite.

第三章　金融科技对银行信贷业务的影响

[1] MILLER M. Credit reporting systems and the international economy[M]. Massachusetts

Institute of Technology，2003.

[2] WEN Y，ZHANG K，LI Z，et al. A Discriminative Feature Learning Approach for Deep Face Recognition[M]. Computer Vision – ECCV 2016. Springer International Publishing，2016：11-26.

[3] 陈镇洪，廖昌华，陈翰波. 人工智能在金融行业各环节的应用实践 [J]. 金融科技时代，2018（8）：17-23.

[4] 董美隆. 互联网金融对银行传统贷款业务的影响 [J]. 金融观察，2018（11）：46.

[5] 胡亮. 人工智能在金融风控中的探索与实践 [J]. 清华金融评论，2018（6）：102-104.

[6] 李文红，蒋则沈. 金融科技（FinTech）发展与监管：一个监管者的视角 [J]. 金融监管研究，2017（3）.

[7] 刘新海，丁伟. 美国 ZestFinance 公司大数据征信实践 [J]. 征信，2015，33（8）：27-32.

[8] 廖志明. 详解微众银行, 见证金融科技的力量 [J]. 天风证券研究报告，2018(9)：7-14.

[9] 龙璁. "区块链" 技术在银行信贷管理业务中的运用探析 [J]. 中国城市金融，2017（9）：39-42.

[10] 廖月丽. 互联网金融对我国商业银行存贷款及中间业务影响的研究 [D]. 泉州：华侨大学硕士学位论文，2018：15-25.

[11] 李雯雯. 互联网金融时代, 商业银行如何发展 ?[J]. 特区经济，2014（3）：142-144.

[12] 钱琨. 互联网金融对商业银行贷款业务的影响分析 [J]. 财经论坛，2017，22（73）：124-125.

[13] 孙国茂，李猛. 区块链技术在个人征信领域应用研究——基于数字普惠金融视角 [J]. 公司金融研究，2017（1）：118-129.

[14] 汤俊, 莫侬雯. 基于数据挖掘技术的车险反欺诈系统构建 [J]. 上海保险，2013(11)：39-42+63.

[15] 唐振韬，邵坤，赵冬斌，等. 深度强化学习进展：从 AlphaGo 到 AlphaGo Zero[J]. 控制理论与应用，2017（12）：1529-1546.

[16] 王茜，程都. 人工智能如何影响银行业转型 [J]. 银行家，2017（10）：134-135.

[17] 旭川，黄余送，张晓艳. 互联网信贷、信用风险管理与征信 [J]. 金融研究，2014(10)：144-147.

[18] 夏洋洋. 基于深度学习的非限定条件下人脸识别研究 [D]. 成都：西南交通大学，2017.

[19] 杨力菲. 基于区块链技术构建我国商业银行信贷信息系统的探讨 [J]. 武汉金融，2018（5）：70-73.

[20] 中国人民银行征信中心与金融研究所联合课题组，纪志宏，王晓明，曹凝蓉，金中夏，伍旭川，黄余送，张晓艳. 互联网信贷、信用风险管理与征信 [J]. 金融研究，2014（10）：144-147.

[21] 朱良平. 大数据在银行信贷业务中的应用实践及建议 [J]. 中国金融计算机，2015（12）：32-27.

第四章　金融科技对银行财富管理业务的影响

[1] BANK C M. Bain & Co. China Private Wealth Report[R]. 2018.

[2] BECCERA J. Transforming the Client Experience. BCG Report Global Wealth 2017[R]. Boston，Boston Consulting Group，sept，2017.

[3] CHISHTI S，BARBERIS J. The FinTech Book：the Financial Technology Handbook for Investors，Entrepreneurs and Visionaries[M]. John Wiley & Sons，2016.

[4] HORAN S M. The Future of Wealth Management：Unpicking Where the Puck is Going[R]. CFA Instittute，2015：1-4.

[5] SUISSE C. Credit Suisse Global Wealth Databook 2015[R]. [2018-11-15]. Obtenido de Department of Economics Western University：http：//economics. uwo. ca/people/davies_docs/credit-suisseglobal-wealth-report-2014. pdf，2015.

[6] 戴丹. 互联网金融发展对家庭财富管理影响研究 [D]. 杭州：浙江大学，2016.

[7] 李皓. 资管新规对并购基金的影响 [J]. 收藏，2018（2）：7.

[8] 沐华，屈俊. 财富管理——未来商业银行转型的重点 [J]. 银行家，2017（1）：40-43.

[9] 吴敏文. 资管新规下私募基金发展之路 [J]. 清华金融评论，2018（4）：48-50.

[10] 杨志宏，尹志娟. FinTech 在全球金融领域应用的最新进展综述 [J]. 黑龙江金融，2017（2）：21-23.

[11] 张哲宁. FinTech+ 财富管理：做强商业银行财富管理品牌 [J]. 清华金融评论，2017（3）：86-88.

第五章　摩根大通集团的金融科技发展现状与规划

[1] 李宏鹏. 摩根大通公司发展评析 [J]. 金融理论与教学，2017（2）：88-89.

[2] 胥朝阳，杨青. 摩根大通银行的并购策略与绩效分析 [J]. 新金融，2011（3）：20-24.

[3] 杨飞. 摩根大通 FinTech 发展策略解析及启示 [J]. 杭州金融研修学院报，2018（1）：

51-54.

[4] 余丰慧. 银行业的出路在于拥抱科技金融 [J]. 金融经济, 2016（12）: 25-26.

[5] Finextra. 数据可视化创企 Mosaic Smart Data 获摩根大通投资 [EB/OL]. [2018-03-05]. http://www.sohu.com/a/225605260_115173.

[6] Finlab 官网 [EB/OL]. [2018-10-25]. http://finlab.cfsinnovation.com/.

[7] In-Residence 官网 [EB/OL]. [2018-10-27]. https://www.jpmorganchina.com.cn/country/CN/ZH/in-residence.

[8] NVIDIA 官网 [EB/OL]. [2018-10-27]. https://www.nvidia.cn/object/tesla-testimonials-jpmorgan-cn.html.

[9] 爱分析. 2018 中国金融科技行业报告 [R]. https://www.useit.com/thread-19182-1-1.html.

[10] 华尔街见闻. 大象狂奔，地表最强大的投行高盛摩根转型金融危机 [EB/OL]. [2018-10-25]. https://wallstreetcn.com/articles/3435380.

[11] 摩根大通集团官网 [EB/OL]. [2018-10-26]. https://www.jpmorganchase.com/.

[12] 搜狐财经. OnDeck：发起贷款额涨 27% 三季度亏损达 1660 万美元 [EB/OL]. [2018-11-11]. http://www.sohu.com/a/118151018_188668.

[13] 新浪财经综合. 硅谷有史以来最大押注：摩根大通雇千人专注金融科技 [EB/OL]. [2018-10-21]. http://finance.sina.com.cn/stock/usstock/c/2018-10-21/doc-ifxeuwws6595462.shtml.

[14] 英伟达（NVIDIA）Tesla.GPU 为摩根大通的风险运算助一臂之力 [EB/OL]. [2018-10-25]. https://m.mydrivers.com/newsview.aspx?id=201414.

[15] 云安全联盟 CSA. 金融云安全：美国七大顶尖银行在人工智能中的实践 [EB/OL]. [2018-11-23]. http://www.sohu.com/a/151522863_785543.

[16] 中国金融. 从摩根大通实例管窥国际银行金融科技的应用情况 [EB/OL]. [2018-10-28]. http://www.cnfinance.cn/blog/article.php?uid=36&id=2089.

[17] 中国证券网. 摩根大通：科技变革将推动跨行业并购 [EB/OL]. [2018-11-09]. http://www.cs.com.cn/xwzx/hwxx/201804/t20180409_5768448.html.

[18] 中盈网. 美国银行如何使用 API 共享数据 [EB/OL]. [2018-11-12]. http://www.sohu.com/a/190379233_99991171.

第六章　高盛集团的金融科技发展现状与规划

[1] ENDLICH, LISA. Goldman Sachs: The Culture of Success [M]. New York: A.A. Knopf, 1999.

[2] GIROUX, GARY. Accounting Fraud: Maneuvering and Manipulation, Past and Present [M]. Business Expert Press, 2013.

[3] HALL, JESSICA. Goldman Sachs to be regulated by Fed [DB/OL]. Reuters, 2008.

[4] KMPG. The Pulse of FinTech 2018, Biannual global analysis of investment in FinTech [R]. 2018.

[5] WILLIAM D. COHAN. Money and Power: How Goldman Sachs Came to Rule the World [M]. Penguin Random House, 2012.

[6] 查尔斯·埃利斯. 高盛帝国 [M]. 北京：中信出版社，2015.

[7] 金融稳定理事会（FSB）. 金融科技的全景描述和分析框架报告 [R]. 2016.

[8] 李思琪. 大象转身，地表最强投行高盛开启转型之路 [DB/OL]. 金融科技微洞察，2018.

[9] 亿欧智库. 走下神坛的高盛，能否依靠金融科技再创辉煌？ [DB/OL]. https：//www.iyiou. com/intelligence/insigtt59384. html. 2017.

[10] 朱丽娜. 在港首推散户认购基金 高盛资管欲借道拓展内地市场 [N]. 21 世纪经济报道，2018-10-31.

[11] DAN CRUZ. Opportunities and Challenges in Online Marketplace Lending U.S. Department of Treasury [EB/OL]. [2018-11-12]. https：//www.treasury.gov/connect/blog/Pages/Opportunities-and-Challenges-in-Online-Marketplace-Lending.aspx.

[12] HUGH SON. Goldman Sachs' incoming boss is already shaking things up, names new management team [EB/OL]. CNBC，[2018-11-12]. https：//www.cnbc.com/2018/09/13/goldman-sachs-cfo-martin-chavez-to-step-down-dj-citing-sources.html.

[13] MICHAEL REILLY. The Download, Feb 7, 2017: There Is a Troll in All of Us, TVs That Spy On You, and Automating Wall Street [EB/OL]. MIT Technology Review, [2018-11-12]. https：//www.technologyreview.com/s/603588/the-download-feb-7-2017-there-is-a-troll-in-all-of-us-tvs-that-spy-on-you-and-automating/.

[14] NANETTE BYRNES. As Goldman Embraces Automation, Even the Masters of the Universe Are Threatened [EB/OL]. MIT Technology Review, [2018-11-14]. https：//www.technologyreview.com/s/603431/as-goldman-embraces-automation-even-the-masters-of-the-universe-are-threatened/.

[15] TANAYA MACHEEL. Goldman Sachs launches in-house incubator [EB/OL]. Tearsheet, [2018-11-14]. https：//www.tearsheet.co/funding/goldman-sachs-launches-in-house-incubator.

[16] TANAYA MACHEEL. Goldman Sachs has Hired a Crypto Trader [EB/OL]. Tearsheet, [2018-11-14]. https：//www.tearsheet.co/blockchain-crypto/goldman-

sachs-has-hired-a-crypto-trader.

[17] TANAYA MACHEEL. "Creating a Digital Storefront": Why Goldman Sachs' Marcus Bought a Two-year-old PFM APP [EB/OL].Tearsheet，[2018-11-15]. https：//www.tearsheet.co/funding/creating-a-digital-storefront-why-goldman-sachs-marcus-bought-a-two-year-old-pfm-app.

[18] ZACK MILLER. How Marcus by Goldman Sachs Took to the Streets of New York to Market Its High Yield Savings Account [EB/OL].Tearsheet，[2018-11-15]. https：//www.tearsheet.co/marketing/how-marcus-by-goldman-sachs-took-to-the-streets-of-new-york-to-market-its-high-yield-savings-account.

[19] 新浪财经. 那个想要颠覆彭博的 Symphony，现在活得怎么样？[EB/OL]. [2018-11-15]. http：//finance.sina.com.cn/stock/stockzmt/2018-08-16/doc-ihhvciiw1351732.shtml.

第七章　美国银行的金融科技发展现状与规划

[1] Bank of America. Annual Report[R]. 2017 & 2018.

[2] 罗小勇. 智能金融的沿革 [R]. 2018-11-03.

[3] 袁勇，王飞跃. 区块链技术发展现状与展望 [J]. 自动化学报，2016，42（4）：481-494.

[4] Bianews. 美国银行. 区块链行业的规模可能达到 70 亿美元. [EB/OL]. （2018-10-05）[2018-11-10]. http：//www.sohu.com/a/257751701_115060.

[5] 凤凰网科技. 美国银行 CEO：我们拥有大量区块链专利 [EB/OL]. （2018-01-25）[2018-11-10]. http：//tech.ifeng.com/a/20180125/44860135_0.shtml.

[6] 方凯. 美国银行再次申请区块链专利 [EB/OL]. （2018-08-25）[2018-11-10]. https：//www.leiphone.com/news/201808/yG8ZZghpBh9u96FC.html.

[7] 搜狐科技. 美国银行首席技术官对区块链技术持"悲观"态度 [EB/OL]. [2019-04-05]. http：//www.sohu.com/a/304074989_114774?spm=smpc.csrpage.news-list.1.1554627269892urN6JY7.

[8] 搜狐科技. 人工智能重塑美国银行货币研究 [EB/OL]. （2018-07-06）[2018-11-11]. https：//mp.weixin.qq.com/s?__biz=MjM5MzU1NTQzNQ%3D%3D&idx=1&mid=2650128099&sn=ee155e58badb2ba0c234f209bc514568.

[9] 腾讯科技. 大跌眼镜——美国银行超越 IBM 等成为拥有区块链专利最多的公司 [EB/OL].（2018-01-17）[2018-11-11]. http：//tech.qq.com/a/20180117/005164.htm.

[10] 腾讯科技. 美国两家银行实现用 Apple Pay 在 ATM 上交易 [EB/OL].（2016-01-29）

[2018-11-13]. https：//tnw.qq.com/a/20160129/021630.htm.

[11] 新浪科技. AI 走进银行：美国银行将用人工智能处理企业应收账款 [EB/OL]. （2017-08-24）[2018-11-13]. http：//tech.sina.com.cn/roll/2017-08-24/doc-ifykiurx1394999.shtml.

第八章　富国银行的金融科技发展现状与规划

[1] 鲍忠铁. 未来金融之美 [J]. 金融博览，2014（10）：17-19.

[2] 秦寅霄. 国外商业银行自助渠道功能创新与定位转型 [J]. 银行，2017（4）：100-102.

[3] 王鹏飞. 浅析大数据战略对"智慧银行"建设的启示——以富国银行为例 [J]. 精品，2016（6）：131.

[4] 温铁军，谢欣. 富国银行的社区模式 [J]. 中国金融，2016（1）：74-75.

[5] 温信祥. 从富国银行看大银行如何提供小微金融服务 [J]. 新金融，2015（1）：32-36.

[6] 晁玉忠. VR 技术在银行业的应用探析 [J]. 数字通信世界，2018（4）：152.

[7] Chris，2014. 富国银行的转型升级之路 [EB/OL]. （2014-06-24）[2018-11-10]. http：//blog.sina.com.cn/s/blog_43b66e2f0101ldif.html.

[8] PANKAJ MARU. Wells Fargo：In the Midst of Data Transformation Journey，ETCIO [EB/OL]. （2018-06-21）[2018-11-10]. www.cio.economictimes.indiatimes.com.

[9] Zelle 官网. https：//www.zellepay.com/.

[10] 富国银行官网. https：//www.wellsfargo.com/com/industry/technology-banking/financial-technology.

[11] 美国朗迪峰会官网. http：//original.lenditFinTech.cn/usa/2018.html.

第九章　花旗银行的金融科技发展现状与规划

[1] ALEX PERALA. Citibank Deepens Commitment to Biometric Authentication With Touch ID [EB/OL]. （2016-11-07）[2018-11-05]. https：//findbiometrics.com/citibank-touch-id-311073/.

[2] Business Insider Intelligence. Citi has unveiled its own mobile wallet called Citi Pay [EB/OL]. （2016-11-11）[2018-11-05]. https：//www.businessinsider.com/citi-has-unveiled-its-own-mobile-wallet-called-citi-pay-2016-11.

[3] CAREY KOLAJA. Citi FinTech's Customer-Driven Journey：Our Latest Mobile

Enhancements [EB/OL]. （2017-10-04）[2018-11-05]. https：//blog.citigroup.com/citi-FinTechs-customer-driven-journey-our-latest-mobile-enhancements.

[4] Citigroup. Citi Enables P2P Payments with Zelle Network^{SM} [EB/OL].（2017-06-12）[2018-11-07]. https：//www.citigroup.com/citi/news/2017/170612a.htm.

[5] Citigroup. Citi Launches Innovation Lab in London [EB/OL].（2018-02-12）[2018-11-07]. https：//www.citigroup.com/citi/news/2018/180212b.htm.

[6] Citigroup. Citi Launches Mobile APP Combining Banking，Wealth Management and Money Movement [EB/OL].（2016-12-08）[2018-11-07]. https：//www.citigroup.com/citi/news/2016/161208a.htm.

[7] Citigroup. Nasdaq and Citi Announce Pioneering Blockchain and Global Banking Integration [EB/OL].（2017-05-02）[2018-11-07]. https：//www.citigroup.com/citi/news/2017/170522a.htm.

[8] Citigroup. Citi Tops 1 Million Mark for Voice Biometrics Authentication for Asia Pacific Consumer Banking Clients [EB/OL].（2017-03-20）[2018-11-10]. https：//www.citigroup.com/citi/news/2017/170321b.htm.

[9] Citigroup. Citibank Announces National Digital Banking to Serve Clients Across the U.S. [EB/OL].（2018-03-26）[2018-11-10]. https：//www.citigroup.com/citi/news/2018/180326b.htm.

[10] Citi GPS. Digital Disruption，How FinTech is Forcing Banking to a Tipping Point [EB/OL].（2016-03-01）[2018-11-10]. https：//www.citivelocity.com/citigps/digital-disruption.

[11] DELTON RHODES. A Closer Look at Citi's Efforts in Blockchain and Crypto [EB/OL].（2018-08-22）[2018-11-10]. https：//coincentral.com/citi-blockchain.

[12] Euromoney. World's Best Digital Bank 2017：Citi. [EB/OL].（2017-07-06）[2018-11-07]. https：//www.euromoney.com/article/b13pwgqqmt2fy6/world39s-best-digital-bank-2017-citi.

[13] Finextra. Voice Biometrics Prove a Hit for Citi in Asia Paficic [EB/OL].（2017-03-23）[2018-11-07]. https：//www.finextra.com/newsarticle/30327/voice-biometrics-prove-a-hit-for-citi-in-asia-paficic.

[14] FinTech Futures. Where top US banks are Investing in FinTech – CB Insights [EB/OL].（2017-08-14）[2018-11-07]. https：//www.bankingtech.com/2017/08/where-top-us-banks-are-investing-in-FinTech-cb-insights.

[15] HighRadius. Citi Partners with FinTech High Radius to Launch Citi SmartMatch Powered by Artificial Intelligence and Machine Learning [EB/OL].（2018-07-12）[2018-11-05]. https：//www.highradius.com/news/citi-partners-with-FinTech-

highradius-to-launch-citi-smart-match-powered-by-artificial-intelligence-and-machine-learning/.

[16] JUSTIN LEE. Citibank Introduces Biometric Banking and Finance Mobile APP [EB/OL]. （2016-12-12）. https：//www.biometricupdate.com/201612/citibank-introduces-biometric-banking-and-finance-mobile-app.

[17] LEENA RAO. Citibank Launches Challenge to Apple and Google With Citi Pay [EB/OL]. （2016-11-10）. http：//fortune.com/2016/11/10/citibank-citi-pay/.

[18] Robust Tech House. US Blockchain Banking Race Between Citibank，Goldman Sachs And JP Morgan [EB/OL]. （2016-02-17）. https：//robusttechhouse.com/us-blockchain-banking-race-citibank-goldman-sachs-jp-morgan/.

[19] SIMON ZHEN. Mobile Check Deposit Limits at the Top U.S. Banks [EB/OL]. （2018-09-17）. https：//www.mybanktracker.com/news/comparing-mobile-check-deposit-limits.

[20] YEN NEE LEE. Citi launches a Facebook Messenger "chatbot"[EB/OL].（2018-03-15）. https：//www.cnbc.com/2018/03/15/citi-launches-chatbot-on-facebook-messenger-for-singapore-customers.html.

第十章　汇丰银行的金融科技发展现状与规划

[1] 汇丰控股有限公司. HSBC Holdings plc Annual Report and Accounts 2017[R]. 2018.

[2] 余丰慧. 金融科技：大数据、区块链和人工智能的应用与未来 [M]. 杭州：浙江大学出版社，2018：13.

[3] 张明德，等. 商业银行密码技术应用 [M]. 北京：电子工业出版社，2011：51.

[4] Asia Digital Strategy-April 2016，HSBC Group Corporate Website [EB/OL]. [2018-12-12]. https：//www.hsbc.com.

[5] HSBC Strategy Update 2018，News Release，HSBC Group Corporate Website [EB/OL]. [2018-12-10]. https：//www.hsbc.com.

[6] 汇丰控股集团. 金融科技蓬勃　银行业危机并存 [EB/OL]. [2018-12-16]. https：//www.about.hsbc.com.hk/zh-hk/news-and-media/media-coverage-pw-oped-on-FinTech-hkej.

[7] 汇丰控股有限公司 .HSBC Group Corporate Website [EB/OL]. [2018-12-16]. https：//www.hsbc.com.

[8] 汇丰银行 2018 年 6 月投资者简报，HSBC Group Corporate Website [EB/OL]. [2018-12-16]. https：//www.hsbc.com.

[9] 人工智能观察. 汇丰银行引入 AI 技术，洗钱行为或许将"一扫而空"[EB/OL]. [2018-12-16]. http：//www.sohu.com/a/227753288_703270.

第十一章　巴克莱银行的金融科技发展现状与规划

[1] 郭非. 人工智能在商业银行中的应用 [J]. 现代商贸工业，2018，39（30）：110-111.

[2] 韩丽菲. 浅议人工智能给商业银行带来的影响 [J]. 科技经济导刊，2018（29）：40-44.

[3] 霍学文."区块链+"时代的到来 [J]. 中国科技投资，2017（3）：1-3.

[4] 李焕君. 中美英金融科技监管模式对比及中国监管思路 [J]. 品牌研究，2018（8）.

[5] 区块链：机遇与挑战 [J]. 银行家，2016（7）：10.

[6] 孙浩，赵欣. 现金的未来："数字货币社会"?[J]. 经济研究参考，2017（54）：25.

[7] 姚博. 比特币、区块链与 ICO：现实和未来 [J]. 当代经济管理，2018（9）：82-89.

[8] 张懿. 走在世界前沿的英国金融科技 [J]. 经贸实践，2018（14）：26-27.

[9] AI：A New Age of Intelligent Banking（2017）[EB/OL]. [2018-11-16]. https：//www.barclayscorporate.com/insight-and-research/technology-and-digital-innovation/ai-intelligent-banking.html.

[10] Barclays Helps SMEs Access "Big Data"to Aid Growth [EB/OL]. [2018-11-16]. http：//newsroom.barclays.com/r/3336/barclays_helps_smes_access__big_data__to_aid_growth.

[11] Barclays Launches New Agri-tech Team [EB/OL]．[2018-11-16]. http：//newsroom.barclays.com/r/3663/barclays_launches_new_agri-tech_team　．

[12] Barclays Partners with AccessPay to Offer Additional Connectivity Channel for Corporate Clients [EB/OL]．[2018-11-16]. http：//newsroom.barclays.com/r/3231/barclays_partners_with_accesspay_to_offer_additional.

[13] FinTech and Innovation：Past and Future [EB/OL]．[2018-11-16]. https：//www.barclayscorporate.com/insight-and-research/technology-and-digital-innovation/FinTech-and-innovation.html.

[14] Financial Institutions Embrace Artificial Intelligence [EB/OL]．[2018-11-16]. https：//www.barclayscorporate.com/insight-and-research/technology-and-digital-innovation/artificial-intelligence.html.

[15] JESSICA GALANG. Ryerson Futures Partners with Barclays to Launch FinTech Accelerator in Mumbai [EB/OL]．[2018-11-16]. https：//betakit.com/ryerson-futures-partners-with-barclays-to-launch-FinTech-accelerator-in-mumbai.

[16] JOEL WATSON. How Does Barclays Envisage the Future of FinTech? [EB/OL]. [2018-11-16]. https：//www.hottopics.ht/19763/how-does-barclays-envisage-the-future-of-FinTech/.

[17] PETE RIZZO. How Barclays Used R3's Tech To Build a Smart Contracts Prototype [EB/OL]．[2018-11-16]．https：//www.hottopics.ht/19763/how-does-barclays-envisage-the-future-of-FinTech.

[18] 刘光仿．金融科技驱动商业银行智能化转型战略思考 [EB/OL]．（2018-10）[2018-11-16]．https：//baijiahao.baidu.com/s?id=1614650958058578865&wfr=spider&for=pc.

[19] 人工智能：银行应用人工智能技术的现状与未来 [EB/OL]. [2018-11-16]. http：//www.sohu.com/a/125258626_557550.

[20] 万木．如何突围　借鉴国际银行布局金融科技范本 [EB/OL]．[2018-11-16]. https：//mp.weixin.qq.com/s/GsecpN2XlBa81xYaOKDKTg.

第十二章　德意志银行的金融科技发展现状与规划

[1] 金昱．德意志银行改革战略解析 [J]．中国金融，2015（21）：38-39.

[2] 梁丽雯．德银金融科技战略启示：合作、开放 [J]．金融科技时代，2017，25（11）：92.

[3] 王应贵，胡妍斌．德意志银行百年兴衰对国内商业银行的启示 [J]．金融与经济，2018（8）：68-75.

[4] 杨飞．德意志银行金融科技战略及实践 [J]．中国工商银行城市金融研究所研究报告，2017（116）．

[5] Deutsche Bank. Deutsche Bank Innovation Labs [EB/OL]. [2018-12-15]. http：//labs.db.com/.

[6] Deutsche Bank. Deutsche Bank Launches its Asia Pacific Innovation Lab in Singapore [EB/OL]. [2018-12-15]. https：//www.db.com/newsroom_news/2018/deutsche-bank-launches-its-asia-pacific-innovation-lab-in-singapore-en-11729. htm.

[7] Deutsche Bank. GTB_FinTech_Whitepaper [EB/OL]. [2018-12-15]. https：//www.FinTech.finance/wp-content/uploads/2016/02/GTB_FinTech_Whitepaper_A4_SCREEN.

[8] Deutsche Bank. FinTech Europe [EB/OL]. [2018-12-15]. https：//www.db.com/company/en/FinTech-europe.htm.

[9] Allianz，Axel Springer，Daimler，Deutsche Bank with Postbank，Core，and Here to Launch Joint Platform for Online Registration，E-identity and Data Services [EB/OL].（2017-05-08）[2018-11-07]. https：//media.daimler.com/marsMediaSite/en/instance/

ko.xhtml?oid=17139510&ls=L3NlYXJjaHJlc3VsdC9zZWFyY2hyZXN1bHQueGh0bWw_c2VhcmNoU3RyaW5nPURldXRzY2hlJnNlYXJjaElkPTAmc2VhcmNoVHlwZT1kZXRhWxlZCZyZXN1bHRJbmZvVHlwZVBhZ2luZz1Ob05lJmVuZGRhdGU9MDAmZW5kd2Vla2RheT0wMCZzdGFydGRhdGU9VudHNmbRleD01JnZpZXdUeXBlPWxpc3Qm c29ydERlZmluaXRpb249249UFVCTElTSEVWEX0FULTI!&rs=5.

[10] [Webinar] Open Banking Transformation and Disruption. Deutsche Bank，Allianz and Auto1 create car financing platform [EB/OL].（2018-06-19）[2018-11-07]. https：//www.finextra.com/newsarticle/32267/deutsche-bank-allianz-and-auto1-create-car-financing-platform.

[11] 王志远. 德意志银行在重重危机中开启艰难转型 [EB/OL]. [2018-12-15]. http：//finance.china.com.cn/roll/20160818/3864484.shtml.

第十三章　荷兰国际集团的金融科技发展现状与规划

[1] 2015-2017 Annual Report ING Groep N. V. [R]. 2015—2017.

[2] 廖理. Ally Bank、ING Direct、BOFI 三家直营银行的创立发展和启示（上、下篇）[J]. 清华金融评论，2015（2）：93-100.

[3] 刘明彦. 从直销银行 ING DIRECT 实践看网络银行发展 [J]. 银行家，2015（7）：87-89.

[4] 郑毓煌. ING Direct：传统银行的颠覆者 [J]. 清华管理评论，2014（6）：10-13.

[5] Do You Want to Transfer Money? Just Say It Out Loud [EB/OL]. [2018-11-07]. https：//www.ing.com/Newsroom/All-news/NW/Do-you-want-to-transfer-money-Just-say-it-out-loud.htmhttps：//www.ing.com/Newsroom/All-news/NW/Do-you-want-to-transfer-money-Just-say-it-out-loud.htm.

[6] En Route to Belgium's FinTech Village [EB/OL]. [2018-11-08]. https：//www.ing.com/Newsroom/All-news/-En-route-to-Belgiums-FinTech-Village-.htm.

[7] FinTech Village's Official Website [EB/OL]. [2018-11-10]. https：//www.ing.be/en/retail/FinTech-village.

[8] How ING Sees Advancing Technology in the Banking Sector [EB/OL]. [2018-11-07]. https：//www.ing.com/Newsroom/All-news/How-ING-sees-advancing-technology-in-the-banking-sector.htm.

[9] How Romania Created the Five-minute Loan [EB/OL]. [2018-11-08]. https：//www.ing.com/Newsroom/All-news/How-Romania-created-the-five-minute-loan-.htm.

[10] Moje ING：It Stands for Easy Financial Planning [EB/OL]. [2018-11-10]. https：//

www.ing.com/Newsroom/All-news/Moje-ING-it-stands-for-easy-financial-planning-.htm.

[11] ING in Poland and Turkey Introduce Digital Wallets [EB/OL]. [2018-11-08]. https：//www.ing.com/Newsroom/All-news/NW/ING-in-Poland-and-Turkey-introduce-digital-wallets.htm.

[12] ING Germany Simplifies Account Opening Process with Video Legitimation [EB/OL]. [2018-11-07]. https：//www.ing.com/Newsroom/All-news/NW/ING-Germany-simplifies-account-opening-process-with-video-legitimation.htm.

[13] ING Expands Instant Lending to SMEs in France and Italy [EB/OL]. [2018-11-10]. https：//www.ing.com/Newsroom/All-news/ING-expands-instant-lending-to-SMEs-in-France-and-Italy.htm.

[14] Poland Partners FinTech to Help Small Business Cash Flow [EB/OL]. [2018-11-10]. https：//www.ing.com/Newsroom/All-news/Poland-partners-FinTech-to-help-small-business-cash-flow.htm.

[15] ING Quarterly Results Publications [EB/OL]. [2018-11-08]. https：//www.ing.com/Newsroom/Quarterly-results-publications.htm.

[16] ING Acquires Belgian Digital Loyalty Platform Qustomer [EB/OL]. [2018-11-07]. https：//www.ing.com/Newsroom/All-news/ING-acquires-Belgian-digital-loyalty-platform-Qustomer.htm.

[17] ING Belgium Partners with SmartFin，A Venture Capitalist Specialized in Financial Technologies [EB/OL]. [2018-11-08]. https：//www.ing.com/Newsroom/All-news/ING-Belgium-partners-with-SmartFin-a-venture-capitalist-specialized-in-financial-technologies.htmhttps：//www.ing.com/Newsroom/All-news/ING-Belgium-partners-with-SmartFin-a-venture-capitalist-specialized-in-financial-technologies.htm.

[18] ING to Partner SME Aggregator，Funding Options [EB/OL]. [2018-11-10]. https：//www.ing.com/Newsroom/All-news/ING-to-partner-SME-aggregator-Funding-Options.htm.

[19] Poland Partners FinTech to Help Small Business Cash Flow [EB/OL]. [2018-11-07]. https：//www.ing.com/Newsroom/All-news/Poland-partners-FinTech-to-help-small-business-cash-flow.htm.

[20] ING Invests in FinTech Company Kabbage [EB/OL]. [2018-11-10]. https：//www.ing.com/Newsroom/All-news/ING-invests-in-FinTech-company-Kabbage.htm.

[21] ING Investment A Boost for German SMEs [EB/OL]. [2018-11-07]. https：//www.ing.com/Newsroom/All-news/ING-investment-a-boost-for-German-SMEs.htm.

[22] En Route to Belgium's FinTech Village [EB/OL]. [2018-11-10]. https：//www.ing.

com/Newsroom/All-news/-En-route-to-Belgiums-FinTech-Village-.htm.

[23] FinTech Village's Official Website [EB/OL]. [2018-11-08]. https：//www.ing.be/en/retail/FinTech-village.

[24] ING Belgium Partners with Smart Fin，A Venture Capitalist Specialized in Financial Technologies [EB/OL]. [2018-11-08]. https：//www.ing.com/Newsroom/All-news/ING-Belgium-partners-with-SmartFin-a-venture-capitalist-specialized-in-financial-technologies.htm.

[25] ING Direct Australia introduces "One Swipe" Banking And Apple Watch APP [EB/OL]. [2018-11-08]. https：//www.ing.com/Newsroom/All-news/ING-DIRECT-Australia-introduces-One-Swipe-Banking-And-Apple-Watch-App.htm.

[26] ING Netherlands Introduces Mobile Banking APP for Smart Watch [EB/OL]. [2018-11-10]. https：//www.ing.com/Newsroom/All-news/ING-Netherlands-introduces-mobile-banking-app-for-SmartWatch.htm.

[27] ING Acquires Belgian Digital Loyalty Platform Qustomer [EB/OL]. [2018-11-08]. https：//www.ing.com/Newsroom/All-news/ING-acquires-Belgian-digital-loyalty-platform-Qustomer.htm.

[28] ING Invests in FinTech Company Kabbage [EB/OL]. [2018-11-08]. https：//www.ing.com/Newsroom/All-news/ING-invests-in-FinTech-company-Kabbage.htm.

[29] ING Launches Twyp [EB/OL]. [2018-11-10]. https：//www.ing.com/Newsroom/All-news/ING-launches-Twyp.htm.

[30] How ING Sees Advancing Technology in the Banking Sector [EB/OL]. [2018-11-08]. https：//www.ing.com/Newsroom/All-news/How-ING-sees-advancing-technology-in-the-banking-sector.htm.

[31] Moje ING：It stands for Easy Financial Planning [EB/OL]. [2018-11-07]. https：//www.ing.com/Newsroom/All-news/Moje-ING-it-stands-for-easy-financial-planning-.htm.

[32] ING Completes Trial of Five Emerging Block Chain Technologies within R3 Global Bank Consortium [EB/OL]. [2018-11-08]. https：//www.ing.com/Newsroom/All-news/-ING-completes-trial-of-five-emerging-block-chain-technologies-within-R3-Global-Bank-Consortium.htmhttps：//www.ing.com/Newsroom/All-news/-ING-completes-trial-of-five-emerging-block-chain-technologies-within-R3-Global-Bank-Consortium.htm.

[33] ING Direct Australia Introduces "One Swipe" Banking And Apple Watch APP [EB/OL]. [2018-11-10]. https：//www.ing.com/Newsroom/All-news/ING-DIRECT-Australia-introduces-One-Swipe-Banking-And-Apple-Watch-App.htm.

[34] ING Expands Instant Lending to SMEs in France and Italy [EB/OL]. [2018-11-10]. https://www.ing.com/Newsroom/All-news/ING-expands-instant-lending-to-SMEs-in-France-and-Italy.htm.

[35] ING Germany Simplifies Account Opening Process with Video Legitimation [EB/OL]. [2018-11-08]. https://www.ing.com/Newsroom/All-news/NW/ING-Germany-simplifies-account-opening-process-with-video-legitimation.htm.

[36] ING Launches Twyp [EB/OL]. [2018-11-08]. https://www.ing.com/Newsroom/All-news/ING-launches-Twyp.htm.

[37] ING in Poland and Turkey Introduce Digital Wallets [EB/OL]. [2018-11-10]. https://www.ing.com/Newsroom/All-news/NW/ING-in-Poland-and-Turkey-introduce-digital-wallets.htm.

[38] ING Invests in FinTech Company Kabbage [EB/OL]. [2018-11-08]. https://www.ing.com/Newsroom/All-news/ING-invests-in-FinTech-company-Kabbage.htm.

[39] ING Investment a Boost for German SMEs [EB/OL]. [2018-11-10]. https://www.ing.com/Newsroom/All-news/ING-investment-a-boost-for-German-SMEs.htm.

[40] ING Netherlands Introduces Mobile Banking APP for Smart Watch [EB/OL]. [2018-11-08]. https://www.ing.com/Newsroom/All-news/ING-Netherlands-introduces-mobile-banking-app-for-SmartWatch.htm.

[41] ING to Partner SME Aggregator, Funding Options [EB/OL]. [2018-11-07]. https://www.ing.com/Newsroom/All-news/ING-to-partner-SME-aggregator-Funding-Options.htm.

[42] ING Investment a Boost for German SMEs [EB/OL]. [2018-11-07]. https://www.ing.com/Newsroom/All-news/ING-investment-a-boost-for-German-SMEs.htm.

[43] How Romania Created the Five-minute Loan [EB/OL]. [2018-11-10]. https://www.ing.com/Newsroom/All-news/How-Romania-created-the-five-minute-loan-.htm.

[44] Quarterly Results Publications [EB/OL]. [2018-11-08]. https://www.ing.com/Newsroom/Quarterly-results-publications.htm.

第十四章　法国巴黎银行的金融科技发展现状与规划

[1] 郭党怀. 借力金融科技提升用户体验 [J]. 银行家, 2018（2）.

[2] 谢平, 邹传伟, 等. FinTech: 解码金融与科技的融合 [M]. 北京: 中国金融出版社, 2017: 98-116.

[3] 徐忠, 孙国锋, 姚前, 等. 金融科技: 发展趋势与监管 [M]. 北京: 中国金融出版社,

2017：118-134.

[4] 周轩千. 银行业步入数字化时代 [N]. 上海金融报，2017-05-19.

[5] BNP Paribas. Three International Initiatives to Co-construct the Financial Services of the Future in Tandem with FinTech Startups [EB/OL].（2016-06-08）[2018-11-15]. http：//www.bnpparibas.com.cn/en/2016/06/08/three-international-initiatives-to-co-construct-the-financial-services-of-the-future-in-tandem-with-FinTech-startups.

[6] BNP Paribas.BNP Paribas Securities Services and Smart Angels Revolutionise Financing for Private Companies [EB/OL].（2016-04-07）[2018-11-15]. http：//www.bnpparibas.com.cn/en/2016/04/07/bnp-paribas-securities-services-and-smartangels-revolutionise-financing-for-private-companies.

[7] BNP Paribas.BNP Paribas：First European Bank to Partner with Facebook，Google，LinkedIn and Twitter with the Goal of Developing Its Digital Presence Worldwide [EB/OL].（2015-07-20）[2018-11-15]. http：//www.bnpparibas.com.cn/en/2015/07/20/bnp-paribas-first-european-bank-to-partner-with-facebook-google-linkedin-and-twitter-with-the-goal-of-developing-its-digital-presence-worldwide-2.

[8] BNP Paribas. Corporate Treasurers Confirm Their Need for More Security and Tailor-made Solutions，According to a BNP Paribas and Boston Consulting Group survey [EB/OL].（2016-05-12）[2018-11-15]. http：//www.bnpparibas.com.cn/en/2016/05/12/corporate-treasurers-confirm-their-need-for-more-security-and-tailor-made-solutions-according-to-a-bnp-paribas-and-boston-consulting-group-survey.

[9] 百度百科. 关于法国巴黎银行介绍 [EB/OL]. [2018-11-15]. https：//baike.baidu.com/item/%E6%B3%95%E5%9B%BD%E5%B7%B4%E9%BB%8E%E9%93%B6%E8%A1%8C?func=retitle.

第十五章　中国银行业的金融科技发展现状与规划

[1] BUNGE D. In the Shadow of Banking：Oversight of FinTechs and Their Service Companies[J]. 2017.

[2] JAGTIANI J，LEMIEUX C. Do FinTech Lenders Penetrate Areas That Are Underserved by Traditional Banks?[J]. Journal of Economics & Business，2018.

[3] MAUME P. In Unchartered Territory - Banking Supervision Meets FinTech[J]. Social Science Electronic Publishing，2017.

[4] MOHAN D. How Banks and FinTech Startups are Partnering for Faster Innovation[J]. Journal of Digital Banking，2016.

[5] NAVARETTI G B M,Calzolari G M,Pozzolo A F M. FinTech and Banking. Friends or Foes?[J]. Social Science Electronic Publishing,2018.

[6] SHUSONG B,Qingqi C,Huanzhuo Z. In the Wave of FinTech,How to Transform the Banking Industry[J]. Journal of Contemporary Financial Research,2018.

[7] 程华,蔡昌达. 我国商业银行金融科技发展策略[J]. 银行家,2017(9):131-133.

[8] 韩涵. 中国金融科技产业生态分析报告[J]. 信息安全与通信保密,2018(4):108-122.

[9] 何飞,唐建伟. 商业银行智能投顾的发展现状与对策建议[J]. 银行家,2017(11):10-14.

[10] 胡婕. 上市银行金融科技发展的最新实践及趋势研判[J]. 中国银行业,2017(8):23-26.

[11] 焦卢玲. 银行系金融科技公司崛起:开启颠覆式创新新篇章[J]. 中国金融电脑,2018(6):21-23.

[12] 李宾,林雪,彭牧泽. 第三方支付对商业银行传统业务的影响研究[J]. 商业会计,2016(16):26-29+81.

[13] 李丽. 区块链技术在跨境支付领域的应用研究[J]. 金融科技时代,2017(12):60-62.

[14] 潘小明,屈军. 商业银行与金融科技融合:现状、趋势与对策[J]. 海南金融,2018(5).

[15] 宋为. 供应链金融的国内外发展比较分析[J]. 现代企业文化,2012(8).

[16] 汪辉,刘远亮,肖馨. 金融科技的应用现状及其对商业银行的启示[J]. 海南金融,2017(8):26-32.

[17] 王娜,王在全. 金融科技背景下商业银行转型策略研究[J]. 现代管理科学,2017(7):24-26.

[18] 吴方超. 中小银行在金融科技发展中的思考[J]. 金融科技时代,2017(10):32-35.

[19] 邢桂伟. 依托大数据技术构建商业银行智能风控体系[J]. 2018(8):19-22.

[20] 张秀萍. 金融科技时代商业银行的创新与转型[J]. 金融电子化,2017(3):46-48.

[21] 张哲宇. FinTech+财富管理:做强商业银行财富管理品牌[J]. 清华金融评论,2017(3):86-88.

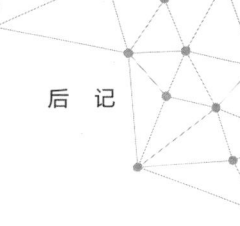

后 记

如果评选近几年中国经济中最火的词汇，"互联网金融"或"金融科技"榜上有名是情理之中的事。自2013年中国开启所谓的"互联网金融元年"后，无论是普通百姓，还是金融行业的从业者，都能深切感受到金融科技的发展对社会生活的巨大改变。中国在金融科技领域的发展成就，从全球范围来看，都是引以为豪的。作为一名高校科研教学工作者，我也有幸参与、见证了这个激荡人心的历史进程。

自2014年起，我在中国人民大学财政金融学院讲授《商业银行业务与经营》课程。当时"互联网金融"概念已经在中国大行其道，但学术界对新生事物的敏感性一般要滞后于实业界，高校尚没有系统地开设互联网金融相关课程，也鲜有人专门从事这个领域的研究。我们一般做法是在讲"电子银行"业务时，提及互联网金融的最新发展。2015年，财金学院与时俱进，在专业硕士层面开设了互联网金融方向，这在全国高校中都是领先的。过去没有教互联网金融的专门师资，当时学院领导找到我，说我主教银行类课程，又做过小微金融的研究，而互联网金融的很多创新都脱胎于银行，于是安排我在学院首开《互联网金融》这门课。我受命开课，一边学习，一边讲授，更多的时候是和学生一起探索，教学相长。随着2015年互联网金融危机频发，乱象暴露，互联网金融从前几年的"井喷式"发展进入了一段相对平缓的整肃期，"互联网金融"也由一个世人趋之若鹜的事物变成了"过街老鼠"。这个时候，与国际接轨的"金融科技"一词后来居上，成为金融从业者津津乐道的另一个词汇。2017年起，为了顺应时代的变化和社会需求，学院进行了课程体系改革，把《互联网金融》课程改成了《金融科技》，仍旧由我主讲。作为经济学背景的教师，我对技术本身并没有太深的研究，所以《金融科技》课程关注更多的还是技术在金融领域的应用。

近年来，我在《互联网金融》（《金融科技》）课堂已经教过4批学生，带学生去过蚂蚁金服、京东金融、宜人贷、新网银行等互联网金融机构实地考察。尽管我们的毕业生可能绝大多数会去传统金融机构工作，其中约一半的人会去商业银行，但同学们还是非常乐意去探索了解金融业的新事物，希望从教师这里得到更多的指导。最近两年，我有意识地让选课学生参与我对互联网金融和金融科技的研究，让他们成为研究团队的一分子，在教师系统的指导下展开对相关问题的深入研究，这种研究型教学方式取得了比之前更好的教学效果。2019年初出版的《互联网金融中的非法集资典型案例解析》一书是我和学生合作的一次尝试。现在这本《金融科技浪潮下的全球银行业变革》是又一次合作的成果，这一次我投入了更多的精力去策划和创作。

这几年我一直在关注传统金融和金融科技的关系问题。中国的金融体系中，传统金融的势力是非常强大的，尤其是银行业，每每媒体报道中国银行业的巨额利润时都会激起老百姓的一片声讨，而互联网金融（金融科技）企业则通常被视为打破银行业垄断、让利于群众、实现普惠金融的希望。似乎在金融科技面前，正统的银行业是落后的、保守的、不思创新、只顾牟利的代名词。然而，事实真的是这样吗？从国内外的实际情况看，银行业已经有了危机感，在金融科技的浪潮下，全球银行业（当然也包括中国的银行业）都在积极行动，以应对挑战。可以说，银行业从来没有拒绝过科技创新，今天，它们中的一些还立志要做金融科技的领军者。

2018年，中国人民大学财政金融学院同时成立了中国银行业研究中心和金融科技研究所，我参与了这两个研究机构的创建和一些活动，其间我就想结合《商业银行》《金融科技》的教学，围绕全球银行业的金融科技发展做一个相对系统的研究，探究在金融科技的浪潮下，传统银行业如何通过自我变革应对挑战，于是就有了如今呈现给读者的这本书。本书也是这两个研究机构成立后的第一批成果之一。

本书由我主笔，带领《金融科技》课堂的学生们共同完成。参与分论

后 记

章节写作的同学（按章节先后顺序）有岳灵玮、廖兴林、孔召阳、马怡先、孙玮婧、佟文钊、孔伶月、林鹤仪、蒋超、胡莹莹、金昊、许可、魏宇萌、徐夕笔、赵万秋、文世航、田为君、彭偲、殷铭、李一丹、赵雅梅、王曼莹、周冰倩、邢云婷、谢雯、龙宇婷、杨露雪、舒钰瑞、柯靖曼、沈柯燕、王浩鉴、徐祎呼、冯艳茹、刘子妍、文彦力、张星雨、彭思洋、熊倪、李宗霖、杨栩、焦天宇、施璐吉、曹名扬、何梓豪、杨璟仪、范家齐、李建阳、陈敏、王赫文、何倩玉、罗媛、解祎然、叶祎然、鲁旭琛、李朋浩、陈一维、胡雨星、张译文、邹桢苹、林乔葳、张怡然、吴雨禾、兰妮、董源、王心、钱淑雯、陈思宇、高庆如、国洪梁、李海田、于晓、刘元歌、时杨、吕云轩、周云帆。每个人的贡献大小相同，但都是值得肯定的，其中，李一丹同学在统稿过程中作出了很大贡献。

感谢教育部人文社科青年项目（18YJC790113）、中国人民大学科学研究基金面上重点项目（18XNA002）的资助。感谢中国金融出版社的编辑同志为本书出版作出的努力。

需要指出的是，金融科技发展日新月异，银行业革新的步伐也一日千里，本书难免挂一漏万，理论分析得不够全面、到位，还有一些重要的银行没有做案例（如苏格兰皇家银行、瑞银集团等），恳请读者批评指正。此外，本书关注的银行都是全球性的大银行，这主要缘于我们研究的出发点，并不代表一些中小银行在金融科技方面做得没有亮点。在写作过程中，我们参考了很多文献资料，特别是一些银行业的介绍性材料，在此对文献作者和资料提供者表示感谢。

罗 煜

2019 年 10 月 14 日